第二十五卷 荒 譚 集

方祖燊全集

（十四）

國家圖書館出版品預行編目資料

方祖燊全集 / 方祖燊著. -- 初版 -- 臺北市：
文史哲, 民 85-99
頁; 公分
ISBN 978-957-549-044-1 (一套：平裝). --
ISBN 978-957-549-221-2(第五冊：平裝). --
ISBN 978-957-549-222-9(第六冊：平裝). --
ISBN 978-957-549-223-6(第七冊：平裝). --
ISBN 978-957-549-224-3(第八冊：平裝). --
ISBN 978-957-549-225-0(第九冊：平裝). --
ISBN 978-957-549-226-7(第十冊：平裝). --
ISBN 978-957-549-227-4(第十一冊：平裝). --
ISBN 978-957-549-228-1(第十二冊：平裝). --
ISBN 978-957-549-229-8(第十三冊：平裝). -
ISBN 978-957-549-931-0(第十四冊：平裝). --

089.86 85013624

方祖燊全集・十四

荒譚集

著　　者：方　祖　燊
出 版 者：文 史 哲 出 版 社
http:// www.lapen.com.tw
e-mail：lapen@ms74.hinet.net
登記證字號：行政院新聞局版臺業字五三三七號
發 行 人：彭　正　雄
發 行 所：文 史 哲 出 版 社
印 刷 者：文 史 哲 出 版 社
臺北市羅斯福路一段七十二巷四號
郵政劃撥帳號：一六一八〇一七五
電話886-2-23511028・傳真886-2-23965656

實價新臺幣四八〇元

中華民國九十九年（2010）十月初版

ISBN 978-957-549-931-0

方祖燊全集・荒譚集

目次

畫論

桃林樓畫論……五
西畫與國畫……二一
我的畫作與我的作畫經驗……七〇
書信一束……八二

序跋

展文藝之翼瞰《西方繪畫史》路……楊震夷……一一八
人生學到老……黃麗貞……一二三
當「散文大師」遇上《繪畫史》……蔡文恂……一二七
《西方繪畫史・自序》……方祖燊……一三〇
《西方繪畫史・結論》……方祖燊……一三五

《最實用的應用文》序……黃啟芳……一五〇
現代版的應用文大全……林　良……一五四
《最實用的「應用文」》自序……黃麗貞……一五六
《最實用的應用文》的種類……方祖燊……一六〇
《方祖燊畫論與畫作・序》……楊震夷……一六七
「新交融主義」：方祖燊畫論與畫作……一七〇
《臺灣小學生八年獲獎作文精選》序……方祖燊……一七二
《中國歷代寓言》序……方祖燊……一七六

評論

方祖燊談幽默和諷刺……程榕寧……一九八
中國現代散文理論簡介……林錫嘉……二〇二
生命情境的契合……何聖芬……二〇六
生命情境的契合……蔡素芬……二一四
把握今天……楊保嬌……二一七
師長與校友專訪……王淑美……二一八
從對抗癌症的歲月走過來……林麗如……二二五

藝術的永恆之美……趙　雲……二三三
游於藝……沈　謙……二三九
鄭子瑜撰寫《中國修辭學史》……方祖燊……二四一
平心論環保與五輕……方祖燊……二五二
「五四運動」的影響與成就……方祖燊……二五八

傳　記

何容這個人……方祖燊……二六二
蔡孑民先生傳……方祖燊……三一二
我編輯《古今文選》十六年……方祖燊……三二二
方祖燊的一些小逸事……黃麗貞……三二六
教育家劉真先生一些小事……方祖燊……三三三

讀史雜感

赤壁之戰……方祖燊……三三八
淝水之戰……方祖燊……三四三
美是什麼?……三七一
對話體……三七八

演講稿的大綱與講稿

語體文的九種教學法……方祖燊……三八〇
「後現代主義」的思潮影響之下的臺灣……方祖燊……三八三
孔子的事蹟著述與其學說思想之論介……方祖燊……三九九
我如何編寫香港小學語文課本的範文……方祖燊……四〇一
方祖燊教授重要的事蹟……四〇三
黃麗貞　著作年表……四一六

畫論

桃林樓畫論

我的畫論之所以稱做《桃林樓畫論》，是因爲：我是住在新店市花園新城「桃林樓」的緣故。我住在這樓的一樓將近三十年，我的許多著作都在這裏完成；爲了紀念這段日子，就把它取名《桃林樓畫論》吧。

由於我不是美術系出身的，我沒有傳統的包袱，沒有師承的拘束，我愛畫什麼就畫什麼，愛怎麼畫就怎麼畫；再加畫油畫，可以不斷地修改，畫得亂七八糟也沒關係，你可以就這張畫布，從頭再畫一幅新的畫。所以，我時常在畫布上，按著我的意念，試驗學來的技法。因此，在我這幾年作畫的過程中，我是在不斷的嘗試與失敗之中，體驗到許多成功的地方。現在，就把我畫畫的一些心得，向各位報告。

一、畫幅的大小

西方在文藝復興時代，畫家在教堂裏作頂棚（天花板）畫，在宮廷裏作壁畫，都是極大幅的巨型畫。像米蓋朗基羅（Michelangelo）在梵諦岡教廷西斯汀教堂（Sistine Chapel）頂棚所繪製的《創世紀故事》就是：因爲畫在高高的天花板上，所以他把人物都畫得非常強壯肥碩，而形成後來義大利的「巴洛克」畫派[一]。也因爲畫面大，所以能夠畫人物衆多而內容複雜的畫。西方畫家時常把人物，畫得「跟真人」一樣大，所謂「等身大」。十九世紀末，法國畫家丹尼斯（Denis，一譯「德尼」）的《塞尙頌》還是這樣地畫。半身肖像畫，差不多也都畫得像真人一樣的大小。

什麼時候才開始畫較小的畫？十六世紀末，荷蘭脫離西班牙獨立，這時西畫才逐漸走上大衆化的路子，畫家在畫架上作小幅畫，可以掛在餐廳臥室，與過去在教堂、宮廷畫的大壁畫不同。

我在師大圖書館展出的畫作共五十五幅，都屬於小幅畫。小幅畫，最適合初學者練習，因爲它不小不大，容易控制。小幅油畫只能畫單純的題材；小幅水彩畫，可以畫「複雜畫面和衆多人物」。我有一幅水彩，畫「蘇利文劇場」的演員，共達十三人；油畫就不行。我用水彩畫《聖誕夜歸人》畫面比較複雜；後來，我另畫一幅油畫，畫面就要擴大了一倍多。由此，可知水彩和油畫的不同。

一　巴洛克，在十六世紀，產生於意大利；Barocco 是奇巧的、離奇的意思。巴洛克式，主要表現於建築，將藝術、繪畫和雕塑融爲一體，偏重裝飾，追求華麗驚人，色彩繽紛，大量採用雕刻圖案，有壁龕、柱廊、女像柱、人形柱，塑像林立，形成光影交錯，像法國凡爾賽宮等，天頂和牆壁都繪有多彩的壁畫，雕塑花邊和貼金花飾。房間裏到處是織花壁毯、雕像和鏡子，鑲花地板、水晶吊燈和玲瓏剔透的傢俱。壁畫多畫各種毀滅的景象（如《大洪水》、《地獄》）、殉難（如法蘭德斯魯本斯的《十字架的拉起》，描繪耶穌釘在十字架）、緊綳（如魯本斯的《獵獅》）、恐怖（如西班牙哥雅的《食子的塞頓》）、肖像畫（則冠冕堂皇，裝腔作勢，如法國海爾欣德・理各的《法王路易十四世肖像》），充滿著強烈的動態，奇怪的角度，生機同禁欲共處，粗糙與精緻并存。

二、素描、水彩、油畫這三種畫，哪一種最難畫

有人說：水彩和國畫都不能修改，比較難畫。其實，畫這兩種畫都不難。一幅水彩人物畫，一天可以畫好；國畫三四個小時也可以畫好；但油畫由打稿到畫成，常常要花上一個月的時間。達文西（Da Vinci）畫《蒙娜麗莎》（*Mona Liza*）的微笑，用了四年的心血。我想他一定經過不斷的修改。畫油畫：臉部的底色沒乾，就不好畫鼻子、眼睛、嘴唇。每一部分的油彩都要它乾了，才能再堆疊其他顏色，或描畫其他線條。不然，就要糊成一團。當然，有些熟練的畫家，沒花多久時間，就畫成一幅風景畫。那是很簡單的畫。

初學畫的人，應該先學素描，其次學水彩，最後學油畫；順序而進，效果最佳。油畫可以修改，你可以不斷地試驗：把你學來的或想出的各種畫法，來創造你的畫；這樣，自然能夠神速進步，而臻於比較完美的境界。

三、西方美術教育

現代國家特別重視美術教育（Art Education），我國從小學到中學都設有美術與音樂的課程，認爲藝術是人類生活的一部分，是大家都應該具有藝術的修養與道德的教育的一環。

現在，藝術大學、藝術學院與藝術職校是：專門培育藝術人才，像畫家、雕塑家、藝術愛好者、

工業設計師和手工藝技師的教育與訓練，以養成學生審美與創作的能力，欣賞與批評藝術品價值的本領，大都設有藝術史、美學、色彩學、構圖學、解剖學、繪畫理論與藝術修養等都是基本的學科。

我們回顧古代西方的藝術教育：也是指從「師徒制」開始，學徒大約十歲左右跟師傅學習。十五世紀中葉，義大利翡冷翠（Firenze）產生了一些藝術工作室，主持人開始讓青年畫家臨摹古今畫作，對著模特兒寫生人物。後來，他們認爲繪畫已不是一種手工技藝，而是一門需要專門知識的學科；一五九三年，羅馬建立第一所藝術學院。一六四八年，法國巴黎建立了繪畫和雕塑學院，成爲十七、十八世紀的許多藝術學院的樣版。十八世紀，學生可以透過繪畫的書籍學習藝術，有些畫家以教畫維持生活；這就像現在一些畫家私下設班教畫的一樣。在英國，「水彩畫」被認爲是青年，特別是年輕的婦女應該具備一種優雅的技藝；這就像我國過去認爲「琴棋書畫」是一個文人應有的涵養的一樣。我國有許多畫譜、畫論；西方也有亞立山大・考贊斯作畫的《方法論》。後來，美術老師教授學生如何描繪各種不同的樹葉、水中倒影。這就跟我國的畫家教學生，如何用「點」畫樹畫葉，用「皴」畫山畫石的一樣。

十九世紀，法國強調每一個畫家必須「找出表現自我的原則」，教師是多餘的，年輕的畫家進出畫室，有的跟畫家學一些基本技法，有的只爲需要一個作畫的地方，這種觀點深深影響歐洲一些國家的藝術教育的走向。像「瑞士藝術學院」就是一所沒有教師的藝術學校，只有極少數的教師培養出有才能的青年畫家。於是，一些畫家一起切磋，研究新畫法，十九世紀中葉至二十世紀，產生了許多新畫法與新畫派，自然在藝術教育方面也就受到影響，受印象主義影響的教師波斯柏德蘭，就透過「視覺記憶」的方式，教學生如何用「眼睛」快速地去把握那些「轉瞬即逝的景象」。

在英國，史密斯在伯明翰學校，用幻燈銀幕顯示畫面，同時要學生記下這些畫面，然後再讓學生作畫。他的學生馬莉安·理查森當教師時候，因爲沒有幻燈，她就口述一個圖像，要求學生用「畫面」去重現它。後來，這一種教畫方法，就成了英國藝術課的教學模式；這樣，學生就可以自由地發揮他們自己的想像力和創造力。

現代藝術教育家越來越反對所謂「基礎教學法」，從畫眼睛、鼻子和嘴唇，或直線、曲線、方形或圓形開始，然後再組合成一個人臉孔，一幅畫畫面。學生一開始就必須作一完整的畫，兒童也被鼓勵充分發揮想像力作畫。在不斷地練習獲得熟練的技藝與才能。

四、畫面的單純與複雜問題

現在，美術教育大都是讓學生先學畫單純的、後畫複雜的；其實，單純的東西比複雜的東西更難描述。不過，「單純的」畫面，主題集中，比較容易吸引人的注意力。中國畫許多畫面都比較單純。最近，我參觀普普畫家沃荷（Warhol）的廣告畫，像《康貝爾牌湯汁罐頭》、《可口·可樂》、《瑪麗蓮·夢露》、《毛澤東》畫面都很單純。「複雜的」畫面，不容易畫得調和，不小心就一團糟；最近，麗貞學生送她一幅《牛年畫》，乍看是一團糊攪，不知道是什麼東西？細看才清楚裏邊有：「牛、鳥、魚、花、錢、春到」許多玩意兒，終覺得缺乏美感。

但大幅西畫畫的人物少、東西少，常給人一種「空蕩蕩的」的感覺，也是一種缺陷。一八七六年，新印象派薛涅克（Signac，一譯西格納克）主張：要讓畫表現得更加有力，就必須「簡化」形式與色彩，如果把一幅畫面搞得過分繁雜，一不利於作畫，二令人眼花撩亂，所以要簡化畫面，才能集中重點畫出大自然之美。在色彩方面，主張應用太陽光譜（spectrum）七種基本顏色：叫做「合成主義」（Synthesize）。一八八九年，法國畫家高更（Gauguin）組織了「印象派和合成派小組」舉行了一次畫展，突顯他們的形式簡單，素描簡潔，色彩明亮的特點。一八九一年，形成了「合成主義」的流派。

五、臨摹與寫生

素描是一切繪畫的基礎。不管怎麼樣？學西畫的人沒有不經過「臨摹與寫生」的過程。像法國野獸派的馬蒂斯（Matisse），曾經到羅浮宮臨摹，前後臨摹了二十五幅名畫，奠定了他素描的基礎。老師教學生畫西畫，都是從臨摹與寫生開始。

寫生，就是對著實物作畫：直接對著一瓶花畫花卉、看著石膏像畫維納斯，看著景物畫風景，看著模特兒畫裸女。寫生並不困難，練習多了，自然就會畫得不錯。西方有許多畫家是由寫生來畫的：像畫帝王貴婦的肖像。也有靠模特兒來畫的，像奧地利畫家克林姆（Kilmt）就僱有許多模特兒，畫有《娘兒們》、《接吻》、《少女》之類作品。法國印象派、後期印象派的畫家，像莫內（Monet）、馬奈（Manet）、竇加（Degas）、雷諾瓦（Renoir）、塞尙（Cezanne）、梵谷（Van Gogh）、高更的許多作品，都是根據實際的風景、人物與生活畫成的。

臨摹，就是對著畫家的名畫作畫，學習他構圖、筆觸、色彩與技法。尼德蘭魯本斯（Rubens）畫了一幅裸體的《三美神》，就是臨摹：文藝復興時代波蒂傑里（Botticelli）的《春》裏的穿著薄如蟬翼的三個金髮女神，而稍加變化。他描繪女人豐滿的肉體，充滿活躍的生命，成爲「巴洛克式繪畫的代表作」。西方有不少畫家都有這樣的作品，尤其是題材相同的作品。像畫「聖母子」、「亞當與夏娃」、「耶穌的誕生」、「耶穌釘死十字架」，構圖與畫法時常是大同小異的。法國拿破崙時代，畫拿破崙的事蹟，標名「仿作」的不少，有：伯爾仿安格爾（Jean Auguste）的《第一執政拿破崙》、雅澤仿范司特班的《拿破崙從厄爾巴島返法》與《滑鐵盧戰役》（*Campaign in Waterloo*）等等仿作，流傳了下來。

現在，畫家利用相機拍攝一些照片，或乾脆在旅遊時候買一些畫片回來，在畫室裏再看著照片、畫片及「記憶中的印象」作畫的也不少。這可以說是另一種「臨摹」。我認爲：這種「臨摹」，也是一種「寫生」。最大的好處，是「構圖」可以省事一點；但「構圖」在畫家的筆下，也常常變動，可以只畫照片、畫片中最可入畫、最美麗動人一部分，其他都可以省略不畫，同時可以據「記憶中印象」發揮。不過，這樣畫起來也並不是很容易的。我去雲南昆明旅遊，看到少數民族的表演，在龍江機場又買了一幅蠟染畫；回來後，我根據看歌舞的印象和蠟染畫，畫了一幅《月下的戀情》[二]。臨摹，也是學

二《月下的戀情》，收入《方祖燊畫論與畫作》中。《方祖燊畫論與畫作》（二〇〇九年，中國廣州暨南大學出版社出版，十六開彩色本，約二六八頁）。

畫必經的一個過程，是走向完全創作的一個過程。

六、想像與繪畫

想像（Imagination）是人類心靈的一種作用，也是一種能力；畫家有了想像這一種能力，才能將外界物像、內心意象，如實地寫生而具體生動地描繪了出來。

有許多「畫題」是無法從「實地寫生」入手的，只能靠「想像」來畫的。西方畫家畫上帝，畫天使，畫亞當與夏娃，畫耶穌誕生，畫聖母子，畫耶穌被釘在十字架上，畫施洗約翰，都不是從寫生來的，都是根據「現實的人類」來畫的，如在上帝的頭上加個光環，天使的背後來一對翅膀。十九世紀末，法國象徵派畫家摩洛（Mareau）畫《聖經》裏的《莎樂美》與《雅歌・所羅門讚美的新娘》，都是以他的感情去想像，畫出他認爲是「無法否認而確實存在的人物與事情」，充滿了神祕的魅力，而不是靠什麼模特兒來畫的。

飛鳥與猛獸，牠們也不會停著不動，當你的模特兒，讓你慢慢地描繪呢。就說，有人願意當你的模特兒，但一幅油畫要畫上個把月，她又怎麼可能長期擺一個姿勢讓你慢慢畫呢？美國愛倫坡（Allan Poe）有一篇小說：《橢圓形的肖像》，寫一個畫家作畫，是以他的新婚妻子作模特兒，她擺著一定的姿勢，微笑著坐了好幾個星期，終損害了她的健康，畫家只顧熱狂地畫；許多星期又過去了，最後一筆畫上嘴巴，點了眼睛，畫得生動之極！你看了，也會叫道：「這是真的生命呀！」但他驀然驚覺，她的新娘子已經「死了」。所以，許多畫是在「現實中摻雜著想像」畫成的。

畫家可以就一些現實的材料，憑藉想像力創造出無窮無盡的形象。如「漫畫」用誇張手法去描繪人事。如獅身人面像，用組合手法創造新藝術作品；這也是由想像力所創造出來的。現在有些藝術家把人物的形貌，畫得雕刻得奇奇怪怪的，叫做「怪誕手法」（Grotesqueness），目的在引起驚奇和滑稽的效果，這也是靠想像與幻想構成的；一些藝術巨匠運用怪誕手法描繪各種真實現象，強烈地表現現實的矛盾。

七、抽象與具體

大家都知道：人、花、鋼琴、電燈、草和葡萄，都是有具體（Concrete）的形象，我們能夠觸模它存在的實物，叫做「具體」或「具象」（Object）。至於：人的善良、花的美、鋼琴的聲音、燈的亮光、草的香氣和葡萄的甜味，全都屬於可以「感覺得到的一些觀念——心意作用」，叫做「抽象（Abstract）」。所以，音樂屬於抽象藝術（Abstractive Art）；繪畫屬於「具象藝術」（Objective Art）。

現代有些畫家主張：繪畫要像音樂，要脫離具體的物象，於是有「抽象畫」產生。畫家要用畫表現內心的情思，不必依照自然界的物象來作畫，他們要運用線條與色彩，畫出自己的心裏的意象。這有些像中國畫「寫意畫」的說法。

一九一七年十月，蘇俄人民起來革命，建立「蘇維埃聯邦共和國」；一九一九年，俄國畫家利希斯基畫《用紅尖劈擊白軍》，畫面畫著一個紅色尖三角形，鍥進了一個白色的圓形，來表示他要號召紅軍進攻殘餘的白俄軍隊的心意。這幅抽象畫，如果不加說明，誰看了也不知道他畫的是什麼意思。

「抽象畫」的產生，除了上面所說的一個因素之外；還有人說：一九一四—一九一八年爆發第一次歐洲大戰，死傷數千萬人，一切瞬間燬滅，藝術家親歷這種戰亂，認爲世上根本沒有永恆的東西，因此產生了許多新思潮，也產生了許多新藝術的流派：如野獸、立體、達達、未來、表現、形而上、超現實、抽象藝術（至上、構成、德・史帝爾【De Stijl】、墨茲等主義），形成了前衛運動與現代藝術。抽象藝術也因此產生而風行一時。這是產生抽象畫的第二個因素。

但我個人卻以爲「抽象藝術」之所以產生，和當日一些畫家本身感受與求新的心理，有更密切的關係。我們探索立體主義畢卡索（Picasso）和構成主義的康丁斯基（Kandinsky）作畫的過程的演變，就可知道。

從原始的線雕（距今約二萬年）到十九世紀末，描繪萬物都是非常具體寫實的。西班牙畫家畢卡索在一九〇三年，二十二歲，畫《索勒家的草地午餐》，是用傳統的寫實的畫法來畫。你們看了，一定覺得他畫得很不錯，但並不「動人心魄」，也並不耐看。我想畢卡索自己也一定也有此感受，因此就要求「畫法的更新」。五年後，在一九〇八年，他應用塞尙的「幾何圖形」的理論，和非洲黑人雕像的造型，專以幾何學的各種圖形去描繪物像，如用圓筒形畫人的肢體，用三角形畫人鼻子衣服，用圓形或半球形畫女人的乳房，用菱形或長條形畫人服裝上花紋，而給人立體感，創造了立體主義；像他所畫的《瑪麗・泰瑞莎》，還有形象可言；到了《三個音樂家》，應該列入抽象畫之列，只是表現畫家內心造型之美。

蘇俄畫家康丁斯基，他作畫從寫實開始，有許多作品，如《奧德薩港》、《秋日湖水》（一九〇一）等，構圖與色彩都非常美。水彩和油畫都是用色彩與線條來畫的。我想有些畫家畫到了後來，可能會覺得單靠色彩之美，去構成畫面也很美，那他就會拋棄物象，逐漸走向純表現色彩之美的路子。康丁斯基的《史丹堡湖》和《青山》（一九〇八—〇九）就是這樣的作品，已不管形體的像不像；到一九一二年，康丁斯基用水彩畫出《最初的一幅抽象畫》，到了後來，連一點形體都擺脫掉，專以幾何圖形（點、線、圓、三角）構成抽象的畫面，如《圓之舞》（一九二六），被稱做「抽象畫的先驅」或「抽象表現藝術之父」，改變了繪畫的技法。「抽象畫」就成了現代畫一個重要的流派。

抽象派的畫家要運用抽象化的「線、形和色彩」，去抒寫心靈深處的情緒，完全用純粹色彩來構成畫面。到了美國紐約派畫家帕勒克（**Pollock**）在一九四七年，採用「滴畫法」，就是「行動繪畫」，把畫布平鋪地上，畫家把顏色無意識地，隨意刷滾滴潑噴灑到畫布上，形成縱橫扭曲的線條，變幻無常的色塊，凹下凸起的景況。像他所畫的《大教堂》，叫做「抽象表現主義」。可以說是抽象畫發揮到了極致。

現在，許多年輕的畫家都學他，以爲把顏色亂畫亂潑一通就可以完成一幅好的抽象畫。其實不然，我們細看《大教堂》這幅畫，好像上面鉤出了不少面目猙獰的骷髏、形狀怪奇的猛獸。這是靠「偶然」、

「機遇」和「意外」構成的；但也是畫家「有意地」就畫面情況「加幾筆」鉤成的，也並不是隨便亂畫的。我國的潑墨畫也是這樣的作品，也是畫家的精心傑構。

八、題材與構圖

繪畫也是一種「觀念藝術」（Idea Art），每一幅畫都是用來表現畫家的一個「意念」；所以，作畫無論具象、抽象，都要先選擇一個題材，做構圖的「主題」，也是用來表現畫家的那一個意念。國畫的理論有「意在筆先」，這和寫文章一樣，先要定個「主旨」，做一篇文章的中心思想，然後集中文字去表現它。譬如：我畫一幅《梅開鳥啼春》，就是我在這幅畫面裏，要表現的一個意念（觀念）。要表現這樣的一個意念，那就是我現在要談的題材選擇與如何構圖的問題。

選擇什麼題材作畫？過去的西方畫家常畫的題材，有：聖經故事、神話傳說，還有人物肖像、城市農村、生活風俗、海洋風景、動物（鳥獸、魚類）靜物（花草、餐桌、水果）等；現代畫家表現幾何圖形的抽象畫，表現心理與潛意識的夢、幻想與錯覺，超越現實世界的現象，還有畫家的感情與思想。這種種都可以作畫畫的題材。

文藝復興時代的畫家，時常以「聖經故事」，如亞當與夏娃、聖母子、耶穌、莎樂美、雅歌、達文西的《最後的晚餐》；希臘羅馬的「神話與傳說」，如文藝復興時代波蒂傑理的《維納斯的誕生》，拉斐爾的《帕尼薩斯山》畫阿波羅、繆司及古今詩聖的歡聚；「名家作品」，如但丁《神曲》、密爾頓的《失樂園》：爲作畫的題材，產生了「宗教畫」、「神話畫」、「歷史畫」、「文學作品畫」。現在，我們作畫，當然也可以選擇這種種的題材。

大抵西畫的構圖，畫肖像、瓶花都稍偏一點，不畫在正中央。他們認爲這樣的構圖均衡而自然優美。當然，構圖常隨著題材而變動，有左右對稱的，有上下平均的。英國風景畫家康斯塔伯（Constable）畫風景：《布來頓的堤岸和舊碼頭》只佔畫面的三分之一，其他三分之二是天空，畫風起雲湧的景象，使整個景觀顯得既深遠又非常壯闊。西方畫花卉多畫「瓶花」，國畫家多畫「折枝花」或「籃中花」。

總之，小幅畫的取材要單純；大幅才能畫複雜的題材。還有初學畫的，要多多練習畫各種東西，奠好了堅實的基礎，然後再走專精一門的路子。

作畫要取周邊所常看到的、所感受到的現實世界，比較容易下筆，也比較容易畫得好。而「構圖」最要講求的，就是畫面的安排要均衡、要妥善，俾能集中材料，完整地描繪而表現這一幅畫的「主題」——也就是畫家的一個意念。像達文西的《蒙娜麗莎》，無論畫她的安祥慈和，臉和雙手，黑色的喪服，文靜高雅的樣子，暗紅微黑的背景，都在突現她的眼睛、嘴唇和臉部所露出一絲微笑，表現了她喪子的苦澀與憂傷。

我們作畫，應該先畫個草稿，草草幾筆，略具輪廓，然後細細畫去。畫畫最忌「沒有主題」與「構圖雜亂」。

九、線條與色彩

題材與構圖決定了，我們要怎麼樣才能把它畫出來？那就要講求「技法」，就是要透過「線條與色彩」去表現。線條的美，就是「筆觸」；色彩的美，就是「色調」。我國南齊謝赫說：「畫有六法」；他在《古畫品錄序》中提到：「應物象形」和「隨類賦彩」，拿現代繪畫的術語來說，就是「用線條鉤出物的各種形象」，「用色彩畫出物的各類色彩」。

A 線條（Lines）

練習「線條」的最好方法，應該是從畫「素描」開始；因爲「素描」是由線條畫成的。俄國寫實主義大師列賓畫的《聖彼得堡涅夫斯基大街》是用素描畫的，畫面複雜豐富，線條細緻流暢。學畫的應該以「素描」來訓練我們畫線條的技巧，畫到了極熟練流暢的地步，再去畫水彩、畫油畫，自然能夠做到「應物象形」，「筆到形似」的境地。

西畫是以色彩表現物象，水彩畫和油畫都是用筆蘸著顏色去畫，有些人用黑色的線條去鉤畫物象，但也有些人隨著各物的顏色，用不同的顏色去鉤畫它的線條。線條有細有粗。法國印象派畫家雷諾瓦（Renoir）畫《坐在溪邊浴女》，他的線條細而優美。夏河說：「他採用像羽毛一樣的纖細柔和的筆觸。」同爲印象派畫家莫內（Monet）畫《印象・日出》，他用長的短的粗的、紅的綠的黃的白的黑的線條，去鉤畫日出時候在陽光照射之下，水面上各種物象的色彩與光影。黃宣勳說：「印象派畫圖是用短筆觸

（線條）一筆一筆塗上，而不是傳統的細抹精描，這樣的畫面近看是粗糙，稍遠來看，那些短筆觸卻生動發出閃爍的光輝。梵谷畫的扭曲躍動的線條，像《星夜》。黃麗貞說：「這應該是他患了精神病，或許是他眼睛有嚴重的散光，所以看東西都變了形」，看月亮、星星都有彩暈、有光芒，因此畫出來，都是扭扭曲曲的，自成一格，正常人畫不出來，後人看來充滿著怪奇之美。

B色彩（Colors）

西畫不但講究由線條構成筆觸之美，更特別注重色彩之美。「色彩」的應用與配搭，更比線條重要。有些抽象畫只有「色彩」。像羅斯柯（Rothko）的《紅與褐紅》、布魯克斯（Brooks）《難結》之類都是。

西畫無論是水彩畫、油畫、粉彩畫、壓克力畫，他們畫各種東西無不著色；甚至「白色」，它也不是「畫紙或畫布原有的白色」，而是塗上了一層白色之後的「色彩的白」，這種「白」才有情味；否則，畫就無生趣。可以說，西畫要整幅畫都要塗上「顏色」，色彩的運用是非常重要的，有所謂「色彩學」。西方有些畫家認爲黑色不可多用，多用久了畫面就成濃黑一片。英國雷諾茲（Reynolds）教學生設色時，規定不要使用太多黑色。根茲巴羅（Gainsborough），和雷諾茲齊名，作畫就儘量用黑色，反駁雷諾茲的理論，我們從雷諾茲的《明布洛克伯爵夫人及其子》與根茲巴羅的《格雷安夫人全身像》來看，兩人色彩的應用，是強烈的不同：一淡一濃，一亮一暗。

西方油畫家常在調色板上混合顏色，能調配出跟實物最接近的顏色，塗上了畫布，希望能產生最佳的色彩的效果。有一派主張將小點未加混合的顏料（紅橙黃綠藍靛紫七色），直接塗到畫布上；新印象主義派的畫家如塞拉（Seurat），就是採用這一種畫法，叫做「點描畫法」（Pointillist），許多「小色點、小色塊」交錯畫在一起，在看畫的眼裏就形成了各種畫面。

他們認爲在調色板上混合顏料，只會減弱色彩的效果；這種直接用色，卻可加強色彩的亮度與鮮豔。現在，更有用「釉彩」來增加顏料的亮度的。這種技法叫做「分割主義」（Divisionism），它是在十九世紀八十年代後期至九十年代，在義大利發展了起來。色點色塊的大小，是由畫幅畫像的大小決定的。

中國畫家畫水彩畫，色彩都比較淡；西畫則有濃有淡。西方的油畫，色彩大多明亮鮮麗或沉著厚重。

我個人用色的經驗，白色久了，也會變成灰白色，喪失它原有的光。黑色只宜在畫完之後，在過於迷離處，用黑色區隔它，提醒它。

西畫與國畫

蔡元培希望「中西繪畫技法能夠交融一起」

一九一二年（民國元年），蔡元培先生擔任教育總長，提倡美育，在中小學師範學校，設立美術課。一九一七年，他在北大「畫法研究會」演講，主張中西文化的交融，繪畫要互取短長，注意遠近、比例、明暗與色彩，要以西畫的「物象描寫，實地寫生」作基礎，跟國畫融合一起；並派徐悲鴻留法，劉海粟遊歐，設立美術專校與藝術大學；想以西畫的理論與技法來改良國畫、革新國畫，要使國畫走上現代化。提倡至今，整整九十年。

這幾年，我因爲畫西畫，讀了好幾百本西方的繪畫與美術的書、中國傳世名畫集與中國畫論，而撰寫了一部《西方繪畫史》。我自己也畫了兩百多幅水彩、素描和油畫。我有些作品是用油畫畫國畫的題材，如《林黛玉和史湘雲談詩》（二〇〇五年，國立臺灣師範大學圖書館收藏）、《花開鳥啼春》畫梅花盛開的春天，兩隻小鳥停在花枝上啼喚之類，都是。我們從奧地利畫家克林姆在《持扇的婦人》所畫的摺扇衣服、背景裡的左右一對鳳凰、飄舞的蓮花等等，可以看出他受中國敦煌畫的影響，表現了東方的色調意味。所以西畫與國畫應該有可以「交流與融合」的地方。

現在，我特別從各方面，加以比較，探究「國畫與西畫」兩者的異同，希望對中西繪畫的技法的融合，能有一些幫助。

西畫與國畫的異同

西畫主要有素描、水彩畫和油畫三種，國畫有彩色畫和水墨畫兩類；他們所用的材料與工具不同，畫法自然不同，其藝術成就自然也就不一樣了。現在分述如下：

(一)西畫的種類及其工具、材料與畫法

1.素　描

素描，是用木炭筆或鉛筆或鋼筆，在畫紙上作畫。素描可說是西方畫家作一切畫的基礎，畫人物尤其重要，所以一定要練習純熟。

一般的學畫者多半先從臨摹石膏像及名家人物畫下手；我所畫《勞孔祭司》和《維納斯晨妝》兩幅用鉛筆畫的素描，就是這樣的作品。素描也可以作人物、景物的寫生畫，如馬蒂斯（Matisse）的許多素描：《裸女》、《舞蹈》；也有一些畫家在素描畫上，再加上一些單純的色彩；如馬蒂斯的《黑與金

色的裸女》，他先用粗黑線條鉤畫出裸女的輪廓和頭髮，然後用硬筆蘸著黑色油彩，畫人物背後密密的斜線和人體上的陰影，再加上檸檬黃和乳白色，構成《黑與金色的裸女》一幅畫。奧地利畫家席勒（Schiele）的《穿紅衣的少女》，這是用細黑線條畫人物的輪廓姿態和衣服穿著的一幅素描，然後再塗上紅色、深黃色及淺黃色調，而構成清新而生動的畫面。

我們畫油畫、水彩、粉彩，也是用素描的畫法，先打一個簡單的底稿，然後再塗上各種顏色。如馬蒂斯用紅、綠、紫藍三色，畫成的油畫《舞蹈》，跟他用炭筆在畫紙上所畫的的素描《舞蹈》，構圖完全一樣。法國印象派畫家雷諾瓦作油畫《鄉村之舞》時候，就先用鋼筆畫了一幅素描。我畫油畫，也是先在畫布上以素描打好草稿，然後再塗色。所以說：「素描是作一切畫的基礎。」

2. 水　彩

水彩，用水把顏料溶化開，在畫紙上作畫的，就是「水彩畫」。水彩用的用筆，有大有小；小的可作細緻描寫，大的可作渲染，有的可作平塗。但要注意的是：筆毛要富彈力，蘸水時要成圓錐形，筆頭要尖。畫紙光滑的宜於描繪，粗糙的便於平塗。水彩顏料，除印度紅、茶黃、粉藍等色不透明外，其他大抵是透明的。水彩，畫起來很快就乾，容易簡單，半天一天就可以畫好一幅，只是不容易修改。由於色彩透明，畫面比較流麗活潑。因爲筆頭尖而軟，可以在小幅畫紙上，畫比較複雜的內容，比較眾多的人物。我畫過一幅《蘇利文劇場》的演員，多達十三人；《聖誕夜歸人》的雪景，畫面相當複雜。這是同樣大小的油畫做不到的。

畫水彩，可用鉛筆輕輕描畫大體的輪廓，然後上色。當然也可以用水彩筆畫底稿。水彩畫的陰影，可用色調描繪，表現明暗。畫人物，若重複塗色，常會使畫面混濁；畫花卉水果，最好是在純白色的紙上，一次塗好顏色，這樣才能使色彩鮮麗。

「水」是用來潤澤畫紙的，水分不足，畫面便顯得枯乾無澤；水分飽滿，才能畫出色澤滋潤的水彩畫。不過，水乾後，色澤就會變淡；畫水彩，先用筆蘸水塗刷一遍，讓紙飽含水份，畫起來比較流暢；還有作畫時顏色要調濃一些，乾後就剛剛好。畫水彩，若用以表現情調與氣氛，那對天空、雲彩與遠景，就要多多用水渲染；若要畫細緻的畫面，就要少用一些水分。

用稀薄而透明的顏料，可以讓畫紙的本色透露出明亮的光采，不必再用白色去表現，所以要特別保持色彩之清明，暗污就很難改正。畫水彩常用的技法，有「洗擦和滲化」兩種。用海綿吸滿水，或用畫筆蘸滿水，去「洗擦」畫面，可以使畫面上的色調，變得柔和而沉著；洗擦，也可以用來修改畫面。「滲化」用以渲染。水彩的顏料，容易褪色、變黑；不如油畫的堅實耐久，而且不能作大幅的畫。西方畫家大多是畫油畫，而兼及水彩畫的。

3. 油　畫

油畫，就是用調色油把顏料稀釋後，在畫布或畫板上作畫的。油畫的顏料比較重厚，不透明，很難乾，又帶有黏性，所以油畫的用筆都比較堅硬。油畫筆，有豬鬃毛、貂毛、狼毛或尼龍製的幾種；筆頭形狀，有圓形、扁平形、扇形。圓形筆，像毛筆，用來畫線條；扁平形筆，像油漆刷，用來平塗顏色。現代畫家多用豬鬃毛或狼毛或尼龍製的扁平形筆、扇形筆。貂毛製的畫筆，多爲圓形筆或圓錐形筆，價格昂貴。油畫筆有長鋒、短鋒、圓鋒與平鋒之別。貂毛、狼毛筆，適於描繪平滑的畫面；扇形筆，多用以調合畫面上的各種顏色。描畫線條或染擦或簽名，也可以用中國的毛筆。調色刀，也可以用來作畫。畫油畫，最好每一種顏色用一支畫筆，這樣色彩就不會混濁。

畫筆用後，要馬上用「洗筆油」洗乾淨，再在熱肥皂水中再洗一下；不洗乾淨，畫筆就會變得乾硬，就不好畫了。

油畫可以說是用顏料堆疊畫成的，所以畫布的選擇很重要。畫布，也可以自己做；我大都是買現成的畫布——就是經過處理之後的「亞麻布、半麻布、仿亞麻布或棉布」。它有粗、中、細三種。以柔軟筆作畫，或作工緻的畫，或流暢之畫，或薄施色彩，或欲一氣呵成，都宜採用細布。若要厚積顏料，慢慢完成；或要表現豐富色彩之美，或要用「點描畫法」作畫，則以粗布爲宜。新畫布宜於畫鮮麗的畫，舊畫布宜於畫暗色的畫。亞麻布中摻棉紗的畫布，畫起來生澀，要多費顏料，不如仿麻或亞麻布的流麗。畫布有大小尺寸，又有畫人物、風景、海面三種框架，所以在長短寬窄上，有一些不同，任君選擇。

油畫的顏料，現在都是用錫罐裝的，非常堅實耐久，有各種顏色。我用過的有荷蘭的林布蘭（Rembrandt），英國的（Winsor and Newton），意大利的范．戴克（Van Dyck）。林布蘭是荷蘭畫家，范．戴克是尼德蘭畫家。顏料在油畫是佔最重要的地位，它可以非常結實地描繪出人物花鳥的色彩。

畫好了再抹上一層亮油（Varnish），就能使畫面：富有光澤又堅固耐久。

作畫時，顏料先要調色油稀釋調開，畫起來才會潤滑流暢。當然也可以只用顏料乾擦、暈染，製造色調的氛圍。調色油，一般用的是「亞麻仁油」，油色黃濁，常會使其他顏色變暗，用過多又會使畫面起皺。一般畫家，時常把亞麻仁油和松節油混合使用，其比例有的各半，有的松節油三分之一；這樣混用，還有一點好處，就是畫面容易乾起來。但也有用「罌粟花油」，油色比較白，但比較難乾。松節油不宜多用，會使顏料失去黏著性，畫面不夠亮麗。

油畫的畫法，先在畫布上打稿，畫出人物的輪廓線和明暗影子，然後再用各種顏色去描繪它。底稿可以打得很薄，也可以畫得很厚。可是，油畫顏料的使用，並不容易；畫面的混濁、俗匠、呆板、不調和，缺乏生氣，都跟筆觸與色彩的應用有關係，所以一定要對顏料的性質有深切瞭解。

畫面之美，是由於各種色彩的調和。用色要做到豐富複雜又和諧自然，是高難度的技法表現。油畫有單色畫和多色畫。初學者應以單純顏色，開始習作。若要表現光線的明亮，可以在各種顏色中多加一些白色。白色，是表現光線的明亮面的主要色彩，和其他顏料混合使用，可減低其色度。有一些油畫家主張少用黑色；但白色久了，也會變黑。油畫的色彩要調和，筆觸要豐富，描寫要自由，畫面要整潔，這樣才能夠給人自然和諧或穩厚雄渾的感受。油畫的用具還有：調色板、調色刀、油壺、洗筆筒和拭布。

㈡國畫的種類及其工具、材料

1. 畫國畫的工具與材料

A 毛　筆

國畫家用的毛筆，有羊毫、兔穎、鼠鬚和栗尾，筆鋒有軟有硬。清華翼綸說：「筆宜尖硬圓肥，斷不可禿。」羊毫的筆鋒比較軟。南兔毫短而軟，失之弱；北兔鋒長而勁健，屬硬性筆。鼠鬚（狼毫）、栗尾，筆鋒更剛勁。有一些畫家認爲無鋒的「禿筆」，可以表現古老；但有一些畫家認爲：筆法的老嫩，在畫家本身，不在筆禿不禿。畫花鳥或工筆畫，最好用尖筆。

B 宣紙與畫絹

國畫家作畫，有的用宣紙，有的用畫絹。宣紙、畫絹，都有生、熟之分。一般宣紙叫做「生宣紙」；經過礬膠處理的，叫「熟宣紙」，又叫「風礬紙」。著色畫，宜用熟宣；生宣灰性重，年代久了，青綠色會變黃色，甚至脫落。但熟宣紙，也有它缺點，就是不受墨，運筆澀滯，墨色浮薄，又很容易碎裂。生宣紙，水容易暈開，利於渲染；水墨畫多用生宣紙。——前人作國畫更多用絹。用礬膠糊塡絹的紋眼的，叫做「熟絹」；這就像西方油畫用的「亞麻布」要經過白粉處理的一樣。工緻畫宜用細絹熟絹，寫意畫宜用粗絹生絹，總以厚重爲佳。

黃紙金箋，頗難下筆。生宣紙無論厚薄，都可以作畫。紙質不佳，絹地粗糙，畫來很痛苦。厚宣紙也難作畫，一下筆水氣就被紙所吸收，筆頭不易運轉。這就跟畫水彩，用磅數厚的畫紙一樣。宣紙太薄，容易飛開暈開。墨要選細而無渣的，硯也要選細的，畫起來效果才好。

2. 國畫的種類

A 中國設色畫

中國設色的畫，早就存在。晉顧愷之的曹植《洛神賦》與《女史箴》巨幅絹本，就是設色的作品。這種傳統的畫法，演化成唐李思訓的「青綠山水」，稱之「北宗畫派」。宋人的「金碧山水」，在青綠山水上加上「泥金」。五代、宋以後的花鳥畜獸昆蟲之類，也都是設色的作品。

他們都著重線描敷色，用黑線鉤勒輪廓，筆法細緻，規格嚴整，色彩濃重，山水塗青綠顏色，青就是藍色；峰巒間畫金碧界線，金線表現夕照或朝陽的光彩；構成富麗絢爛的畫面。

國畫的顏料多從礦物、植物中提鍊出來，有種種顏色。如石青（藍色）用畫山水，或嵌點樹葉。朱砂（紅色）用畫衣服、丹楓、欄杆、寺觀。雄黃（黃色）畫黃葉和男人衣服，但絕不可畫在金箋上，數月後就變色。胭脂畫荷花，白粉畫美人。藤黃水入墨內，畫樹的枝幹，有蒼潤之美。靛花，青藍色，又稱青黛，在國畫中用的最多。嫩綠畫草之綠。褐色（赭石）、老紅色（銀朱加赭石）畫柿、栗的夾葉。赭黃（紅黃色），用染深秋蒼黃的葉色。蒼綠（草綠色中加赭石），畫初霜樹葉，有蒼老暗淡的色感。墨色，用畫樹木的陰暗面、山石的凹下處；可以在各種顏色中加一些墨色，使它的陰陽面、凹凸處，層次分明，而有遠近明暗之分，加一些墨汁就有這樣的效果。但紅色只宜淡塗，不宜和墨。畫面變黑，用苦杏仁水洗一兩遍，乾了就沒了。

現在，國畫也有錫罐裝的顏料，有藍（深藍）、群青（藍）、綠青（暗綠）、白綠（淡綠）、若葉（綠）、黃土（土黃色）、黃（淺黃）、朱紅、洋紅、胭脂、赭石（褐色）、黑、胡粉（白色）等顏料。

金箋，畫完時，用薄薄的輕礬水刷一遍，付裱就不會有迸裂黏起的毛病。蘇東坡說：「當求白時嫌雪黑，當求黑時嫌漆白。」色彩的應用在國畫也是要相當講究的。國畫用的許多顏料，常會變質變色；像青綠藍黃都會變色或褪色；國畫家常以「淺絳色畫山水，鉤勒法畫花草」，就是希望能長久流傳於後世。鉛粉畫白色要濃重，才能越舊越白；薄用只能取悅一時，久了，就會褪成「無色」。洋紅，來自西方，色鮮而豔；國畫家仍用胭脂塗染花色；蓋洋紅，風吹日晒後，也會褪色。國畫的顏料是以水調合的，這和水彩畫的用法一樣；現在，有一些國畫家採用水彩畫的顏料去畫國畫，據說效果也很不錯。

B 中國水墨畫

水墨畫，唐朝畫家王維在山水畫方面，倡導專用「水墨」來渲淡的畫法，產生了南宗畫派的「水墨畫」與文人的「寫意畫」，表現山水的超脫秀逸，用以寫情寄思。他們不施色彩，不重鉤勒，專以水墨色的濃淡淺深，用墨的枯濕，渲淡染擦，來表現光線明暗、遠近高下的畫境，表現沖澹高雅宛麗的氣韻。到中晚唐時代，畫家興起「以墨代色」的運動，用水墨畫各種東西，於是和「設色畫」成了中國畫的兩大畫路。

水墨畫是以「筆、墨」作畫的，特別注意：筆法線條之美，和墨色「濃、淡、乾、濕、黑」的變化。唐張彥遠在《歷代名畫記》中說：「運墨而五色俱。」清唐岱在《繪事發微》中加白色，說：「水墨畫有六種色彩。」他們以黑白表現明暗，以乾濕表現蒼翠秀潤，以濃淡表現凹凸遠近。

水墨畫不求色彩與實物相似。他們認爲畫青色竹子，可以用朱砂畫成「朱竹」，當然也可以用墨色畫成「墨竹」。他們畫的是物的精神，而忘其色相。譬如：畫馬要畫的是千里馬的神采，而不必管馬是什麼顏色！

用筆去鉤出美的線條，去表現物象——輪廓線，求它有力量，有氣韻；這就是水墨畫的用筆功夫；但「用墨」是水墨畫發展之後另一課題。張彥遠認爲墨分五色之後，畫花卉不需紅綠之彩，雲雪不需鉛粉之白，只要用墨恰到好處，就可以表現了出來，想把藝術推向純淨的另一境界。這跟西方的雕塑，由彩塑，而淡彩，而石膏的道理是一樣的。

水墨畫是以一種單色的濃淡乾濕黑的不同色度，去表現宇宙間多彩的物象，表現畫家心靈的意象之美。跟西方的抽象畫家，排除了物象，只求表現心裏的色彩之美，是完全相反的。

國畫家講究「有筆有墨」；所以「有筆無墨」，如吳道子的山水，失之枯窘；或「有墨無筆」，如潑墨的畫，被稱「墨豬」：都不算完美的水墨畫。有輪廓沒有筆法，這是無筆；有筆法沒有輕重明暗，這是無墨。筆在鉤出輪廓，畫出線條之美；墨在渲染工夫，畫出多種色彩之感。故水墨畫特別要有「好墨」。如明程君房所製墨，極淡自極精彩，而且能分出五色，濃淡相間，其墨色層次，自然清楚。普通墨，多次染擦，就顯灰色。

水墨畫的畫法，墨色要由淡薄漸次加濃，筆法要由簡單漸次加繁。墨用得恰到好處，則精彩煥發；不得其法，就是好墨也沒有什麼幫助。

㈢西畫與國畫在構圖方面的異同

畫家在下筆作畫之前，先要構想而安排好一個整體的畫面；這就是中國畫家所謂「意在筆先」。然後在「紙或絹或布或板」上鉤畫出簡單的草稿，然後再按著草稿畫去：這就是所謂「構圖」。西畫與國畫的構圖，都跟畫的種類、大小與畫的題材，有密切的關係。西畫的寫實畫，大抵是根據實際情況去構圖的，但畫畢竟是畫家主觀的產品，其構圖自然摻進了畫家一些構想在內，而並不是完全客觀的描寫真實；抽象畫的構圖，自然是畫家的主觀意念所構想安排而成功的。至於中國畫無論水墨畫、設色畫的構圖，大都是沿襲著傳統的方式去構圖，講的是師傳和口訣。現在就畫的不同種類，加以探討：

1. 人物畫的構圖

A 西畫——有巨型與單幅

西方畫家的宗教畫與人物畫的構圖：在文藝復興時代（十四至十六世紀），畫家在教堂、宮殿作頂棚畫或壁畫，都是極巨型的畫。如米蓋朗基羅在梵諦岡西斯汀教堂八百平方米的頂棚上，描繪上帝開闢天地、創造萬物的許多神話：「上帝創造亞當」，「撒旦引誘夏娃」，「大洪水」中的「諾亞方舟」等等故事。拉斐爾所畫《雅典娜的學院》，描繪雅典娜學院雄偉的建築，崁在牆壁間的大理石的雕像，在學院大門前石階上的學人，總有五、六十人，或進或出，或蹲或坐，或跪或彎身，或托腮沉思，或翻書凝視，或站著熱烈地討論；正中間有兩個人並肩走了出來，一個禿頂白鬍子穿淺紅長袍的是希臘哲學家柏拉圖，走在他右邊滿腮鬍鬍子的，是柏拉圖的學生亞里斯多德：這些人物的神態都畫得自然有力。達文西的《最後的晚餐》，描繪耶穌受難前夜，和十二門徒在耶路撒冷共渡逾越節；耶穌說：「你們中間有人出賣了我，桌上的麵包和酒就是我的軀體和血液。」他畫耶穌的門徒聽了這句話不安交相質疑的情態，耶穌坐在中央一臉憂色，他把光線集中在耶穌的頭上與餐桌前。這些頂棚畫或壁畫，自然都是人物眾多而內容複雜的畫，而畫中人物的大小，則時常跟真人相近。

當然，也有內容單純的，像達文西的《蒙娜．麗莎》、波萊窩洛（**Pollaiuolo**）的《婦人》、曼太尼亞（**Mantegna**）的《聖母子》、提香（**Titian**）的《維納斯》，都是題材單純的人物畫。

到十六世紀末至十七世紀，荷蘭脫離西班牙，從尼德蘭獨立出來，西畫逐漸走上大眾化路子，題材趨向於描繪平民的日常生活，這時畫家在「畫架」上作畫，產生許多中幅、小幅靜物畫、風景畫、人物畫、動物畫、生活畫。題材單純，構圖比較嚴謹，常集中於表現一個重點。像魯本斯的《獵獅》、《東方三博士的朝拜》、布魯海斯的《瓶花》、林布蘭的《自畫像》、波特（**Potter**）的《牛羊》、洛伊斯達爾（**Ruisdael**）的《海濱》之類。我們從這些作品，可以看出西畫著重構圖的情況，越到後代也越嚴整。

B 國畫——有長卷與直軸

中國畫家畫人物與故事，相傳早在西漢宣帝、東漢光武帝時，在宮廷中設立畫室，畫古代聖君賢后忠勤烈士像，畫家也不少；如毛延壽因故意畫醜了美人王昭君而被殺。這些畫沒有流傳下來，現在可以看到的，有晉顧愷之的《洛神賦》（27.1cm ×572.8cm）與《女史箴》（24.8cm ×348.2cm）的長卷。它的構圖自然受到這種狹而長的「畫卷面」所限制，只能把許多人物、山頭和樹木，一個一個的排列，畫在長卷上，而形成非常呆板的畫面。這種構圖的方式，到宋徽宗宣和年間，張擇端作《清明上河圖》（絹本，淡設色，24.8cm ×528.7cm），描繪北宋都城汴京（今河南開封），清明時節繁盛熱鬧的城鄉街市水道間的形形色色；這幅畫筆法細緻，人物非常多，畫面非常複雜，是以各階層人物的各種活動爲中心，深刻地展現出來；看它整體的結構，極其嚴謹，非常緊湊，不過仍然脫離不了傳統的「長卷的構圖方式」，我稱之爲「橫式構圖」。畫圖中的人物都很小，都不過幾寸大。西畫是沒有這樣的一種構圖。

國畫也有用「直軸」，畫人物的肖像與簡單的人物故事，叫做「寫真」，偏重人物的風神氣韻。明徐沁論人物畫說：「造微入妙，形似爲先；氣韻精神，各極其變。」如閻立本的《帝王圖》就是很好的作品。元王鐸在《寫真密訣》中，提出用「九宮框格」，去捕捉鉤畫人物的輪廓與形象，便能夠做到「絲毫不爽」；就是把畫紙分成「九個格」，以便於寫生或臨模人物；西畫也有把畫紙分成「十六格」，來鉤畫人物的形象，是同樣的道理。

2. 風景畫與山水畫的構圖

A 西方風景畫的構圖

十五世紀文藝復興時代，義大利的翡冷翠「Firenze」，有些建築家像布魯納勒斯基（Brunelleschi）與烏奇羅（Uccello）開始研究「透視法」（Perspective），他們企圖利用兩眼從一定角度，去看各種物體在一個空間中的位置遠近、形體大小、顏色變化、光線明暗，希望能夠「正確地」畫出各物的實際的形象；這種畫法，稱做「透視圖法」，也叫「遠近法」。由此，就把歐洲中世紀的「平面畫」（包括素描、壁畫、浮雕），改變成富有「立體感」的藝術畫。這時，畫家米開朗基羅、達文西等，對透視法也有透澈的瞭解。掌握透視規律，是我們畫家必不可少的一種專業技巧；「風景畫」尤其要注意景物的遠近與大小的情況。

a 前景、中景和遠景

舒思沉說：「西方風景畫的構圖，有『前景、中景和遠景』的區分。畫『風景畫』最重要的一點，就是要有『遠近』的立體感覺；所以作畫的時候，先要在畫面上定出一條『地平線』。譬如：在海邊，往前看過去，大海和天空交界的一條線；或在平原上，往前看過去，大地和天空交界的一條線：這些線，就是『地平線』，畫家又稱之『視平線』。」「視平線」是作西畫的標準線。我們在畫面上定出這樣的一條「視平線」，是作描繪「遠近」的景物的依據。

b 遠近法

「遠近法」，在西畫是非常重要的一個原則；畫靜物、畫人物，都必須應用；畫風景，更是重要。「視平線」，就是用來劃分「前景、中景和遠景」的。「前景」，就是近在眼前的景物，在畫面上比較大；「中景」，就是由近景再往前（上）拓展開去的景物，靠近「地平線」的那部分；「遠景」，就是出現在「視平線」（地平線）上空的景物，像雲彩、空氣，或者就像要從地平線上方消失似的，看去是又遠又小的一些景物。在畫面上。物體越是在地平線的上方，看去越小，所以在畫家的筆下，常常把它淡化或模糊化。

c 範 例

現舉英國康斯塔伯的《布來頓的堤岸舊碼頭》爲例；他在畫面的左下邊，畫棕色的沙灘上有十來個人，在看海、玩水、休息，沙灘右邊的一角是湧動的海水，這是眼前的景物，也就是「近景」；左邊上去一點是堤岸和房屋，延伸成一條海平線，環抱着右邊白浪起伏的暗綠色大海，浪上有四、五隻小船，還有風吹斜的白帆和紅帆：這是「中景」部分，景物比近景小，房屋都淡化模糊。這前景和中景的景物，只佔畫面的三分之一；其餘三分之二是天空，在地平線上畫着風起雲湧之景：最上面是一堆一堆的白雲塊，他在右上方的白雲堆上，抹了一兩筆灰黃色，畫出雲彩變動的層次；這是遠景天空中的近景。他又在大塊面的雲堆下，畫着連綿不斷的浮雲碎雲，形成靠近「地平線」的遠景。這樣一來，由於遠近的層次分明，整個景觀顯得既深遠又非常壯闊。他把大自然的光與色之美，再度展現在我們的面前。這種近景、中景、遠景三部分的「構圖法」，是值得我們畫家參考。當然，也有只分「近景與遠景」兩個部分。

B 中國山水畫的構圖

國畫只有「山水畫」，似乎沒有西方所謂的「風景畫」。相傳三國時吳國有趙夫人，能畫各地江湖山岳，而萌生了我國的山水畫。但國畫「山水畫」的構圖，往往受前代畫家：唐王維的《山水論》，就是《畫學秘訣》，和北宋郭熙的「三遠」，以及韓拙的「另三遠」之說的影響，使「山水畫」的構圖，變成「人為的構圖」，使後來的國畫家所畫的，大多不是真山真水，只是畫家心胸中的山水。明宋濂在《畫原》中說：「元人畫山水，專為寫意，瀉胸中之邱壑，潑紙上之雲山。」現代，國畫家仍多只是按著前人流傳下來的一些構圖布局的訣竅，去畫山和水。

中國山水畫的特點就是「象徵性」，畫幾棵樹或一列樹或一叢樹就代表許多樹，「山和石」畫家用不同的皴法去畫脈絡肌理，或用濃淡不一的墨色或色彩塗染出山色、石色。再加中國的顏料就那麼幾種比較單純，又屬水溶性，一用水稀釋，就可沖淡其彩度，所以國畫山水的設色多呈現淡雅清逸之美。

a 唐王維的山水畫與《山水論》——「橫式構圖」

王維有一幅山水畫《輞川別墅圖》。他晚年隱居於輞川（今陝西藍田縣西南），從輞口到王維的別墅，有二十里，共有二十個景點。他時常和朋友，坐小船遊玩。《輞川圖》是一幅「二、三丈」的長卷，輞川二十景都包括在畫裏，畫得非常生動，可惜這幅畫已經失傳。不過，由前人評介，可知是採用傳統的「橫式構圖」，把華子岡至椒園二十景，分「段」畫在裏面，應該是寫實的作品。描寫他所看到的江鄉的各種風物景象。

王維把他所看到山水之間的各種景物的印象，寫成了三篇《山水論》，如說：「山腰掩抱，可安寺舍；斷岸坂堤，可置小橋。」「平地樓臺，偏宜高柳映人家；名山寺觀，雅稱奇杉襯樓閣。」「山腰雲塞，石壁泉塞，樓臺樹塞，道路人塞。」

王維的《山水論》是根據他所看到的真實的情況寫成的。——我在大陸看到江南水鄉，仍然是處處「垂柳映人家」；五嶽高山，也仍然是「杉松襯廟觀」。

後世國畫家只在畫室之中「依樣畫葫蘆」，自然形成「人爲構圖」，又由於「家法相傳」，不知不覺統治了國畫山水的畫境；所以後代國畫家的山水畫，都是「重巖疊嶂，懸泉飛瀑，雲繞青山，煙籠翠樹。」差不多的一樣的畫面。大家都是這樣的構圖。縱有許多變化，也仍只是「紙上山水」。

b 唐李思訓的山水畫——縱式構圖

唐李思訓的《江帆樓閣圖》，絹本，青綠色，直軸：縱 101.9cm，橫 54.7cm，我稱之「縱式構圖」。他描繪遊春的情景，近景是山嶺，右邊畫山角下有人騎馬、走路在觀賞春景，還有人挑著行李；左邊畫在一大片樹木和長杉掩映之下，有碧殿紅屋，廊道曲折；上方畫山頭以及遠景，有數葉小舟，襯托出江天的遼闊和煙水的浩淼。

c 北宋郭熙的「三遠」

這種直軸的「縱式構圖」的山水畫，到北宋郭熙創造了「三遠」的構圖理論。他說：「學畫山水，身即山水而取之。」才能畫出真山水的景象。又說：「山有三遠：從山下而仰山巔，叫做『高遠』；從山前而窺山後，叫做『深遠』；從近山而望遠山，叫做『平遠』。」如何能「從山前而窺山後」的景物呢？假使你爬上高山往下看，自然能夠遠望到面前的山「後面的一些景物」。郭熙的《山水訓》是他寫實的經驗之談。

d 北宋韓拙的「三遠」

韓拙另加了「三遠」：就是「近岸廣水，曠闊遠山者，叫做『闊遠』；煙霧溟漠，野水隔而彷彿不見者，叫做『迷遠』；景物至絕，而微茫縹緲者，叫做『幽遠』。」

e 六遠範例

這種「六遠」的構圖，被元、明、清的山水畫畫家所採用；我叫它做「直軸的縱式構圖」。像元羅稚川《古木寒鴉圖》，絹本，水墨，直軸：縱 131.5cm 橫 80cm，把畫面分成三截來畫：近景山頭上有古木老松；中段畫土坡，及較小的林樹及鳥兒，與前景的巨木對照，間隔出較深遠的空間距離；更遠方畫更小的迷茫的林樹與山巒，以及天空中的一些飛鳥。元趙雍《挾彈游騎圖》，紙本，設色，直軸：縱 108.5cm 橫 46cm 的背景，畫得迷迷茫茫，就是取「迷遠」之意。明姚廷美《雪景山水圖》，絹本，水墨淡彩，直軸：縱 159.2cm 橫 48.2cm，山頭極高聳，取「高遠」之景。

山水畫的「橫式長卷」與「縱式直軸」這兩種「構圖」，在國畫中隨處可見。這跟西方的風景畫的構圖是不同的：原因是：西方風景畫，是以實地寫生爲主的；中國山水畫，多是在畫室中想像出來的。

3. 花鳥畜獸畫與靜物動物畫的構圖

國畫與西畫的構圖比較接近的，是國畫的花鳥畜獸與西畫的靜物動物。因爲「花鳥畜獸」、「靜物動物」，平常都可以看到，所以中外畫家畫這些眼前熟悉的東西，自然大都是「寫實」的。

A 國畫花鳥畫的構圖

這些寫實畫，尤其是花鳥，國畫也多設色，而且用筆工巧細緻。五代滕昌祐《牡丹圖》，絹本，設色，畫長在石頭邊紅、白兩色幾朵盛開的牡丹，色彩鮮豔，栩栩若生。徐熙《玉堂富貴圖》，絹本，設色，畫牡丹與玉蘭、海棠、杜鵑，布滿整幅畫面，花枝上還有一隻小鳥，先用淡淡墨筆鉤出輪廓，然後塗上色彩，湖石下還畫了一隻豔麗的雉雞。——這種鋪滿整個畫面不留空地的構圖法，是受佛教藝術的影響。趙昌《寫生杏花圖》，絹本，是畫在團扇上的「折枝花」，濃墨畫老枝，朱紅畫新抽葉，極細黑線描出花形，再填入白色，畫得非常工緻細密。宋徽宗《蠟梅雙禽圖》、《石榴小禽圖》，把鳥畫在花枝上或石榴上。

B 西畫花鳥畫的構圖

西方畫家畫的花和鳥，像法國馬奈《水晶瓶中的花》、《芍藥花束》，梵谷《向日葵》，都是把花插在花瓶中來畫。所以，國畫家的花鳥畫，比起西畫更加接近大自然，畫面也比較複雜。西畫家多畫玫瑰花、睡蓮，是單純描寫他們的生活。

國畫家喜歡畫梅花、蘭花、荷花，多寄寓他們的情思。

C動物畫與靜物畫的構圖

中西畫家都畫有奔馬、猛虎和牛羊。國畫家還喜歡畫白鶴、鴨子、公雞、老鷹之類動物。西畫家喜歡畫蘋果、魚、水壺、酒瓶、茶杯之類靜物；這些畫題都跟生活環境有關吧，取材也就有些不同。不過，這類的作品，不論中西大抵都是寫實的。

D國畫「定型化」

近代的國畫家卻把物象「定型化」，像牡丹，像錦鯉，有一定的構圖與畫法，因此大家畫起來都差不多，幾乎一個模樣；這可說是乖離了寫實的路子，是一種退步的現象。

E布局與範例

總結一句，畫花鳥畜獸，畫靜物動物，其畫面的布局與物體的配置，完全可以隨我們的意思自由安排。畫靜物，圓瓶下面最好墊以方形桌巾，紅色蘋果可用藍花瓷盤去襯托，橫線物要用直線物調劑它；要想特別避免色彩明暗爲同一調子，就要從不一樣的形體、線條與色彩之中，求其統一和諧。——像馬蒂斯的《紅色的和諧》，以紅色爲主題，畫面的四分之三是紅色，紅色牆壁、紅色餐桌、紅色椅子，但在這一片紅色中，他在紅牆壁上畫兩盆紫藍色花，圓形的紅餐桌上擺著紫藍小盆花，八個黃色水果，兩只盛著紅色和黃色的酒瓶，還有一個高腳的灰藍色大果盤，盤上盛着各色水果，還有一瓶插着紅色黃色的小花，桌邊一把紅椅子黃色墊子，一個金髮黃臉黑衣白裙的主婦，正在料理另一個果盤和各色水果。畫左方有一幅畫，由黃綠藍黑白紅各色構成畫框與畫面。這種種色彩都在「紅色」中非常突出顯現出來，非常強烈地形成對比色，曲線直線，縱橫交錯，極醒目，極和諧，是一幅布局極特別又極成功的作品。

「統一」、「和諧」，是西方美學所注重審美的原則，能給人「美感」、「快感」。

㈣西畫與國畫在技法方面的異同

畫是透過「線條與色彩」畫成的，所以談「技法」就要探究國畫與西畫的「線條與色彩」的各種問題。現在分從畫人物、風景與山水、花鳥畜獸與靜物動物幾方面，加以討論。

1. 西方人物畫的技法

A 希臘時代的雕像

從希臘的雕塑史看，在公元前五世紀前半，就有米隆（Myron）《擲鐵餅者》（Discobolus）；公元前二世紀末，在米羅斯島（Milos）發現《維納斯》（Venus），都是希臘時代的傑作。《擲鐵餅者》，把握男性裸體的之美；《維納斯》，表現女性裸體之美；這些雕像的姿態都極優美；其肌肉與身材，都成了現代人作素描、臨摹的對象。

B 解剖學與藝術

希臘時，沒有解剖學，但從《擲鐵餅者》雕像可以看出：當時雕塑家已經注意到男性裸體的胳臂、胸腹、腿腳的肌腱，還有關節以及皮下的骨骼。文藝復興時期，唐那太羅（Donatello）的《大衛》（David）青銅像，注意到軀體各部分的比例與肌肉組織。後來藝術家更過分強調男性的肌肉造型。到十四世紀初，義大利在醫學方面首先對屍體作組織解剖，產生了「解剖學」教科書，是由畫家替它作圖解。十七世紀，荷蘭畫家林布蘭（REMBRENDT，1606-1669）作《杜普教授的解剖學課》（一六三二），畫在阿姆斯特丹大學裏，杜普教授在解剖屍體，對圍集一邊的外科醫生，講解如何解剖；這是一幅有名的畫。

「藝術解剖學」（Art Anatomy），是專門研究人體和動物的骨骼、筋肉、肌腱、體表的構造，以及由於運動、聯系而引起的變化。所以，畫家畫「馬」尤其要畫出牠的骨相與姿態，人物裸體的雕像也多注意他的肌肉與骨骼。西方畫家畫人的裸體，早就注意到人體的構造與組織的情況，各部分比例（proportion）的勻稱美。

C 照凡人畫上帝——現實是想像的基礎

西畫人物畫，一向受希臘、羅馬和基督教的影響，在文藝復興時代大部分是宣揚基督教義的人物畫，少部分是取材希臘神話與羅馬傳說的人物畫。這些神話傳說中的人物，畫家都是依靠想像去描繪；《舊約．創世紀》說：「上帝是照著自己的形像『造人』」。畫家反過來，照著世人的形像加一些想像，去畫上帝、天使、亞當、夏娃、耶穌、瑪莉亞、維納斯、阿波羅神、繆司、戰神、邱比特、柏拉圖、亞里斯多德。如畫上帝只在祂的頭上加一個光環，畫天使在祂背後加一對翅膀。米蓋朗基羅畫上帝和亞當的裸體，都畫的非常健碩，上帝有鬍子，亞當年輕俊美。「現實，是想像虛構的基礎」。

D 據雕像造型去畫人物——富「立體感」

十五世紀，翡冷翠的佛羅倫斯派畫家，開始「依據古希臘、古羅馬的『雕像』造型，去描畫人物」；此後，西畫的人物畫都很生動，富立體美感。西方人物畫，還有貴族肖像畫、裸女畫、平民人物畫幾種。

E 女性之美

女性裸體的曲線，在西方藝術家眼中是最美的。這可能是生命的延續是由於母親的緣故，他們把女性的裸體當做美之象徵，藝術之根源。西畫家常畫：女性裸體或婦女肖像，有象徵愛慾的，有媚人煽情的，都是在表現人體之美，有許多傑作透過線條、色彩與畫面，把神情、姿態、服飾生動地描繪了出來。

畫裸體的，像提香（Titian）的《維納斯》、魯本斯（Rubens）的《三美神》、哥雅（Goyay）的《瑪哈》、安格爾（Jean Auguste）的《土耳其皇帝的後宮》、雷諾瓦（Renoir）的《坐在溪邊浴女》，她們的輪廓線都非常柔和，胴體都散發着誘人的光，臉孔、胸、腹、四肢的線條之美，膚色之美，都充滿著魅力與生命，再加背景的色彩或景物的強烈的配搭，更襯出人體之美，自然引起了觀賞者強烈而難忘的感情。

畫女性肖像的，像達文西的《蒙娜・麗莎》，布雪（Boucher）的《龐巴度夫人》，維潔樂本（Vigee-Lebrum）的《瑪麗・安唐奈特》，安格爾的《波洛格烈公主》，雷諾茲的《明布洛克伯爵夫人及其子》，根茲巴羅（Gainsborough）的《格雷安夫人》，馬奈（Manet）的《佛里斯・貝熱爾酒店的調酒女郎》，竇加（Degas）的《舞孃》：都是非常動人的不朽之名作。

爲什麼？他們能畫得那樣好？因爲他們都精於「素描」，都受過嚴格的素描訓練，講究人體比例，立體表現，懂得用「陰影明暗」方法。

此外，還要注意的「女性之美」：第一是含有愛欲的成分，不是純粹的審美。第二是時代產物，美的觀念會隨文化變遷、社會時尚而變動。柏拉圖說：「美色入眼就產生溫暖。」

F 西方人物畫，講究「比例律」

西方畫家畫人物，特別講究「比例律」，他們認爲：「美」與配搭的勻稱、調和、平衡有關，就是要按一定的比例，去「配搭、構成與組合」。亞里斯多德說：「生物是由部分組成整體，各部分的配置，要有一定秩序，一定大小。」就是畫人物，要按一定比例，畫出的人物才最爲勻稱，才是最美的。「比例與勻稱」是造型美的最基本的原則。

但我個人認爲除了注意「比例律」之外，還要注意人體的「個別性」；因爲人有高矮胖瘦，美醜老少，方臉圓臉，不能完全按著一定的比例去畫的。十九世紀，西方的女性畫已不像古代那麼講究比例，那麼美了！像梵谷筆下的一些人物畫、婦女畫，就是偏重描畫人物的神態。

G立體感覺的造成

西畫的三度空間，能給人「立體的感覺」，完全是由於「明暗交錯」與「遠近層次」所構成的。光照最強的地方是白色，光弱就產生陰影，暗到極點就成了黑色。——畫家一定要注意這種明和暗的情況，大膽地用白色、黑色或灰色跟其他顏色，適當地調合把它畫出。還要特別注意「各物遠近的位置與層次，遠的小，近的大，遠的色淡而模糊，近的色濃而清晰」，還有背景的色調與景象的襯托：都要注意。總之，西畫是在平面的畫紙、畫布上，去創造「立體型態」的畫面，畫西畫最重要的一句話，就是要給人「立體感覺」。

奧地利席勒（Schiele）畫《穿紅衣的少女》，他先用沾水筆，在畫紙上鉤出少女大概的輪廓，然後他「用顏色代替了線條」：整幅畫是淡黃色調，他用細黑線條鉤畫：這個少女細眉大眼睛、兩腳交叉坐着的姿態，和掀起裙襬的樣子，用深黃色畫頭髮及髮型，用鮮紅色畫嘴唇與上衣，用淺紅色畫短裙，用檸檬黃色畫褲襪和顏色較深的皮鞋，清新而生動。他從不同的顏色和色調的深淺，表現了明暗，構成了「立體的畫面」。

油畫的人物畫，色彩與線條的應用更加重要，它兼有「素描的線條與水彩的色調」兩者的長處，所以油畫的肖像畫與裸體畫，都是最動人的人物畫。油彩能夠把貴婦許多華麗的服飾，女體魅人的曲線與膚色，非常真實地描繪了出來。這是其他畫作所不能做到的。畫肖像畫，不但要畫出他的形貌，還要畫出他的神采，單做到「形似」是不夠的。

H 美與醜

人物的美與醜，最粗淺的說法，都是從「外貌」來看。就拿我國來說，女人美的有春秋時的越女西施，醜的有戰國時的齊宣王后無鹽；男人美的有西晉時的潘安，醜的有漢獻帝建安時的王粲。西方人物畫，像戰神、范倫鐵諾，像維納斯、海倫都是美男、美女的代表。但人的美，除外觀美之外，其內在美、本質美、靈魂美尤其重要。外貌不醜，內心與行爲卻卑鄙、奸巧、齷齪、險惡、兇殘、貪腐，這一類人在今之世卻多的是，觸目皆是。西方藝術家畫人物美，從形貌、體態、健康、勻稱、膚色、神采和和諧等方面去表現。所謂「和諧」，就是「不協調使它協調」，等於「完美」。美在和諧。外觀美，是相對的；最美的猴子，跟人類比還是醜的。人類的美醜常用動物來形容，臉長的像馬臉，瘦的像猴腮，奸詐的像狐狸，兇狠的像豺狼，陰毒的像蛇蠍，貪腐的像糞坑中的臭蛆。

西方人士認爲：神是絕對美。完善也是美，善戰勝惡，真理戰勝謊言，都是人類渴求的完美理想。我們說一個人美不美？不該僅著眼他的外貌，首要注意他的道德與行爲，有沒有崇高的理想？凡是能帶領人民抵抗異族的侵略，推翻暴政追求自由，振興國家經濟富裕人民生活的人物，都屬於有崇高理想的英雄人物，都像「神一樣的完美」。

西方畫家對於醜惡的人物，有比利時畫家恩索爾（Ensor）的《在假面具圍繞中的自畫像》描繪在他四周許多面具的形相，有僞善、陰冷、邪笑、憤怒、兇暴、悲傷、骷髏、無奈等等，來象徵人世上種種人物。古巴阿扎謝塔（Azaceta）的《人蒼蠅》，把人畫成一隻蒼蠅，諷刺某一些人像蒼蠅一樣的齷齪。

2. 中國人物畫的技法

A 人物畫的名作

中國古代的人物畫，甚多名作。像西晉衛協的神佛人物。東晉顧愷之《女史箴圖》，用紅和青等色，特別注重「點睛」。南朝宋陸探微畫人物，線條聯綿不斷，稱做「一筆畫」。梁張僧繇畫佛像，叫做「張家樣」。敦煌窟壁畫，有不少是出於畫工之手。唐閻立德《職貢圖》，畫蠻夷來貢。閻立本用淺黑淡紅，畫《歷代帝王圖》。李昭道《春郊遊騎圖》。吳道子畫《地獄變相圖》。張萱有《虢國夫人遊春圖》。這些作品，都可爲後人的典範。宋李龍眠有佛像羅漢、諸天神像、郭子儀降虜、遊奕宴集、仕女嬰兒等等作品，亦稱一代名家。

B 人物畫理論的貧乏

方向在〈中國人物畫之展望〉中說：「宋、元以後，人物畫毫無進步。」又說：「有人嘗試革新，被人譏爲瘋子。對於人物畫的理論，缺乏系統性的論述，又過分簡要。」唐張彥遠在《歷代名畫記》中，說：人物衣服，因時地不同，畫時要特別留意。宋郭若虛在《圖畫見聞志》中也特別強調這一點。雖有許多國畫家像宋米芾、董逌、無名氏、趙希鵠、陳造、岳珂、陳郁，元趙孟頫、湯垕、劉因、王繹，明文徵明、李日華、徐沁、周履靖、陳繼儒，清沈宗騫、方薰、范璣、丁皋、邵梅臣、鄭績、松年，也都評論人物畫，的確都非常簡略，正像方向所說。

中國古代的人物畫，不外乎經史故實，作千秋箴誡；傳布釋道，以教化信徒；還有寫真，仕女兒童：所畫都不離描寫當時的生活與習俗。米芾在《畫史》中說：「今人絕不畫故事，不考古衣冠，（畫來）皆使人發笑。」

C石刻與線描

清《芥子園畫傳・第四集人物，巢勳臨本序》說：「漢武梁祠畫像石刻，爲人物之權輿。」這是說：「國畫人物是從石刻來的；因此國畫的人物偏重『線條』，多用『線條』表現人物的臉部皺紋、衣服褶紋。」前代人物畫大多是：「滿臉皺紋，衣褶深刻」。

明汪砢玉論「古今衣紋描法」，就有「游絲、琴絃、鐵線、曹衣、柳葉、減筆……」，等十八種。也因此，國畫人物的形像，大都「平面化」，缺少「立體感」。我們學西畫的素描，畫人物是從臨摹「維納斯、勞孔」之類的石膏像，一下手作畫，自然就會注意到人體的「立體特質」，自然就會畫出「充滿立體感的人物像」。

D國畫人物畫的缺點

方向批評中國人物畫的缺點，說：他們不重視解剖學，對人體骨骼組織，筋肉運動都缺乏了解，只注意臉部的描寫，對身體四肢各部分，往往忽略不重視，比例欠準確，時常把人畫成了頭大身短，或身小頭大。像畫聖吳道子所畫的菩薩、孔子，身材都太短。陳老蓮所畫的美人的額頭就太瘦，都畫得「不美」。畫老人，如侏儒，奇形怪狀。

古代，中國的人物畫，雖然有人物的輪廓、神貌，衣服的褶紋、裝飾，但都只是許多線條的鉤畫，而缺乏光與影的描繪，所以沒有凹凸，缺乏真實感，只是一個個平面圖形。——如五代釋貫休畫的許多坐禪的羅漢尊者，神情雖生動，形貌卻都極怪異。宋李龍眠以鐵線描，畫孔子弟子，畫觀音菩薩，不設色謂之「白描」；可是他所畫人物的形貌神采服飾，卻大抵相類。其實，從唐吳道子《八十七神仙圖》的形貌就是這樣的雷同；西畫也有這樣的毛病，像法國印象派畫家雷諾瓦的《船上的午餐》裏一些男女的相貌看起來也差不多一樣。還有國畫人物，即使塗以色彩，也多平塗，缺乏濃淡深淺，沒有明面暗影。總而言之，國畫人物，形象扁平，自然不能給人「質與量的立體感覺」。

E 清沈宗騫對人物畫進步的理論

當然，也不能說國畫家全不著重人體的骨骼組織。清沈宗騫在《芥舟學畫編．人物瑣論》（公元一七八一年）中，說畫人物：周身骨骼，要從衣外看出。何處是肩、肘、腰、膝？正立要見其腹，側立要見其背及臀。衣有寬緊長短，勢有動靜之異。畫衣服褶紋時，須知這一筆畫他肩膀，則一身的正側俯仰，兩手的或上或下，都決定於肩之一筆。由腹部表現人體的胖瘦。由膝蓋表現人物的坐立俯仰。作畫時都要注意：骨骼之隱藏於衣服中的情況，在畫衣紋時，要隨筆畫了出來。他又說：初學時，可以先畫「裸體」骨骼，然後再畫衣服。這幾處是最要注重鉤勒筆法的地方。這種理論可能是受西畫的影響。

F 缺乏「透視法」

方向又說：中國人物畫，缺乏「透視法」，遠近不分；甚至有反透視作用，遠的反比近的人物高大。畫中的屋宇亭臺樓閣橋梁以及器皿，如桌椅床茶壺花瓶都缺乏透視表現法，顛三倒四，大小的比例，安置的遠近，許多都不合實際狀況，遠的比近的大，近的比遠的小。爲什麼會這樣？——我認爲中國人物畫，「不是描寫真人實物」。專靠「想像」畫古人。如何能畫得好呢？畫想像中人物，當然看不到實際的光影變化，當然也就畫不出光影變化的情況，所畫的人物，自然是死板單調，僵化生硬。

古人說：「畫鬼神易，畫人物難；蓋以神鬼詭異離奇，可以信筆所至；不若人物之賦形設色，不能稍佚範圍也。」可見人物畫，重在寫生寫實，才能畫得好。

G 形似與神似——神似在點睛、在傳神

中國人物畫，因爲是從「線條」構成，無法畫得很像。所以，自古不重「形似」，講究「神似」。有蘇東坡認爲：傳神之難在眼睛，其次在顴骨、臉頰；只要眼睛、顴骨、臉頰畫得像，其他無不像。有人認爲：人物的情意，有的在眉眼，有的在鼻嘴，有的在鬚頰，有的在皺紋，注意這些地方就能描畫出人的神情。

因此，畫人物特別注意「點睛」，用濃墨、好墨、生漆畫眼珠，畫出人靈活生動的眼神。趙希鵠在《洞天清祿集》中說：「要先圈定眼睛，先塡以藤黃，在藤黃中，用好墨濃加一點作瞳子。」中國人是黃眼珠，不是藍眼珠，所以先用藤黃畫眼珠。

清蔣驥有《傳神祕要》，他說：「神在兩目，情在笑容。」又說描畫笑容，要注意眉毛、眼睛、魚尾紋、壽帶、鬚根、嘴角的變化，跟平常不同；大笑臉上各部位都變，喜笑上下眼皮合成一線，由笑畫出人心中的情意；但只有笑容，不能畫出兩眼的神采，亦所不取。畫眼珠要注意它上下動態，畫眼睛的要訣不在「眼珠中黑點，在上下眼皮，在兩眼梢，在眼珠的兩圈上下，眼角裏的眼肉，及眼梢頭黑影，必須畫出。眼睛的大小，不可任意畫它。」臉上的凹凸，用顏色深淺去表現。人的氣色有青黃紅白的不同，層層暈積烘染，畫出其深淺，畫好後顏色自然和潤。或配好各樣顏色看臉色畫上去。臉上的凹凸，要用顏色提醒，使它顯露。

H 畫的儘是古人的生活與情況

國畫的人物的服裝，老是綸巾、道袍、草履、芒鞋；或雲鬟、丫頭、紅袖、彩帶；手中所拿的，老是釣竿、節杖、古書、七絃琴、笙簫、團扇。建築物大都是茅舍、板橋、古寺、塔、白雲、山林、三家村。其他是畫舫、帆船、扁舟、桅杆、酒旗、珠簾、繡屏、篆書、紅燭。都是古代的人物的東西。古人這麼畫，不足爲怪，他們所畫是當時的景物用具。今人畫人物畫，仍畫得跟古人畫的一模一樣，原本照抄；這種畫既缺乏創造的精神，也畫不過古人。即使畫得很好，也不過是臨摹古人的產品，而不是畫家所創造的獨一的藝術品。

I 應該走上「畫現代的人物與生活」

現代國畫家又怎麼能不畫現代人物與生活？現在，有些國畫家已經走向畫「現代的題材」。但有人嘗試把現代人物畫進國畫裏，結果大多失敗，終覺格格不入。把現代的人物，畫在古代山水中。背景和人物不調和。又怎麼能搭調？還有人體與衣服上，缺乏光影明暗的強烈對比，色彩又大多平塗沒有深淺，甚至只有輪廓和衣褶的線條。這種畫法，自古已然；如果不能擺脫這傳統的畫法，也就很難有脫穎而出的人物畫的傑作。

國畫人物重在流利瀟灑，西畫重在精緻工整。

3. 西方風景畫著名的畫家與畫作及其技法

西方風景畫，產生於十七世紀，有荷蘭畫家洛依斯達爾（Ruisdael）、法國克勞德・洛林等。十八世紀有威尼斯卡那雷托。十九世紀有法國柯洛（Corot）、盧梭（Rousseau）、米勒，英國有康斯塔伯、泰納等。十九世紀中葉，至二十世紀，有印象派的莫內、馬奈（Manet）、皮沙羅（Pissarro）、希斯里、雷諾瓦；後期印象派的塞尚、梵谷、高更；新印象派的塞拉、薛涅克（Signac）、克羅斯（Cross）；抽象派的康丁斯基，超現實派的馬格利特等人：都是風景畫的名家。

西方的風景畫大都是寫實的。威尼斯卡那雷托（Canaletto）有一系列《威尼斯風景》和《賽舟》，畫的就是威尼斯港灣內的風光與習俗，而且把近景與遠景配搭得非常恰當。克勞德・洛林（Claude Lorraine）的《希巴皇后的渡假》，是以微妙的光影與色彩，把雲天海水、房屋樹木描畫出來，蘊涵着大自然的濃鬱的詩情畫意。巴比松派米勒（Millet）生於農家，所畫的《拾穗者》、《播種人》都是描繪農民的生活。康斯塔伯（Constable），生長於農村，從小對天色的變化，留下深刻的印象，他用深暗藍綠色，把稍遠處的山丘，以及《夏日》天空中濃雲翻飛的形態，都非常生動地畫出來。泰納（Turner）的《奴隸船》用粗豪強勁的筆勢，描畫颱風時，海面上的雲飛雨狂，浪濤洶湧，帆隨風傾，似將翻覆的情景。這些風景畫，都講究景物的近與遠，筆觸與色彩之表現，具有古典主義或浪漫主義的技法。

到印象派之後，西方風景畫走上新的路子。「萬物的色彩」，都跟太陽光有密切的關係。光線一變動，景物的色彩就跟著變化；畫家要畫的就是這種色彩的變象。他們除注意近景、遠景外，還運用新的技法作畫。黃宣勳說：「印象派畫圖是用短筆觸一筆一筆塗上，而不像傳統的細抹精描。這樣的畫面近看是粗糙，稍遠來看，那些短筆觸卻生動發出閃爍的光輝。」莫內（Monet）的《印象．日出》、希斯里（Sisley）的《莫里的馬車道》、雷諾瓦（Renoir）的《威尼斯的大運河》，都是這樣的作品。

油畫大抵畫山和石，都要畫它的形勢、脈絡與肌理。後期印象派，塞尚（Cezanne）畫山畫石，都用不同的色塊，橫抹直豎斜批，筆觸或短或長或細或粗，去畫《聖比克特瓦山》，所以能把山的雄渾，石的粗獷表現了出來。梵谷（Van Gogh）用強勁筆觸、躍動線條（許多短線條來表現光的流動）畫《星夜》，描繪星月雲像漩渦一般的在夜空中不斷地流動，造成朦朧的夜景。高更（Gauguin）用平板色面與強烈色彩畫大溪地島的風光。新印象派用「點描法」，用許許多多小色點，畫出人物風景的各種色相，如塞拉（Seurat）的《格蘭德．賈特島的星期日的午後》就是。

抽象派的康丁斯基（Kandinsky）的《青山》，已經拋棄物象，走向純表現「色彩」之美的路子。

超現實派的馬格利特（Magritte）的《阿恩漢領地》，畫磚牆上裝有三粒蛋的鳥巢，面對着一座老鷹狀的大山，山上天空有一彎新月和一些星星，全畫由藍色調構成的。由此，可見西方風景畫的技法與構圖的變化。

4. 中國山水畫著名的畫家與畫作及其技法

A 中國山水畫的產生與演變

在中國，沒有西方的風景畫，只有山水畫。東晉宗炳（375-443）遊巫山衡岳，回家後把所看到的山水，畫在牆壁上。他在《畫山水序》中說：「豎畫三寸，當千仞之高；橫墨數尺，體百里之迥。」說明畫家能在「極小幅的畫面裏畫出近山遠景」。這是把景物濃縮在一幅畫裏。這種「遠近說」比義大利畫家勃里萊斯克（Brunellesco, 1377-1446）創立的「遠近法」，要早一千年。在隋朝前，「山水」大多是做人物畫的背景襯景，像晉顧愷之在《洛神賦》中所畫一些山水樹木，就是。

南朝梁張僧繇用青綠、朱紅、赭（赤褐）畫淡彩山水，如《雪山紅樹圖》，直軸，絹本，設色，縱 118cm 橫 60.8cm，叫做「沒骨山水」，才把山水畫獨立了出來；這和過去用黑墨鉤畫山水的輪廓線的不同。——後來，青綠山水，又有大青綠，多鉤廓，少皴筆，著色濃重；小青綠，在水墨色的輪廓上，薄施一層青綠色。隋文帝時，展子虔作《游春圖》，絹本，設色，縱 43cm 橫 80.5cm，以「青綠鉤填法」描繪山川、人物、樹石，並以青綠赭石塗染畫面，使畫面顯示出富麗堂皇之美。盛唐李思訓《江帆樓閣圖》、李昭道《湖亭游騎圖》，父子二人受展子虔的影響，以細密技巧，畫青綠山水或金碧山水。

金碧山水，除石青、石綠外，另加泥金（金色顏料）一色，用以鉤描山廓、石紋、坡腳、彩霞、宮室、樓閣等。後人也用以鉤畫牡丹花的外形。

王維沿襲前代「以墨作畫」的畫法，加以改良，使用大量的水滲透、調和墨色，渲淡（破墨）染擦，再加雨點皴，作顏色清淡的山水畫，打破了青綠重色和線條鉤勒的束縛，開創了「水墨畫」，又稱「寫意畫」。他的畫極多，多已佚亡，今傳有《江干雪霽圖》，長卷，絹本，設色，縱 30cm 橫 225cm，可資參看。

明董其昌稱李思訓爲北宗山水畫之祖，王維爲南宗山水畫之祖。於是，國畫的山水畫就分「設色」與「水墨」兩條路子發展了。

B 「點」與「皴」是中國畫山水的兩大技法

歷代產生了許多山水畫著名的畫家與作品，在技法方面有「點」與「皴」。

「點」有「橫、直、斜、圓、大、小、粗、密」各種點法，用以「點描：花草樹葉石苔的各種形態」。

石有肌理，山有脈絡，可用「皴」法畫出。「皴」，原指皮膚的裂開。國畫用指物體的明面暗面與特殊現象；畫家要想畫出它，因此創造了各種「皴法」。作畫時候，先用線條鉤勒山石的形勢；其次，用「皴法」畫山石的脈絡肌理。像大斧劈皴，小斧劈皴，都是用來畫山脈石紋，好像斧頭鑿成的現象。鹿角皴畫樹的仰枝，蟹爪皴畫樹的垂枝，鬼面皴畫石頭面。

明石濤（號苦瓜）有《苦瓜和尙畫語錄》，說：皴是人爲的。山川自有的「皴」（現象），並不一樣；畫「皴」方法，也應該各自不同。所以「皴」有「捲雲、斧劈、披麻、解索、鬼面、骷髏、亂柴、芝麻、玉屑、漩渦、礬頭、沒骨」等等名堂。皴是從山峰而產生，山峰卻因皴法而異名；這些「皴」都是因山水的形狀，而有各種名稱。皴是用來表現山峰的形象，像天柱、蓮花、天馬、獅子、香爐、回雁等山峰，都是因山峰的形狀而得名。

C畫山峰花樹船隻的方法

山峰畫法：一畫地，二畫樹，三畫山。畫山景，有倒影。有襯托：借他景襯托主景。有截斷：山水樹木，帆杆花枝，都可以採用「截斷」方法，剪頭去尾，處處截斷，如折枝花，片截樹，半段船。有險峻：如峭峰、懸崖、棧道、絕壁。

D石濤的理論

石濤又說：我畫此紙時，開圖幻象生。變幻神奇，不似似之。筆枯則勁，筆濕則俗。畫家病在舉筆只求花樣。畫最好是在依稀彷彿，將畫家的性情傳寫畫中。要處處通情，處處脫塵，處處歸於自然。畫能變則奇，筆勁則神。

從石濤的這些描述，可以知道中國的山水畫技法的概略了。和西畫的風景畫，自然是不一樣的。

5. 西畫靜物畫、動物畫的技法

A西方靜物畫的畫家與其作品

西方專畫水果、花草、餐桌、瓶、杯、壺、盤、死魚、死鳥之類及其他靜止不動的東西，叫做「靜物畫」。

傳說在公元前四世紀，希臘邱克西畫了一籃葡萄，逼真之極，連鳥雀都飛來啄食。帕爾哈休（Parrhaios）畫了一塊布，連邱克西（Zeuxis）都以爲是真的布，要用手去拉開它：就是靜物畫的開始。這些靜物，作者可以隨意布置安排，而構成畫面。其畫法，大抵把主物畫好，再畫檯面及背景。要注意明暗濃淡的色調，才能構成立體感。還有靜物的質感，如花瓶的色澤反射出來的光影，花卉水果的新鮮之美。

在一五九九年，布魯海斯畫了一幅《瓶花》，各色大小的鮮花，連枝帶葉插滿了一只紅陶花瓶，還有些殘花枯葉落在咖啡色桌上，在黑色暗影的背景色襯托之下，真是絢爛之極。葛瑞斯·赫達（CLAESZ HEDA）在一六三四年，在木板上，畫了牡蠣、甜酒、玻璃杯、銀碟和切開的檸檬，在陰影映襯之下，顯得非常真實精緻。十九世紀，法國庫爾貝（Courbet）畫的《蘋果和石榴》表現了靜物的質感，畫得非常真實。馬奈（Manet）《芍藥花束》、《紅白芍藥花》。塞尚的《蘋果籃》，梵谷的黃色《向日葵》（1888），立體派布拉克（Braque）的《水果盤和撲克牌》（一九一三）和《靜物》（一九二九），格里斯（Gris）的《報紙·靜物畫》（一九一六）。抽象派克利（Klee）的《魚》，到義大利形而上派卡爾拉（Carra）的《形而上的美神》（一九一七）畫一個雜物間的模型人地形圖建築圖形彩色三角錐等物，工整而呆板。

B 西方動物畫的畫家與其作品

西畫把牛羊馬老虎飛鳥之類的動物的畫，叫做「動物畫」。動物的線雕畫，早在兩萬年前的狩獵時代，在法國拉斯柯（Lascaux）石洞的岩壁上就已產生，畫有牛馬鹿山羊之類的野生動物。牛羊馬起先是人物畫中的配景，真正成爲畫的主體，那是到了十六至十七世紀，荷蘭獨立之後，畫家可以自由作畫的時候，產生了一些平民喜愛的小幅畫。

荷蘭波特（Potter）在一六四七年畫了一幅牛羊，把荷蘭的乳牛特有的毛色與神態，都畫了出來。法國竇加（Degas）的《騎手》（一八六六—一六八）描畫賽馬場的情景。十八世紀，英國史塔卜斯（Stubbs）畫了《加圖和馬夫》，馬夫牽著一匹黑棕色駿馬。二十世紀，蘇聯拉利昂諾夫畫《黃昏中的魚》（一九○四），魚鱗閃閃發光。德國表現主義馬克（Marc）的《大藍馬》（一九一一）。

從上面的敘述，我們可以看出：西方靜物畫和動物畫的演化情況。

我們要注意的，就是主物的色彩若和背景的色彩，衝突不調和，就會損害到實在感。西方油畫的顏色，是用筆觸、色塊去畫，畫來雖不如中國畫的細緻，但卻比較真實渾厚。

6. 國畫花鳥畜獸畫的技法

中國歷代的畫家，畫花鳥畜獸著名的很多。他們不像西畫家，畫花卉常畫瓶花，畫水果常畫水果籃，畫靜物常在室內，畫動物雖在室外，但所畫的種類不過鳥雞牛馬羊狗貓老虎…幾種。中國畫瓶花、籃花的作品，雖然有但不多；畫花、鳥大都畫在室外的大自然中，而且作者非常多。我可以說：國畫山水畫最多，其次便是花鳥畜獸昆蟲畫，人物畫居第三位。

A中國花鳥畫的搭配

國畫家的筆下，花大都畫「折枝花」，畫白梅、紅梅很多，畫幽蘭、黃菊、荷花、勁竹也不少。常見的畫面，或蘭花一兩叢，或把蘭花畫在坡石上，或把各種花配搭畫在一起，或花跟鳥配搭，或花草與蝴蝶配搭，或把珍禽名卉畫在一起，把花鳥畫在山崖下，或把花鳥畫在奇石上，或孔雀和牡丹配搭，或把蒼鷹畫在古木枝幹上，或鳥和果枝配搭，或畫葡萄枝上成簇的葡萄，或畫池塘一角的紅荷綠葉，或秋花畫在假山縫裏，或把桃、柳和八哥共畫一圖，甚至把鴛鴦、白鷺跟坡岸上木芙蓉畫在月夜裏，畫峻峭怪石卻把紅天竺、白水仙、蠟梅、萬年青畫在周邊，當然也有畫瓶花與各色水果的。

B中國畜獸畫的構圖

國畫的動物，有駿馬、人騎馬、鹿在樹下、鴨在水邊、魚在水中、鶴在松樹下、狗和萱花、鳥飛在樹枝間、草蟲在葡萄枝葉間、牛跟牧童。更愛畫奔馬、猛虎、飛龍：從這許多畫面，可知中國人畫畜獸昆蟲，大都回歸自然與生活。

C中國畫花卉的技法

國畫小幅畫，無法畫全體，所以多採用「截斷」方法作畫。這些畫大部分都是設色的，只有畫梅花、畫蘭花，有一些畫家用水墨來畫的。這些畫大都是寫實的。又因爲是用毛筆畫的，比起西方的油畫、水彩畫，還要畫得工巧。油畫的畫筆比較粗硬，筆觸與色塊當然不如中國畫的細緻、優雅。從唐、五代之後，國畫畫花卉的技法，大概可以分做四派：

a先鉤好花形，然後再上色。

b不描畫花形，只用丹朱、白粉點染，叫做「沒骨花」。

c專用水墨畫梅花、蘭花，叫做「墨梅」、「墨蘭」。

d以淡墨或淡彩，圈畫「花頭」，有不塗色的，也有塗色的，畫面清淡典雅。

畫梅花的樹榦，要曲而勁，花不一定五瓣，或開或落，花必連一丁，丁必綴枝上；杉、柏、棕榈的樹幹要直；柳枝要彎彎低垂。

D中國畫鳥的技法

中國常畫的鳥，有鶴、鷹鷂、鳳凰、孔雀、鸚鵡、斑鳩、喜鵲、鶺鴒、錦雞、鴛鴦，鴿子、鵪鶉、紫燕、黃鶯、海鷗、白鷺、寒鴉、雁、公雞、鵝、鬥雞、母雞、小雞、鴨、野禽、水禽和鳴禽，種類繁多。

他們的畫法有和花卉搭配來畫，有特加描寫，有畫美麗斑爛的毛羽，有畫凌空飛鳴，停枝顧盼，啄食棲眠的種種姿態。

一般畫鳥，都是先從鳥的嘴畫起，然後畫眼睛，眼睛必須對準嘴的呀口處，然後才畫頭，接著畫背部，羽毛及翅膀，然後再畫胸部、肚子及尾巴，最後才添上腿及雙爪。飛翔時要注意畫牠的翅膀，昂首開口才能寫出鳴囀之聲，停枝時要注意安置雙爪，飛時要特別畫出尾巴的動態。

傳神更要注意畫牠的眼神，表現牠的喜怒與欲望，雙棲雙飛更要畫出牠們之間的顧盼之情。點睛得法，形采即真。還有鳥睡覺時，眼睛是下掩上，跟我們上眼皮下垂的不同。鴨睡覺常將嘴巴插進翅膀裡，雞睡覺常縮起一隻腿。

7. 畫花鳥畜獸與靜物動物的結語

總之，西畫家與國畫家，畫花卉蟲鳥都塗以色彩，偏於寫實。就拿玫瑰花來說，除紅色外，還有白黃紫藍綠黑各色，有深淺濃淡，有單瓣複瓣，花形千變萬化。——如何畫靜物動物？我認爲根據實際的色彩與形態下筆就是。「模倣自然，描寫自然」是作畫的一大原則。當然，畫者也可以，以自己的主觀意識「變色、變形」，亦無不可。

㈤ 西畫與國畫在情思方面的表現

1. 西畫的情感、思想、潛意識、夢、性本能的表現

A 西畫的情感、思想的表現

二十世紀初期，產生了「表現主義」，形成德國文藝思潮的一支主流。所謂「表現」，就是作家、畫家透過作品，去表現自己一瞬間的感覺、情感與思想。黑格爾（Hegel）說：「藝術是讓人在外界尋回自我。」在繪畫方面，表現主義的畫家像挪威孟克（Munch）患過憂鬱症；他畫《聖母瑪利亞》，描繪在黑暗中她的絕望與悲傷；其實，這也是一幅抒寄他自己的恐懼死亡的心境。德國諾爾德（Nolde）

《圍著金牛跳舞》是一幅故意變形的抽象畫，表現一些人瘋狂歡樂的情欲。古巴阿扎謝塔（Azaceta）的《蒼蠅人》，把人畫成一隻蒼蠅，諷刺某一些人的齷齪。西班牙超現實派畫家達利（Dali）的《內戰的預感》，畫戰爭的惡魔披頭散髮，眼含怒火，手腳互鬥，同胞相殘，一個身體撕裂成兩截，不成人形，你死命擠扁我，我用力踐踏你，把國家搞成一片荒墟，屠戮饑饉相繼而來；這幅畫反映一九三六年，西班牙選舉左派獲勝，右派在佛朗哥將軍領導下，發動極其慘烈的內戰，顯示他個人極其厭惡內戰的心情與思想。

其實，西方畫家用畫表現他的思想與情感，早已存在。我們在西方許多宗教畫裡，都可以看出畫家信仰的熱忱與虔誠之情。

西班牙畫家哥雅（Goyay）也有《一八〇八年五月三日》，控訴拿破崙侵略西班牙，射殺西班牙人民的暴行的油畫。法國浪漫主義畫家德拉克洛瓦（Delacroix）的《自由領導人民》，描繪法國人民在一八三〇年七月二十七日發動革命，反抗暴政，為爭取自由、前仆後繼的情形。俄國寫實派畫家像彼羅夫的《送葬》，普基寥夫的《不相稱的婚姻》，都寄寓他們對社會問題的不滿與抨擊。

B西畫的潛意識、夢、性本能的表現

西方在奧地利心理學家、精神病醫生佛洛伊德，發表《夢的解釋》、《精神分析五講》，他對「性本能」及「夢」創立了新說。他認為人有強烈的性慾及其他慾求，幸有教育理念、社會規範、道德禮制、法律刑罰等觀念，形成「自我意識」，而將各種慾望控制了起來，逐回潛意識的領域，形成「情意結」。

夢的發生，乃由於受壓抑的慾望之強求表現，所以人在睡覺自我意識的控制力鬆弛時候，慾求就在夢中出現，求其滿足。這種學說流播各國，西方現代繪畫深受他的影響，因此產生描繪「心理」及「潛意識」的作品。比利時超現實派畫家德爾沃（Delvaux）就畫了許多夢幻世界，「裸女」不斷出現在他所畫的神祕的夢境中；他多用陰暗的建築或銀藍的色調，製造夢的幻象，像《熟睡的維納斯》、《睡夢之街》、《夜的呼聲》都是這一類作品。達利（Dali）的《惡夢》，他畫一個睡在海冰上的裸女，夢見一粒大石榴迸出一條大魚，魚又先後吐出兩隻狂吼著的猛虎，作勢欲撲下來，又有一把槍；這時天空中還掛著一隻可愛的小象；這是用以表現少婦的情慾之夢，性之幻想。

2. 中國畫的情感與思想的表現

A 文藝作品中的情感與思想

這種「表現自我」的情感與思想，在我國文藝作品中，也早已存在——就是文人所謂「寫意畫」。他們尤多以「花木」來寄託情思。周敦頤在〈愛蓮說〉中說：「蓮之出污泥而不染，濯清漣而不妖。」他把蓮花看做完美人格的象徵。菊花在霜濃的寒秋裡開，陶淵明詩有「採菊東籬下，悠然見南山。」蘇東坡則讚美說：「天寒猶有傲霜枝。」菊花成了高士隱者的表徵；許多國畫家也就取之作畫材。

牡丹，正二月開花，花大而豔麗，有紅黃紫白黑五色，香氣濃烈。唐朝人特喜歡。李正封有詩說：「天香夜染衣，國色朝酣酒。」白居易說：「花開花落二十日，一城之人皆若狂。」據說當時一株牡丹花，賣到數十千錢，只有有錢人才買得起。周敦頤說：「牡丹，花之富貴者也。」過去，我國許多畫家都畫牡丹，大都取意「富貴」也。人人都這樣地畫，「千幅一意」；這已成流俗的寫意，已失去了「文人畫抒寫一己之意」的原義，已稱不上什麼「寫意畫」。

國畫家畫疾風中勁竹，畫幽谷中芳蘭，畫寒冬中梅花，大都用以寄託襟懷與情趣，首先這樣畫自了不得。當元人滅宋之後，鄭所南畫蘭花不畫泥土；他說：「國家亡了，土地被元人所佔，吾人何處『著根』？」清鄭板橋題他所畫竹說：「我自不開花，免撩蜂與蝶。」宋林逋隱居於杭州西湖孤山，作詠梅詩：「疎影橫斜水清淺，暗香浮動月黃昏。」後來國畫家就多畫梅花，以寄其高情雅致。清查禮畫梅說：「梅於花卉中，爲清介孤潔之花；若畫者品格不正，豈能畫出梅之神理氣格？」

B用「題畫」抒寄情思，寫評賞文字

中國畫的畫面，多有空白，叫做「留白」。有時，畫家就把他的情思襟懷，寫在這空白處，叫做「題畫」。如齊白石在抗戰勝利時，畫了一幅「螃蟹」，並在空白處，題一首詩，說：

處處草泥鄉，行到何處好？去年見君多，今年見君少。

他把敵人比做橫行的螃蟹。清金農畫馬題詩，說：

撲面風沙行路難，昔年曾躡五雲端；紅韉今敝雕鞍損，不與人騎更好看！

寫他晚年不受名利羈束的心境。

也有詩人作家替朋友的畫作，寫詩寫文章，在杜甫和蘇軾的集子裡，就有不少這類評賞性的題畫。

3. 結　語

我們從這許多例子，可知中外的文人畫家，時常把個人的情感與思想，憑藉作品表現了出來。不過西畫的空白地方，都塗上顏色，沒有「題畫」之作；畫家的情思只有靠「畫題與畫面」，讓觀畫的人去意會；當然，藝術評賞家、藝術史作者，也可以用文字加以詮釋。

(六)西方現代畫是建構在「技法更新與變形變色」

1. 西方繪畫一百多年來都在追求「新技法與變形變色」

我認爲「所有畫作，都帶有裝飾的功能，都是富有美感的裝飾品。我們把畫掛在牆上就在美化牆壁；教堂裡壁畫除闡揚教義外，也都含有裝飾性；請人畫肖像，除留影外也都仍然著重裝飾。」

從十九世紀中葉印象主義至今二十世末之間，西方的繪畫產生了許多新畫派，許多新畫家，使近代、現代與當代畫，更富有裝飾之美，更吸引人，而給人「新而又新」之美，形成了一種世界性的文藝新潮流，在第一次世界大戰前後達到了巔峰狀態，包含了許多較小的運動：

起先有象徵主義、印象主義、後印象主義、新印象主義等。後來，在前衛運動、現代主義時期又有：野獸派、立體主義、未來主義、達達主義、表現主義、抽象藝術（至上主義、構成主義、新造型主義、墨茲主義）、行動繪畫、形而上繪畫、超現實主義，都是爲反抗傳統而發展起來的，認爲傳統的寫實作品，已經司空見慣，過於陳舊，沒有一絲新意，再加現代科技突飛，世事急變，人類的觀念時時刻刻都在變動更新。這時，西畫家為擺脫傳統的束縛，不停地嘗試運用各種新觀念、新技法，來創造新作品、新新作品。

至後現代主義時期，更產生：新具象藝術、波普藝術、歐普藝術、超級現實主義、觀念藝術、人體藝術、大地藝術、電腦藝術、性與女權運動，雖逐漸恢復寫實的路子，而作畫的技法則煥然一新，全然不同過去的寫實，跟商業廣告、圖案設計、婚紗拍照、建築造景、電視聲光、創意裝飾等等產生密切的關係。

由此，可見西方一百多年以來的畫家作品，有的是「技法更新」，有的是「變形變色」，而使畫面不落舊套凡俗，而顯現出「新而又新」之美。

2. 寫實畫與畫家主觀，結果只能做到「近似」

我們知道描繪萬物的形象，最真實的作品是「攝影」是「照相」。現代「超級現實主義」的畫家，就採用「拍攝照片」的方式去作畫；他們畫出來的畫，可以說「非常客觀地再現了現實」，又稱「照相寫實主義」。如美國超級現實主義畫家克洛斯（Close）的黑白半身的《自畫像》，漢森（Hanson）的彩色油畫《超級市場購物者》，這些畫在畫布上的作品，看來都真實極了。

過去，西方畫家畫國王貴族與人物的肖像，也都是畫得非常真實的。像文藝復興時期畫家達文西的《蒙娜麗莎》、法國洛可可時代海爾欣德・理各（Hyacinthe Rigaud）的法王《路易十四世肖像》，英國畫家雷諾茲（Reynolds）的《明布洛克伯爵夫人及其子》，都畫得非常真實而生動。學西畫的，首先都是從素描下手，用鉛筆畫人物；進一步，作實物寫生，用水彩、油彩畫靜物人物；他們都力求畫得逼真，畫得像。

但是，畫是畫家極主觀的作品，自無法和真物實景畫得一模一樣。許多同學在畫室中描繪同一瓶插花，同一籃水果，但畫了出來，卻有所不同；每個人的色彩運用，線條鉤畫，無法完全一致，結果自然也就不一樣。大家都知道由於水彩的渲染，油彩的塗抹，線條筆觸的變化，畫出來畫面跟真實的物象，自有相當的「差距」；所以只能說「形似」和「神似」，「近似」罷了。

3. 西畫「技法更新」與「變形變色」的範例

從十八世紀中葉以來，各個畫派有各個畫派的畫法。除「變形」是現代畫最突顯的一個技法之外，我認為「變色」也是現代畫最突顯的另一個技法。西班牙立體主義畫家畢卡索（Picasso），用幾何圖形與特殊色彩畫立體式的人物畫：《瑪麗・泰瑞莎》、《三個音樂家》、《吻》，都是既「變形又變色」的畫，跟他在一九〇五年《索勒家的草地午餐》的傳統畫，自然大大不同，也生動多了。

法國野獸派畫家馬蒂斯（Matisse）的《戴帽子的婦人》，畫他的夫人的形象，色彩強烈，筆觸粗獷，由於多樣色塊的強烈對比，構成炫異的畫面，終使人物極生動地突顯了出來；——這可說是「變色」的獨一傑作，並且難以模倣。

法國印象派畫家莫內（Monet），用短筆觸與不同顏色，去描繪萬物在陽光照射之下光與色變化的景象，如《印象・日出》；後期印象派塞尚（Cezanne）用短粗線條和濃重色塊，畫《聖比克特瓦山》；

新印象派塞拉（Seurat）用「點描畫法」（Pointillist），各種不同顏色的「無數的色點」，描畫《格蘭德・賈特島的星期日的午後》，許多遊客在那裡渡假的情景。這些作品大都是偏重於「新技法」與「變色」。梵谷（Van Gogh）的《星夜》，用白、綠、藍、黑和黃的線條，畫星月雲像漩渦一般的，在夜空中不斷地流轉移動，我們看了幾乎產生「躍動的幻覺」；這種作品應該說偏重於「變形」。

德國表現主義畫家馬克（Marc）的《大藍馬》，自是極明顯的「變色」。

超現實主義畫家，像夏加爾（Chagall）、埃倫斯特（Ernst）、米羅（Miro）、達利（Dali）的許多畫作，則都極盡「變形」之能事。

許多抽象畫家，單用純粹的線條、色彩與形狀去創造畫面，不必管自己畫了什麼，也不必管別人懂不懂；——這就是「抽象藝術」；有人說：這是表現深藏畫家潛意識中的願望、情慾、夢與幻想。

我認爲「抽象畫」，只要把「色彩」畫得美，「圖形」畫得潔，像康丁斯基（Kandinsky）的《圓之舞》之類，也是極成功的藝術品。

總結一語，這些「變形」與「變色」的畫，應該都是畫家依照主觀的意念去創造出來的，目的在增加畫的裝飾性，表現其獨一無二的藝術美。

(七)西畫與國畫能夠交融的地方

從上面的比較，可知國畫與西畫的不同，因此可以取長去短。譬如畫人物，就可取西畫之所長，注意光影明暗，色彩濃淡，使國畫走上立體之美；在題材方面，亦應多畫現代的人物與生活。如何表現？尚待畫家努力創造。畫山水風景，現在已有許多國畫家描繪真山實水，但在選取題材方面，卻不太注重畫面的構圖，因此缺乏詩意畫境；徒見山嶽，卻未能畫出其雄偉；徒寫水鄉，卻未能畫出其柔媚。畫花卉，多定型化，不能畫出其神彩之美。西方的技法，自有其許多長處，可以採用。國畫的許多技法，亦可運用於畫油畫、水彩。

我的畫作與我的作畫經驗

一、素描與作畫

在我學畫的過程，我也畫過十幾幅素描；這些素描，有的臨模名畫，如《穿衣的少女》、《波斯宮女》、《裸體的維納斯》、《臨四川美術院院長劉國樞畫》、《唐引路菩薩》等；有的就石膏像寫生，如《勞孔祭司》等；有的就實物寫生，如《蝴蝶蘭》等。

我畫《裸體的維納斯》，先用 **4B-6B** 的軟而黑的鉛筆，畫好人物的輪廓線，然後再畫頭髮、鼻子、眉毛、眼睛、嘴巴，然後再畫些粗細濃淡的線條，再用手指頭輕塗勻稱，再用橡皮擦掉些陰影，製造些亮面，這樣就能隨著人體的凹凸，畫出暗影與亮面，而使整個畫成爲一幅立體感十足的人物畫，背後再用粗黑的斜線、直線、橫線，畫一些背景色彩或小景物，把「裸體的維納斯」襯託了出來。

我畫「穿衣的少女」，畫好之後，再用線條鉤畫她的衣服的款式與褶紋，再用線條鉤畫出整個人物的各部分的陰影與亮面，使她變成一幅立體人物畫；在少女的背後，再用細淡線條勾出一些配景的輪廓。——馬蒂斯畫的一個《穿條紋褲、坐在布沙發上半裸的波斯宮女》，也就是這樣畫成的一幅素描。

我練習畫素描有兩個目的，一在熟練名家的技法，一在練習作畫的草稿。

人物畫，最難畫的是手和腳；如果，不是實地寫真，就不容易畫好，而破壞了整幅畫。

二、我們的生活與繪畫的關係

西方各國的繪畫都反映他們各時代的文化與生活的演變；只有國畫仍多停駐在往昔的史頁中，而躊躇自得，遲徊不前。但處身於今天，我們生活極繽紛、見聞極廣博、想像極豐富、美感極絢麗的時代裡，我們應該如歌德所言：「我的詩都是來自現實的生活。」所以，我認爲我們無論畫西畫，畫國畫，都應該畫「我們現代的生活、見聞、想像與美感。」

就拿我的畫來說，我畫兩白兩紅兩紫的牡丹花，是因爲我看過了牡丹。我畫蘭花，是因爲麗貞在小園裡種了許多盆栽，有綠色蝴蝶蘭、紫色琥珀蘭、黃色素心蘭。我讀過聞一多的新詩，描繪菊花色彩之美，說有「金底黃、玉底白，春釀底綠、秋山底紫，剪秋蘿似的小紅菊花兒」，臺灣的水蜜桃很好吃；因此，我畫了一幅「芳菊與緋桃」。麗貞從花市買回各種各色的菊花和康乃馨，插了一花瓶；我就畫了一幅油畫，並且注意到花色與花形的每一天的變化過程，而加以修改。

聞一多以爲美國的玫瑰和薔薇，不如我國菊花美。但我在舊金山，看到家家大門旁、道路邊，公園中的玫瑰花，豔麗絢爛之極；因此，我前後畫了四幅「玫瑰花」。

梵谷的畫有「黃色向日葵」；我就買了幾枝向日葵回來，依樣畫葫蘆，畫了一幅「多色向日葵」。窗前種著一花壇「白海芋」，我也畫了一幅。

我畫一個東京銀座的藝妓，我想起子美老師寫過的「櫻花時節」，就用櫻花作這幅畫的襯景，並題做「藝妓賞櫻」。我畫了一位少婦的半身坐像，我在她的右後邊，畫了一盆深紫花做襯景。

總之，我的這些畫大都是描寫我的生活與見聞，並沒有寄託什麼特別的意蘊，有的只是想透過「構圖、線條與色彩」去創造「美」！

三、作畫需要採用許多技法

要想成爲一位畫家，必須懂得應用作畫的技巧與方法。我畫油畫就採取西畫家、國畫家許多技法，應用在我的作品之中。譬如我在《飲馬》中，用新印象派的「點描法」；法國畫家克羅斯（Cross）的《帕地根的下午》，他用「色點」畫土坡、小樹、山水和天空；我用這種「點描法」畫一匹馬身上的斑點。其實，這種技法，在我國唐、宋時代就已存在，叫做「點簇、點苔、點垛」，用來畫花朵、樹木、石頭。我又用「濃淡的色彩」去表現另一匹馬的骨格。

四、壓克力塗料的好處

現在，有一些畫家畫水彩、畫油畫，採用壓克力塗料。蓋壓克力顏料，畫來容易，有水彩的快乾與流暢的好處，又有油畫的厚重與沉著的美感。我有些油畫也摻用壓克力顏料，甚至還調一些釉彩，像《林間寺院》一幅就是用壓克力塗料、油彩和釉彩畫成的，所以能夠把「樹木和步道」塗染得非常厚實鮮麗。

五、我也用畫作表現情感與思想

西方畫家常用畫表現「思想」，如英國前拉斐爾派畫家瓦茲（Watts）畫過一幅《希望》，描繪一個眼睛失明的少女，閉著眼睛坐在黎明前的地球上，彎著腰彈奏小豎琴，她全神貫注地想聽那微弱的琴聲，大概是表示：人類就是在黑暗中也不肯放棄一絲希望吧：這幅畫表現的是畫家瓦茲的「思想」。因此，我也用畫作表現情感與思想。我在《生命的旋律》中，畫一枝新綠和一枝老殘的荷葉，用它來象徵我晚年的心境：「萬物的生命又何嘗不是這樣的新陳代謝、延續下去」。

六、臨摹與創作

許多朋友來看我的畫，常問一句話，就是：「是實地寫生的？還是看著相片畫的？」好像不是實地寫生的，就是臨摹的作品。從前，西畫家作畫時常就附近的景物與人物作畫。最近，我去臺北市植物園歷史博物館，參觀法國巴比松派柯洛（Corot）和米勒（Millet）的油畫；他們的畫大都是寫實的，描寫農人生活的情形和楓丹白露（Fontainebleau）森林區的風景，所以畫題很窄，不如現代畫家的寬廣。

現代畫家可以畫各種題材，各種人物，因爲他們可以根據旅遊時拍攝的一些照片、買來的一些畫片，回來再看著相片畫片，以及遊覽時的一些印象作畫。再說，油畫乾的很慢，一幅精細的油畫，從草稿到完成常需一兩個月，窮畫家又哪有錢僱模特兒作畫呢？

我的水彩畫：《聖誕夜歸人》只是根據一張聖誕畫卡片來改作的，畫屋兩旁杉林上的積雪，路邊屋邊花壇上的雪堆，一旁草上的凝雪，屋頂上厚厚半融的積雪，地上已鏟未鏟的雪地，還有一個雪人，還有兩個煙囪噴出的煙霧在雪天裏的情景。這些「雪景」要如何表現？就夠你慢慢地構想與描繪了。

我用「藍色和白色」描繪這些雪景，又用紅色和黃色描繪從屋裏透出的燈光、映在地上、屋頂上、白雪上、近樹上「濃淡不一」的光影；路旁邊一盞路燈的光暈，還有掛著一個紅、綠兩色的救生圈，還有用色點畫聖誕樹上掛的各色小燈，房屋的外牆都貼著彩色石片。就在這樣美麗的聖誕夜裏，一家的婦女、小孩和狗兒都出來，歡迎駕著一輛馬車歸來的年輕人。這自然構成了一個極其溫馨、溫暖的畫面。這樣的畫來，容易嗎？不容易。

「畫」是畫家極端的主觀意識與美妙想像所創造的；每一筆線條，每一筆色彩，都要你用心去畫，以表現你個人主觀的意識與想像，也就相當不容易了。畫成之後，你的畫和原畫片，已經大大不相同。你說它是臨摹？還是創作？

我認爲：一個畫家筆下的每一幅畫，在個人來說，應該都要力求是「獨一無二」的；即使是「臨摹」，也應該以這種心態去畫，才能使臨摹成爲跟原作不完全相同的「新作品」。這應該是西畫和國畫最不一樣的地方。

國畫，你創作一幅牡丹，我創作一幅牡丹，結果卻是「千幅一樣」。我看韓國連續劇：「女人天下」，皇宮裏韓國畫家畫的「山水」，和我國畫家畫的「山水」的面貌，看來幾乎是非常熟悉相似的。也可以看出韓國人受中國文化的影響是極其深遠的。

爲什麼這樣？因爲，國畫對許多東西的畫法，都已經「定型化」了；畫家可以從「畫譜」（如清李漁出版的《芥子園畫譜》）學習其技法與構圖。歷代許多畫論，也都是要人死背他們的口訣，而不是從真實的世界的現象，去「設想」、去「描繪」，所以畫來「少有創意」，而更像「臨摹」。

過去，中國畫家常把物象「形象化」。我看過一本教人畫「錦鯉和金魚」，他把「錦鯉和金魚」形象化；我們若學他的畫法，畫出來的「錦鯉和金魚」也就「定型化」；誰畫都一樣！

從前，畫家不能到處旅遊，見聞有限；現在，從電視上就可以臥遊世界各地。我認爲，現在畫國畫的，也應該嘗試以新技法，去畫「真實的山水與錦鯉」。還有一些專畫西畫抽象畫的，若還是一味模仿行動畫派的畫法，也必然會跟國畫一樣的，畫的是王維的畫，畫的是美國帕勒克的畫，而畫不出你自己的畫。

七、妻的畫像

在一九七七年暑假，我畫了一幅油畫：「新娘子」。我不是以「黃麗貞教授」作模特兒來寫生；我是臨摹：我們結婚時候，她的舊「婚紗照」來畫的。這幅畫在畫展前，我在色彩方面曾略加修飾。一九七七年上距一九六二年，我們結婚之時，已過十六年。黑白的婚紗照已變黃，留下的只是她當日的形像；「時常快樂含笑的神情」是她平日給我的印象；那一頂寶石后冠，是這次添上的；玫瑰花絢爛的紅色，畫展前修飾的。所以，我說：「臨摹」是間接的一種寫生，也是一種創作。

最後，我還要說：現在，我們到各地旅遊，可畫的題材極多，遊覽的時間都很短，最好辦法就是把它拍攝下來，或收集一些畫片回來，再挑選著畫吧。

八、畫之美：在色彩美，線面塊的造型之美

「畫」之美，是在色彩之美，線條、面、塊造型之美。這都可以訴之人的「直覺」來欣賞評斷的，這跟文學要透過文字的含義來理解欣賞的，是不一樣的。

我個人有時也有這種純用色彩作畫、純求表現色彩之美的衝動。像《水面之美》就是一幅抽象的靜態畫。像《小提琴拉出的抒情曲》，就是以立體的圖形來象徵琴上拉出的彩色曲子。

那麼，我們現在作畫是不是要多畫抽象畫？這倒可不必。如果，大家都畫抽象畫，多了也就沒有

新鮮感，也就「定型化」，變成「千篇一律」了。

九、今天畫作的新題材

今天是瞬息萬變的世界，是彩色繽紛的世界，各方面每一天都不一樣，每一天都新而又新，我們只要能把握這時時在變動的美的新物像，就會產生許多好的寫實作品；世界各地的人物景象，儘可讓我們畫出帶有異國情調的新作品；就是國畫傳統的題材與畫法，我們若把它畫成油畫，也會教人有「面目一新」的感覺，像我畫的《古畫荷花》就是。具象與抽象，儘可以隨興而作；變色、變形，也儘可以偶然畫它。

我在這次展出的作品中，就有「耶穌」和「石雕的佛像」兩幅水彩。「石雕的佛像」，主要是在表現「石刻的鑿痕」，還有我給這尊石佛，加上「悲天憫人的眼神」，就是這幅畫要表現我的一個意念。和法國野獸派馬蒂斯（Matisse）給他銅雕的《農奴》，畫了一幅《男裸體》油畫一樣。我還有兩幅畫的題材，完全是從文學作品來的：一幅水彩畫的是朱自清《荷塘月色》；構圖完全根據朱自清的文字來表現。你們看這幅就是描繪：

在滿月的光裏，一條幽僻的路，荷塘四周有許多樹，蓊蓊鬱鬱的，尤其是楊柳像一團團的煙霧。荷塘上面是田田的葉子，像亭亭的舞女的裙。葉子中間，零星地點綴著些白花，有開著的，有打著朵兒的，正如一粒粒的明珠。月光像流水一般靜靜地瀉在這一片葉子和花上。薄薄的青霧浮起在荷塘裏，又像籠著輕紗的夢。

朱自清的文字非常美。我用藍、綠的色調來表現這種情景，間雜著白、褐黃、紅、黑各種顏色，構成了這幅取材文學作品的小畫。畫面看來，頗爲複雜，因爲它是用水彩畫的；若改爲油畫，就不能畫這麼小幅。

另一幅油畫《林黛玉和史湘雲談詩》的這一個意念，是取材於曹雪芹的《紅樓夢》第七十回「林黛玉重建桃花社」。桃花社就是詩社。這幅畫林黛玉和史湘雲，席地而坐，談詩的畫面。湘雲抱著一小籃紅鶯桃，黛玉的膝蓋上鋪展著一卷詩篇，前面有一黑色暖爐，綠色字題著「詩屋竹爐」四個字，還有三個紅蘋果，一個黑色的茶壺和兩只茶杯，襯景有雕花的箱櫃，一幅淡彩的壁畫和一個傳統的窗格。可以看出這幅畫的題材與構圖。

十、我的花鳥畫

我們日常看到的飛鳥，在樹枝上，在石頭上，在水邊，在水面，在空中；像宋徽宗就把鸚鵡畫在花枝上，雙禽畫在一朵蠟梅枝頭，一隻小鳥停在裂開的石榴上。像西方畫家把鳥畫在鳥屋上、亂樹叢裏、溪邊石頭上。

我也畫了瓶花，如《紫瓶玫瑰花》、《紅玫瑰之戀》，繁密的折枝梅花和一對啼鳥，如《梅開鳥啼春》；還有一隻停在溪石上的紅鳥，表現牠煞住腳，凝視水裏面小魚的神態，小溪底許多卵石的紋理。還有

《楓葉中鳥屋》，表現這一隻美麗的小鳥迷醉在美麗秋色之中，是多麼令人羨慕的。所以一幅畫，是一個畫家極端主觀的意念與美麗的想像的結晶。

十一、作畫一些雜感與雜論

我的畫有水彩、素描與油畫等二百多幅，題材包括人物、靜物、風景、花鳥、走獸、寓意等等。法國批評家泰納（Taine）提出：文藝和種族、環境、時代有關。我畫的雖然是西畫，作品自然也受我國的文化與環境的影響，像《梅開鳥啼春》、《古畫荷花》、《冬山雪景》、《李清照與一剪梅》、《天女散花》等的取材與技法，都帶有國畫的色彩；像《臺北植物園》、哈爾濱中央大街《雨後夜景》、《哈爾濱大雪》、《西塘》、《雨中賞荷》畫蘇州園林，《江南水鄉》、《九寨溝的幽深》等，都跟我的旅遊與生活的環境有關連。

從我所畫的《引路菩薩》就可以知道：菩薩的輪廓、形象，頭上的光環、髮上的冠戴，臉部的眉毛眼睛鼻子嘴巴耳朵與神情，胸前掛的瓔珞，手及手上拿的法器，衣服上的花樣與褶紋及垂帶，腳下踏的蓮花座及流水，還有雲、幡、侍童等等，都是用線條畫成的。國畫的理論有「形似與神似」，我認爲畫人物不但要畫出人物的形貌，還要把人物的神情風采，也要畫了出來。

我不是美術學院科班出身的，在「線條與色彩」方面，尤其畫油畫，我時常採取試驗的方式去作畫。我看過荷蘭畫家梵谷（Van Gogh）用黃色、濃黃色，畫出在盛夏強烈的陽光裏的《向日葵》，非常耀眼；我買了紅黃白綠《各色的向日葵》，大抵按著梵谷的構圖，插了一個花瓶；我又想起：小時紙做的小風車，迎風轉動的往事；我心想：我也要把這些「向日葵」轉動起來；於是，我把背景用藍色白色綠色黑色紅色的線條，畫成了漩渦一般，把花瓣尖兒特別突出，畫成小風車狀，整幅色彩是非常濃麗的。凝視著畫面，我希望花瓶以及向日葵花都轉動起來。假使它真能轉動，那就是「後現代主義」的「歐普藝術」（Op Art），它是利用光學的原理，造成視覺上的錯覺幻象。例如：美國歐普畫家斯特拉（Stella）畫的《組合》，用不同色彩的長短直線梯形，構成八個 V 形；我們從中間看，給人一種「深入」的空間感；若從旁邊看，變成一個突起的「金字塔」。色彩與線條的應用，竟是這樣的微妙。

我畫花卉，有先著色，然後再用線條鉤出花形，如《紫瓶玫瑰花》；有先鉤出花形葉形，然後再塗色的，如《古畫荷花》；有先塗白色，然後再用線條鉤畫花瓣花態的，如《菊花與緋桃》；有花形不加描畫，只用色彩點染，國畫叫做「沒骨花」，如《梅開鳥啼春》中梅花，就是這樣畫的。最難畫的花，是油畫的紅色玫瑰花，花瓣顏色的深淺，是非常難畫得好的；我的一幅《紅玫瑰之戀》，是改了改，恐怕總有七八次吧！

我常用白色藍色綠色的線條鉤畫水面波紋；用黃色綠色的線條鉤畫草坡草花；用白色的線條與色點畫雪花；用蠟筆先鉤畫岩石的肌理，然後再塗上水彩或油彩的顏料；用扇形筆或畫刷平塗色塊或背景的顏色。線條與色彩的搭配，是非常複雜的一門學問。只有畫家自己慢慢去體會，久了自然會悟出其中三昧。

有一點值得注意的，就是畫到自己覺得整個畫面很「和諧」很「調和」，就不要再添再改了；一添一改，可能就改壞改糟了，畫面糊成一團，整幅畫就會報廢，水彩畫尤其如是。

畫油顏料和畫筆，都只要夠用就行；太多，油畫筆會變硬，顏料也會變乾，而失去原來的光澤。畫油畫，在下筆之前可以把變硬的畫筆，在調色油裏浸十幾秒或一兩分鐘，就會軟化一點比較好使。

畫壞了，國畫與水彩，都可以用白粉掩跡；油畫也可以用白色顏料塗抹，刪改畫面，甚至重畫。

油畫畫得細膩精緻的，如人物畫、靜物畫、花卉畫，大抵近看好遠看也好；畫山水樹木岩石浪潮，線條粗獷，筆觸雄渾，大抵只宜於遠看，遠看則景物燦爛分明，色彩鮮麗。

國畫家說：畫畫最忌匠俗甜膩，了無生氣神采。畫花卉俗豔之極，畫風景匠氣十足：這就像吃糖甜到膩。畫人物了無生氣神采。這都是我們作畫要避免的毛病。

書信一束

數十年來，我跟家人、麗貞、老師、朋友、同事、學生來往的信也不少，只是我沒有好好保存的習慣；這些信件大多佚亡，只有極少數還在抽屜的一角，現在我把它們鈔寫下來或摘錄一部分以饗讀者，由此也可以窺見我的瑣事與我的情思。

一、與麗貞的信

麗貞：

妳終於走了。看妳步入登機門沉重移不動的腳步，我想你也許後悔這次的遠行。爲著人世的浮名，忍教自己讓別離痛噬自己的心靈，也使我感到無比的痛苦。也許妳想知道妳愛我多深，或我愛妳多深？！其實這是無法量的，測的。也許當我們吵架時，都希望對方離開自己，真到離開時才感覺到在這世界上最教自己愛的，牽腸掛肚的，就是你！

昨天送妳回到臺北，我就去國語日報找林良，不在。和別人談話，終覺無味。坐回花園新城的車，只能癡呆地想。回到家，並非房子大，寂靜，空蕩蕩，而是內心的酸苦難耐！看電視長片，一片都看不完。晚飯就前天剩下的五個蛋餃和剩飯煮稀飯，一片排骨。八點鐘就上床，卻很晚才能入睡，天又沒亮就醒了，看書排遣長夜。但願自己能夠忘情，不然又怎能渡過這一學期呢？但願妳在韓國教書，也能因忙碌而忘情嗎？

唉，人爲什麼要傻到用淺淺浮名，美麗虛言來折磨自己。自古只有重利商人輕別離，讀書如妳我，卻勘不透這一關。也許，我是個最自私的人；但我也是很理智的人，我早已看出別離會教多情的我們苦痛。而妳卻是個任性的女人，現在妳會感到我的影子深深在妳的心版中，妳的影子也深深在我的心版中；此生難忘，即使是短暫數月小別，也難以忍受！

我想妳昨夜應該是在漢城過嗎？今天諒已抵達大邱。明天開始上課，心情也會好些？祝

快樂

祖燊　一九八三年三月二十日清晨

註：一九八三年，南韓大邱市私立啓明大學來函，希望我們臺灣師範大學國文系能夠派一位教授前往，幫助他們加強中文教育。當時，適逢麗貞休假；國文系主任是黃錦鋐兄，就推薦麗貞前往。我本來反對；但麗貞認爲她是師大的一個教師，既然學校需要她去傳播漢學，實在難以拒絕。她一人在三月十九日，由臺北飛漢城，轉大邱。二十日，我寫了這一封信。以下一些信，都因此而產生。

麗貞：

十九、廿兩封信，昨天同時收到。住所尚未就緒，令人懸念！感冒已癒，勿念。妳走後，最感不便的是飲食。餃子、粽子、自助餐，吃起來乏味；自己做，煮一些菜，吃兩三天，還吃不完。今早開始第一次用洗衣機洗內衣、襪子、襯衫、西裝褲，忙了一陣子。最感失落的，是妳走後的幾天，睡不到兩小時，就從夢中醒迴。那幾天很想找人說話；這兩天也就慢慢能夠適應了。聽妳說開「說文解字」研究，要不要將高老夫子《中國字例》或《文字新銓》寄給妳。對字的銓說，簡要、易瞭解、觀點新。如需要，來信告知，我即航掛寄上。「妻的畫像」尚未刊出。此間一切如舊，同事遇到，多問到妳。祝

安好

祖燊　三月廿六日九時

麗貞：

讀來信，妳仍住在旅館中。我想一個單身女性住在旅館裏，總是不大方便。由這可見啓明大學辦事的確不周延。不過，既然前往講學，凡事總得忍耐着些。如果他們無法給妳安排到公寓，就住單身宿舍（有套房的）亦可。若現在回國，會給人留下話柄。但願收到這封信時，住的問題已經解決。不然，即將學校加妳的一百美金薪水，自己賃屋而居，亦無不可。總而言之，出國講學，志在講學，傳

播我國文化與語文，不在於收入之多寡。用錢也不可過於自苦，過於儉省。但願妳在異域，心裏能夠感到快樂。

我們結婚二十一年，愛妳之心，與日俱增；此心只有神明可證。而妳卻因善妒，時常因我對朋友如建基，兄弟如二哥，稍好；妳即感到愛妳不如愛他們之深，而自感苦惱。其實，我此心、此愛是永遠不渝！我因個性倔強，有時故意與妳言語別扭，也別無他意。所以，我反對妳前往韓國講學，因為我替妳考慮：妳一人前往言語不通，生活習俗不同的地方，去必然自苦；當然，我生活也諸感不便。然而，卻因妳的個性的要強，以及尚有塵俗之念，不能灑脫看輕，還有多年為家務纏身，可能也想藉此一并放下，所以決定前往。既然妳一定要去，因愛妳，也就不再加反對了。妳應深體我的愛妳，一如妳之愛我。只是，妳近年來，卻似不太瞭解我。因此，我們會因一些想來都感可笑的事而吵嘴。現在分隔兩地，我願妳不要再對我的愛，有所置怨；此心千古如一，堅如金石。

星期六晚上，孩子都回到家裏，讀你的來信。他們四月七日，才結束春假。現在，我在聽濤館包飯，每餐五十元，吃一餐、算一餐，簽帳到月底結算。菜量甚豐。吃飯問題已經解決。每星期，洗衣服一次，用洗衣機一小時了事。

這星期應酬特別多。高老師生日去參加了。林老師夫婦住進醫院，要去探望。姚一葦兄寄來兩張兒童劇入場劵，假使孩子有興趣，就帶他們一起去。七日中午，蘭臺書店開會。九日晚，林宗文兒子結婚。十日，要送出一部分學生作品給系裏，還有審查「程發軔老夫子」獎學金。十一日，到文復會講陶詩。十六日，要參加教授升等會投票。一連串事兒，時間也就可以打發過去。當然，我會儘快給七妹去信，寄邀請函來，以便辦理出國手續。盼望妳安心在韓國工作吧！也許，七月中，我就會前往韓國接你。祝

快樂

方祖燊　四月四日

麗貞：

上午剛寄走給妳的信，午後就收到三月三十一日來信。知道住的問題已解決，不必再住旅館，甚爲放心。看來妳的公寓，雖有四間，其實是兩房兩廳，一間日本女教師住，一間妳住；我來可以和妳同住。宿舍解決，就很好了。在異國有學生常來看妳，這是很好的；也不是啓明學生比較活潑，而是師大學生多半是女生，常來家裏拜訪老師；做師母的會高興吧？再者在臺灣，大家工作都做不完，都過份忙碌，又那有時間招待學生？再者，老師也沒有寬敞的研究室，學生又怎能時時前往請益？這一點可能是我們不如人家的地方。

妳除中午，在學校餐廳外，晚飯多在哪裏吃呢？薪水未發，用錢也不可「過吝」，花光了，就再換美金支票嘛！

我平安無病，勿念！只是看朴現圭的論文很頭痛；他又好辯，爲了要糾正他錯誤，常要花費許多

唇舌。這是很麻煩，有時把我搞得火大；就不免要說他一下。不過，他還能接受。爲了看他論文，我的其他工作等於全部放下。我想以後要指導研究生論文，一定要挑本地生來指導才是，也許一個研究生也不要指導。我的時間，至爲寶貴。也可以說：時間在我就是生命，希望在自己的餘年中，能多做一點自己的事——著作。

現在，妳在韓國有沒有完篇的作品呢?寄回來郵費，可能即很可觀。上封信爲了附妳的一篇:「失眠的收穫」的剪報給妳，只多那麼一張紙，就得多貼八元郵票一張。一篇稿子數十頁，不要個兩三百元郵費才怪呢！

大家見了面，都問起你來。可見妳在師大，人緣甚佳。當然，也問起我的生活——吃飯問題。祝

好

祖燊　四月四日晚九時

麗貞：

四月九日，收到妳三日、六日兩封來信。十日，和祖棨兄往娃娃谷，回來腳都拖不動了。到今天小腿肚還很酸痛。十一日上午上課，晚上去文復會講演，聽衆約三百多人，臺北天氣已轉熱，沒有冷氣，兩小時講演完畢，滿身粘汗，難受至極。

我現在吃飯問題，解決大半，在聽濤館吃包飯，不要自己煮，省事多多。最近，花園新城公司推

出許多新屋，他們準備在六路、十路一帶興建獨棟，建五十五幾坪，地坪六十七坪，就得四百七十五萬至五百多萬，也有標價一千多萬元。恐怕妳回來時，花園新城已不復往日舊觀了。

我工作甚忙，朴現圭的論文，最快也得星期六才能結束；不然，還要再看三、四全天。學生作業的批改、語文學會的評審等等工作又相繼而來。妳走了，一切也逐漸習慣；只是，夜裏難以入睡，晚上睡眠的時間減少了，時常覺得難受。

孩子春假回來，又走了；孩子在家，歡笑熱鬧；他們走了那一天，又感到空虛寂寞，孤獨難耐。妳若在身邊，就不會這樣的難挨！

我時常以讀英語、看錄影帶來排遣時間，心靈與肉體都感到煩悶；不過，現在已到四月中，再兩個半月就到了暑假。我想過幾天稍空就寫信給阿妹，叫她寄邀請我回港探親函來，以便辦理前往韓國與香港的出境手續吧。祝

快樂健康

祖燊　四月十二日

許錟輝在韓月薪九十萬韓幣，另有研究費津貼，和妳差不多。

麗貞：

今天回來，心裏憂鬱之極了。晚上一個人在聽濤館吃晚飯，整個大餐廳只有我一個人，由窗戶眺

望靜極迷茫的暮色，難受得很，覺得現在自己是那樣的孤獨；人的一生，何嘗不是如是。不知此刻妳在韓國是否有同樣的感受！也許妳比我快樂多了。我想這只是短暫的分離，即如是苦痛；假使有一天，其中一人先離世而去，我真不知如何生活下去。我自妳去韓國之後，才知道我自己愛妳不知有多深！

家裏小魚，珠鱗又死了一隻；昨天我把牠埋在小樹旁邊，又使我體悟到生命是那麼脆弱；人類的生命也是那麼短暫而脆弱。舟上星期六，從淡江回來，又問有沒有妳的來信？我想家裏三個男生，對妳遠行最堅強的，恐怕是苞；最痛苦的，要數我了。幸而時間在忙碌中，也過得很快。報載大邱大火，燒死不少年輕的學生。

妳一星期沒有來信，馳念非常，是否生病，念甚！我已替妳買了四枝電子錶原子筆，每枝一百二十元。不知夠不夠？送給妳的學生。另外，我又替妳買了二本小小廣播劇，又託李善馨兄向中廣轉錄一卷廣播劇「遲來的愛」，又影印了劇本，打算下星期一，航空掛號寄上。收到即覆。這劇本很好，對妳的教學當有幫助吧。

昨天，我去照了照片，下星期一，可以取回，可以連同向香港申請入境的保證書、申請書，一起寄給阿妹。不過，妳由韓國去香港，護照需要加簽，是否可在我國駐韓大使館辦理，可和李寶和先生聯絡看，在來信告知。

今天痔瘡又大量出血，似乎瘀積的血多了，它就要脹破出血的，真是煩透了！祝

好

祖燊　四、廿二晚

麗貞：

收到四月十一日來信後，隔了十一天，才收到妳四月廿日來信及來稿。讀妳所寫的第一篇報導「韓國大學生」的稿件，覺得取材不太妥當。我只好爲妳删去一小片段文字。妳幾乎忘了國內嚴禁公教人員涉足舞廳，而妳竟陪同韓國男女學生，參觀大學生的迪斯可中心。雖說兩國學生的生活方式不同，妳只是前往看看，亦不宜前往。前幾天國內報導大邱迪斯可中心發生大火，燒死了十幾個青年學生，傷了數十人，風評不佳。怕妳文章發表，會破壞妳完美的形象，故爲删去。

讀妳的文章，覺得應該要更深入、去理解他們的文化、生活與風物，那樣才能寫出有深度的報導性文章。

你來信勸我要儘量把心情放鬆，找人聊天。找人談天，誰給你聊？在臺北，妳知大家的工作都忙。哪有時間？陪你閒談？國文系學生大都是女生，上課時除了老師單方面講演式地不斷說話外，幾乎她們都不發一言；請她們提問題，她們總是沒有問題可問；老師問她們問題，也是簡單地作答。此間上課的情形，妳又不是不知。下課，你若邀她們來聊天，恐怕全天下人都要用異樣的眼光來看待你了。哪能像韓國，妳可以把男女學生都看做我們的孩子，像舟苞一樣。所以，有時我覺得妳對我、對妳自己，有雙重的標準。

我本是胸懷坦蕩蕩的君子，可是卻深深感受到悲哀！我和除妳以外的女人講話，都有怕被人誤會的恐懼感；也因妳總覺得我「假人辭色」，都是不愛妳的意味，愛妳不如別人的意味；所以，我和二哥在一起，因心理形成不平衡、不自然，因此一在一起，也就不免「話不投機」了！何況他人？妳走了，除了自己上課單方面講話外，又哪有什麼人和我講話了？可悲之極！唯一可慰的，只有下課的幾分鐘，偶而可以和同事聊幾句而已。現在才深深感受到一個人受內心的禮教道德觀念桎梏的可悲，也使我深深體會到程師母所以要追隨程老夫子於地下，梁實秋所以要再婚的心情；這都是尋求解脫寂寞的一種辦法而已！

當然，我們的離別只是短暫的三四個月；若長久如他們，我想我也只有如他們之解脫了。情感強烈如我，雖只暫別一時，已對我造成極大的戕害。妳說妳愛我比我愛你深；其實，你未體會我的愛，因爲妳從來多只關切你自己，要我屈從妳的意志。譬如此次去韓國，是我因愛妳，而屈從妳。妳何曾爲我想過。妳在韓國可以和幾個學生去參觀，妳認爲沒有什麼；我若和幾個學生出去一下，妳必定又要唰聒老久。我今日生活方式之形成，一下課就往家跑，覺得在外面好無聊，拘拘束束，一點都不坦然；爲什麼會這樣？朋友認爲我沒有半點嗜好，是不行的。過去，我在家卵翼下，還不覺得怎樣。現在一個人生活，等於一星期、一個月，沒有人跟我說話，真是孤獨之極！所以情緒非常不平衡。妳又知道什麼？寫來的信，都是瑣瑣碎碎的事，偶而穿插一兩句情語，我讀來簡直如敷衍，那有心底的話？恕我如此怨責妳！

愛，妳知道，在我心中的愛，蘊藏的愛，直如火山的鬱積，直如北極冰山的凝聚，無比的熾烈，無比的沉重，一旦爆發可以熔化一切，化解可以淹沒一切。哎！上天，爲什麼要賦我如此狂烈的愛情，使相思的眼淚如冰山的溶化呢！

有時，我深深地恨妳，我誠願沒有娶妳爲妻！那樣就可以少許多許多痛苦；假使我娶一個平凡的女人，也許我比較幸福！

的確，以後還有長長的兩個月的時間，我如何挨過它？但願每隔兩三天就給我來信吧！不要像這一次一隔十一天。使我懸念難熬。前天下午三點左右，我忍熬不住，不知妳是否生病了？我曾掛了一個長途電話到韓國大邱啓明大學，才知道妳研究室的分機爲六〇五，可惜妳不在。不然，能聽到你的聲音，也可以聊慰心靈的乾渴。

盼望來信告訴我上課時間表，還有宿舍有沒有電話？以便情到殷深時打電話給妳。

廣播劇與錄音帶，都航掛寄上兩三天了。

韓國的中國系學生想到臺灣師大受訓。孝裕問：是借受訓名義邀請他們來？還是真要到我們學校受訓兩星期呢？若是後者，開課的各種經費（如老師鐘點費）是由啓明大學負擔嗎？還是由我們提供教師，由我們負擔？食宿問題是他們自備自理？還是我們代爲安排，由他們付款？均請問清楚，即覆。如請教師由我們負擔，學校就要看看有沒有經費，還要設法籌畫經費；以便作爲郭校長事先考慮這問題的張本；不然，臨時電話來，他就不知如何答覆。如果只是借用名義，那就容易多了。

韓籍學生申請到師大留學，「生活費用」保證問題。朴現圭說：有兩種，一種在韓國，由學生的家庭向「公證法律事務所」，提出保證「在華時間，一切費用由家人負擔」，保證書有英文或中文；辦好了，連同申請表一起寄師大「外籍學生輔導室」。一種在入學以後，由留學生辦理長期居留時候，還要請在臺灣的中國人親友，保證他在臺時期的財務與行爲問題。

我因擔任師訓班「修辭與寫作」課程，三週八節十六小時，幾乎每天都要往山下跑。工作太忙，真是沒有意思；勞碌至死，這就是人生！祝

快樂健康

祖燊　四月廿六日

麗貞：

我每天都上去看有沒有妳的來信！沒想到，妳竟近十天，才給我寫一封信。我盼望以後你三天就給我寫一封信吧！讀妳的信，是唯一能使我心靈感到安慰平寧的事。和任何人說話聊天都沒有意思，只有聽到你的聲音，在妳的身邊，才有意義，才不會寂寞！

園中的花，今年盛開極了，但野草也叢生蔓延，我也沒有心情去理它。這個世界沒有你就都乏味之極！妳說我把自己關閉自鎖在這小小天地裏，也罷。其實，我的內心，我的靈魂，早就自閉在你的倩影之下。我也甘心它如一條鎖鍊，綑綁了我的精神與肉體。我只覺得滿園粉紅的非洲鳳仙，都是我相思之淚。

麗貞，吾愛！這一生若沒有妳，我真不知怎樣生活下去?!當我寫信時候，都無法忍住我那串串

的眼淚。我覺得讓它奔流吧，也可一舒心中的情愫，也許比較好過些。日子是那樣的漫長！夜也是那樣的漫長！每當我閒靜下來，無論在車上，在散步，在夜夢裏，都幾無時無刻不想著妳。妳的影子，幾乎我無法忘懷，無法驅走她。唉，我沒想到我愛妳竟如是之深。但願妳快快多多給我來信吧！不然，我會粉碎我的生命！

前天，慶萱突然從香港寄來兩份中文大學申請表格，徵求中文教師，擔任中國文學批評、歷代文選、四部要籍導論。我實在無意應徵；不過，他寄來，我也不好不填，免得他嫌怪。我申請高級講師，待遇是港幣16850至22630元，另外有房租津貼、醫療福利及子女教育津貼、公積金等。我也將妳盼望一起前往的意思，告訴他了。這樣高的待遇，應徵的人必定很多。應徵者須精通中國文學，持高級學位（博士），富教學及研究經驗。我盼望它不會成功，我實在不願離開家人及孩子，一個人在外生活。

祝福

快樂

祖燊　四月三十日

麗貞：

五月三日、四日兩封信，先後收到。「春的步履」已轉胡秀兄。照片五張也收到，看你照片，似乎胖了一點，也憔悴了一點，妳似乎過得並不太快樂。年老了，難免毛病就多了；妳說胳臂痛，自己要多作輕微的活動。我最近，病痛的地方可多了，有一顆牙齒痛得利害，也許後天去把它拔掉；左腳小腳趾也時常痛，不知是否痛風？甚至會陰部也微微作痛，去公保看，醫生說是內痔長得很大，壓到前面去，所以痛，開了藥吃，也不差。又轉皮膚科看，醫生說是夏天太熱，長了濕疹；濕疹是很麻煩的病，變成慢性，經年都好不了；過去，老賴脖子上生濕疹，幾年都不好。不過，他又說：「不要緊，擦藥膏七八天就會好。」但願能如醫生所說！「韓國大學生」已發表，隨函寄上。祝

好

祖燊　五月九日

麗貞：

朴現圭的論文已 提出，六月十四日就要口試。他的論文，大體寫得很夠水準，比本地生還要高明些，通過大概不會有什麼問題。他還想繼續讀博士。前日，他感謝我指導的辛勞，請我上韓國菜館吃了一頓，有許多小菜；在臺北吃這種韓國菜不便宜，三個人花了一千多元；這在留學生已是很可觀的負擔。我因爲吃了些辣椒，昨今兩天痔瘡都微量出了點血。明天，我會給妳打國際電話，臺北到韓國的電話費，一分鐘一百多元；上次打了九分鐘，就花了一千多元。祝

好

祖燊　五月十五日

麗貞：

從五月初辦理出入境，我的出入境證及護照，到今天均已辦妥領到；香港入境申請，已托韓國航空公司辦理，兩人共交了九百元，大約一個月才會下來。韓國大使館及日本交流會簽證，我想六月中旬才去辦理。估計一下，單辦理出國觀光及準備到韓國送人的小禮物，即需花費一萬二千元以上，若單往韓國及香港二地，實在划不來。妳想：辦理這些事，到新店市公所、大安區公所領戶口謄本、出入境處申請、外交部辦護照、航空公司買機票，每個地方起碼兩趟，又要塡寫各種表，也都要花許多時間，可以說煩透了！要是不玩一個痛快，實在不夠本。所以至少要到日本一遊，甚至東南亞、歐洲。自己去，不必參加什麼旅行團。妳會一些破英語，該也就夠用了。所以，我申請護照，是可以到自由國家任何地區的；只是妳的護照，似乎只能到韓國和日本。

我問過賣機票的：她說：韓國的飛機從漢城，可以飛香港，也可以飛東京；又說：在臺北買折扣比較大，假使我連同妳的機票一起買，還可以減價。一般都是向旅行社買，比較便宜；直接向航空公司買，不能打折扣；所以，你也不妨向韓國旅行社問問看。航程先要確定，才能決定買機票事。還有，妳在大邱還剩下多少錢呢？以作我帶錢出去的參考。祝

好

祖燊　一九八三年五月十九日

麗貞：

五月廿三、廿五二信收到。啓明大學希望今夏開始，師大派往教授，能留韓教學一年的事，我已和錦鋐、孝裕二兄談過。他們意思是請啓明大學正式給師大來函，並請在函中說明：「留韓期間」、「教授科目」；他們願意盡力協助，選派適當的人選前往。我個人認爲有三點，妳不妨轉告鄭主任：

一、此間辦理出國講學比較費時，來函應儘快寄來，這裏派出的人才能早日成行。

二、啓明大學聘請臺灣教授，如能配合我們大學學年度，就是「由八月一日至次年七月三十一日止」，這樣最爲理想。

三、啓明給臺灣籍教授的待遇，比韓國其他大學偏低，應該比照提高。蓋遠赴異地，兩地支出，在家庭及個人都是犧牲，若無較高待遇，恐怕無人願意前往。祝

好

方祖燊　一九八三年五月二十九日

麗貞：

我最近實在抽不出時間給妳回信，因爲批改幾班新文藝完後；接著是校對「散文的創作鑑賞與批評」我這本小書；校對完了，又要出畢業班試題，看畢業班學生的一大堆報告。不過，我看了來信，我不得不提筆來寫這封回信。

因爲，我覺得妳和韓國人談師大再派交換教授的事，總把自己攬在裏面似的。其實妳派往韓國教學的任期到八月一定屆滿，因爲妳的研究休假也結束了，即使他們要妳再留半年，師大的薪水也沒有了，年資也中斷了，那區區一筆韓國的薪水，妳在國內也可以拿到的。

什麼叫做傳播宣揚中國文化呢！這是出國人「自美其名」。

我想妳必然要離開大邱、回臺灣，這是不容置疑的事。妳在那邊，不能使韓國人了解這一點；這是妳的爲人，不夠爽朗所致。

這些有關校際的問題，前信已說得很明白。你把這邊訊息傳到了，任務也就完成；餘下讓啓明和師大去函聯絡，至於什麼人前往，已經不是妳的事。妳的任期一到，即行離韓；即使師大要妳延長半年，你也只有拒絕的份！更不必說啓明大學的了。每一個人都是爲著家庭、兒女、丈夫和妻子而生活、而工作，不是爲區區的金錢、雲煙般的浮名而活。半年來，我完全忠於我們的愛情。我們分離了四個月，對婚姻，對感情也應該有更深一層的體認，也應該更懂得如何去愛對方，去維護這完美的一份感情。幾年來，我們雖然時常爭吵，但我愛妳、愛舟芚，應該是勝過愛我自己的生命！我是坦蕩蕩的君子，知道如何慎獨的君子。生命的快樂，生活的意義，都在這一個家而已！

林尹先生已經去世，黃慶萱、陳新雄都從香港趕回來。中文大學決定聘臺大畢業的博士張光裕，正合我的意思；當日，慶萱寄來一份申請表，我不好不塡。後來慶萱寫了一封信來，我給他回信說：一切聽之自然，不必勉強爲進行，不成功也沒有關係；因爲，我並不希望它成功。

妳的高足郭冬吟在本月十二日，和國防醫學院畢業的黃醫生訂婚了，婚期可能在九月中。她正在辦理去韓、日、香港的簽證；能不能和我一起走，在七月一日告訴我；假使她的父母不出國，她就會和我一起到韓國。

苞嫌吵，決定下學期在外賃屋，不住學校宿舍。舟大概一放暑假，就買磁碟機，加強電腦的功課。

祝

好

祖燊　六．十一

麗貞：

朴現圭的論文已通過，黃錦鋐、李威熊（主試）和我三個人的平均分數，爲九十一分，相當高。朴現圭的論文，除文字的表達能力，不及本地生外，至蒐集材料的廣博，及從材料中鉤提出觀念看法，組織成簡要的內容能力，都非此間學生所能比。文字經我修改也很夠水準了。不過，他要想進一步讀博士，今年已無望，也許明年可以；但我已婉拒：再當他的指導教授，因爲花時間太多。黃錦鋐又叫一個女生來找我，一身狐臭，實在受不了；我藉口她住在永和，太遠來山上不方便，跟黃錦鋐在電話中推辭掉了。指導研究生是爲人做學問，要花許多時間去看論文、修改論文；我一生做學問，完全是爲自己，我又不能像一般的教授只掛一個名，什麼都不管！我想：今後我不再做指導教授，我要把所有時間去撰寫自己的著作。

今年，師大取碩士研究生十六人，師大畢業生考取六人；以陶詩爲專書的，有二人，取了一人。陶詩題目不是我出的，我出李商隱詩；我不教李詩，黃錦鋐對我說：「免外界閒話。」考取李商隱詩的一人，是輔仁大學畢業的，報考的也僅此一人。可見黃大哥對本校教員的防制之心，也把教員看成有私心的；這不像教育界中人士，倒像政治界中人士，研究莊子卻用韓非之術，實在令人喟嘆！

妳的那種把事情看得純真，這並不適合今之世；所以，我從少就看輕權位，蓋人一沾了邊就都變了：做了小官，一絲不沾；做了大官，貪如糞蛆。我的話，可作後之「濁世銘也」。

幸不久就能見面，回到自我所建立的小天地，是最快樂的，和外界每接觸一點，就會越覺得人之庸俗、煩心之極。近來連寫稿都沒有興味，實在意興闌珊。但希望我們的孩子，將來在純理工方面，能夠有切實的成就，能夠真正做一些有益人類的事！

今天，我要去韓國大使館簽證。香港的入境還沒有消息。祝

好

祖燊　一九八三年六月十七日

麗貞：

我大概搭乘七月十日（星期日）十三時十分韓航 KE616 班機直飛漢城，十六時二十分可到達。舟

舟生病，在六月二十九日住進郵政醫院；他如無特別事情，我一定到達；如果變動，我會在七月七日下午三、四點鐘，打電話告訴妳；如果沒有電話，即表示舟已痊癒出院，我必如期前往，請往漢城接我。由韓往東京，由東京去香港，由香港返臺灣，機票全已買好。妳的機票也一起買了，兩張機票共花五萬一千二百元。時間也已計畫好：七月二十五日上午搭韓航，離漢城，去東京。準備在日本待七天，至七月三十一日下午改乘華航，經臺北，往香港；夜十一時到香港。由香港回臺，時間未定；到香港後，再向華航訂班次。不過，香港飛臺北，華航每天有三班次。並由臺北旅行社介紹，東京臺灣人辦的旅行團；假使沒有適當的旅行團，到時再請和你同在大邱教書的日本教師，做嚮導，幫忙吧。

妳到漢城，就在中區明洞二街107番地大漢文化公司等我也可以，免得一個人奔波辛苦；因爲七月十日和我同行的，還有師大歷史研究所韓籍學生。若改期，我一個人去，那就要妳去機場接我。祝

福

妳！想不久，就可以見面，心裏十分快樂！

祖燊　一九八三年七月一日

附註：我到韓國後，麗貞和孔慶幸教授一起，到漢城機場接我。孔慶幸，山東人，留韓的華僑，在大邱嶺南大學任教。當晚，我們住在漢城的一家旅館。第二天，才前往大邱。以後，麗貞和我暢遊韓國南北各地，直到釜山。

我在韓國，看過南北韓激烈的內戰紀錄片，屍體滿山滿谷，親人失散流離，令人傷心之極！

我們到東京住進新宿王子大飯店，跟臺灣旅行團聯絡上了，他們給我們兩張子彈列車車票，要我們第二天上午趕往大阪東疾大旅社，跟他們會合。第二天早上到新宿火車站，只見人如潮水，站都站不住腳，好不容易擠到往大阪的月台，卻有兩列火車同時到站。問日本人，他們說：「都可以坐。」結果，上了車，麗貞用英語問鄰座，才知道搭錯了，這一部是普通車，另一部才是子彈列車，說時遲，那部車已經開走了，只好將就坐慢車去大阪，整整慢了兩個小時。

二、好友林建基的來信

祖燊、麗貞賢伉儷：

回家看到你信，份外高興，托在手掌心，似乎很有分量，因此犧牲聽新聞，馬上拜讀大函，講實在話，紙張多，墨寶少，看完總覺得不能盡興！

很高興聽到你「名噪臺灣」，我們都年近五十，出名實在是應該的，尤其是你們夫婦日夜讀書、寫作。我總在想：當年光桿聚會，一身赤貧，絕不會想到今日住在高樓大廈，用不完才思，用不完鈔票！其他友輩，似乎個個都有其社會地位，國富民強！是多可愛的名字。

在此工作年餘，接觸各國政經資料日多，以各項經濟指數言，除日本外，臺灣可以說首屆一指，教育程度高，高級智識份子及專業人才之眾，都是其他東南亞國家要追趕的目標，再加上海外華僑的智識份子。臺灣雖然天然資源缺乏，但人力資源豐厚，因此有此傑出經濟成就。假使希均的「生活素質思想」，能在臺灣各階層生根、茁壯，今後十餘年，臺灣不但更富裕，生活也更美好快樂！你們可想像數年之後，我們若能把握，相信彼此手頭不但更寬裕，彼此肚子裏也都塞著更豐富之經綸；這樣不但玩得痛快，談的也更暢快也！

希均請你寫書評，最好能儘量抽空著手動筆；我記你請你老友「子敏」寫序文，他因你是他老友，故可以娓娓道來，知道你真正的善惡愛好，爲人之粗細，求知之態度，故那篇序寫來好像小詩那樣美麗而親切。若你爲他寫序文或書評，更應該義不容辭，更要下工夫！希均與你論交快三十年，多長的時間，你不能托老偷懶！因你是才子，才子加努力勤奮，才能光華四射！

你的「三湘漁父」，希均於年前回美時，即交到我手上。我確確實實從頭到尾看完。我同你一樣對民國初年之歷史，一直攪亂不清，讀你三湘漁父，我才有清楚輪廓，尤其是清末民初以來之重要人物；這本書寫來不易，以宋教仁爲主流人物，還要涉及那樣多主要革命人物、軍閥人物、保皇黨人物。

我不是文學家，沒有資格論評，但有一些當時讀後感：

一、「三湘漁父」不是歷史小說化，它沒有虛構、誇張，因此震憾性較弱；書中多有令人扼腕痛心之處，但我沒有被感動得爲之痛苦浩嘆不已。因爲從頭到尾，你都要注意兼顧到歷史事實；史實有那麼多，篇幅要受限制，你雖想小說化，也可能力不從心吧！

二、你筆下的宋教仁，都是公生活，少些私生活。看到他爲革命而背井離鄉，奔走呼號，委屈求全，日夜研讀，痛苦逃亡，力排眾議。他充滿革命熱忱，但家庭生活、親情生活，甚至一封家書，都沒有看到（可能我疏忽吧？）我看完它，覺得宋教仁充滿革命熱忱，但似乎也太上忘情！一種五倫之情，都從他身上看不到。他雖返鄉，沒有返鄉前之盼望，到家時看不出親情之樂，離家時也不覺得離情之苦！或許宋教仁本身就沒有，或不重視，或不顧念，家人妻子之生活，沒有家書等可供你參考發揮。宋教仁偉大，但沒有林覺民偉大又可愛！我現在還記得讀「林肯傳記」，一方面覺得他思想上的偉大，一方面也為他有一個不知進退的太太求屈。事業上之成就，愛情上之失敗，完全襯托出林肯生活之全面，或且說人性的全面！

三、宋教仁在日本那樣長的日子，可能有一些私情生活，既然是宋教仁傳，就要寫全他的生活各層面：宋教仁的個性刻畫，宋教仁的社會觀、人生觀，公私之間之衝突。我讀完全書，我了解了當時清末民初的史實、人物，了解宋教仁之才華，革命之精神，宋教仁之政治主張，但你沒有使我產生愛他之心！我觸不到他的個性！！

以上完全是我個人之感覺！可是以前我讀你「陶潛詩的研究」，我有一種嚮往之心，使我深深體會到人生的價值；甚至你再前幾本書，我讀後總覺得中國古人實在給我們留下多美好的文化！但宋教仁在我內心，完全沒有這樣美好的可愛的感覺。我不知麗貞怎樣感想，或許我完全錯了！但確是我真正感覺；我希望看到麗貞之想法！以及你自己的想法？

我想再三四年，我們一定可以再見面，再痛快地談談天。倒希望你們夫婦能先來美一遊。你一個月收入，就可以支應往返機票了；孩子進入大學後，不要捨不得這兩張機票？

見到祖榮夫婦代問好。他將移居花園新城不？孩子上小學後情形怎樣？整個家庭生活怎樣？記得當時，我們爲他們做媒時之心情嗎！我們的圖畫多美好。希望他們真的有這樣美好。

專此祝

儷安

弟　建基上　二月廿六日

附註：建基信是民國七十年（一九八一・二・二六）年寫的。因爲「宋教仁傳」在一九八〇年九月出版。林建基畢業於臺灣大學商學系，曾任交通銀行襄理，早兩三年，他攜帶妻子兒女前往美國明尼蘇打州。他是我的好友，也是我的諍友。所以在信中對「宋教仁傳」缺點，直言不諱。這的確是我的一大疏失：當時只注意描敘他的革命事蹟，而忽略宋教仁的私情生活，以致不能使他感動！其實在「宋教仁」的日記中，就有他在東京時候和西村千代子的愛情的一些記事。後來，我就根據這些資料，另補寫了「宋教仁在東京的一段愛情」，於民國八十四年（一九五五・四・一五）刊於《國語日報・書和人第七七一期》，可是建基兄已病逝於美國多年。當年，寫「宋教仁傳」採用「第一人稱」，若能採用「全知全能」的寫法，從各個人物的角度去刻劃，去描繪他們之間的衝突、鬥爭、糾葛，可能更能深切地鉤畫出他們的個性與面目。當時，希均創辦《遠見》，邀我撰寫「書評」專欄；當日工作過忙，秦孝儀先生又邀請我參與《中華民國文化發展史》的編務，未能應命。今天，重讀建基信，深感歉疚！寫書評必須將全書讀透，才能寫得好。

祖燊、麗貞：

讀老友的信，總是最快心意的一件事！其實；你們夫婦都是下筆千言的能手；但讀祖燊信固然難，看到麗貞筆跡也其乎是可望不可及的！大概你們不是貪看花園新城的青山雲水、綠樹花發，忘記了老朋友；就是斤斤計較每千字多少稿費？寫信也要推算一下「機會成本」了！

祖燊的信，給我感到他的自信、灑脫，多少年來的文章修養，雖文債堆山，卻無一點心頭壓力；這真是了不起。麗貞的廚房文學，一篇大作，也可自洗衣機裏流出來；人說：「心無二用，否則一事無成。」而麗貞卻能授課著作、家事課子，無事不兼上一份，是我最敬佩的一位女性！我的老友祖燊有你，富麗可比你們窗外的青山綠水！

不是舟舟就是苞苞，今年要考大學（我老是分不清他們兄弟兩位）當無問題；我常對為千、小冬說：方家的孩子真是了不起，一個暑假可以演算數學數千題。這種勤奮是他們所沒有的，也是學不到的。人命運真是難以逆料的，你能說他去年沒考上大學是不幸的事嗎？他雄厚的數學基礎，卻可能給他將來帶來輝煌的成就！失之東隅，又有何之不幸，可言？

小冬今夏六月，高中畢業；由於她在高中尚佳，六百餘位畢業學生中，名列前百分之五，所以當她申請大學時，很幸運地被明尼蘇打大學工學院接受。九月間，她將是該校理工學院的學生。她現在興趣，尚未確定；通常美國大學生可以等大二時、比較成熟時，對自己興趣、志向也較確定，那時再決定要唸什麼科學。但總言之，理工學院要求，比一般社會學院難，進也難。我希望她能順利唸完。這裏有一點特別注意的是：志向興趣，大學是多麼尊重個人的志趣！學生用不著填上幾十個志願，才能增加一些讀大學的可能機會！我常對孩子說：「爸爸特別喜歡這裏的自由！這裏是一個『有自我的世界』。」

明城的酷寒（冷時氣溫常降到攝氏零下二十多度）總算過去，春夏已暗暗來了，花草、庭院、湖水是一勝景；你們手頭甚爲寬裕，希望能儘早來此一遊！爲千、小冬都有執照，都可以開車，都可以導遊。孩子入大學後，你們也了一件心事，該是你們放眼天下的時候了！

這裏寄小冬相片一張，請你們存念。專此祝

好

并代問候祖榮一家

弟 建基上

四月廿三

附註：這封來信，當在一九八二年。由這封信可知當日臺灣考大學之難，考生填寫「就讀科系志願」

常常是數十個，可以說是完全抹殺了「個人志趣」。我的兒子宗苞這年重考，考上了國防醫學院牙醫科、成功大學地球科學系。他興趣在電腦，因爲分數不上不下；最後選了地科系；讀來痛苦之極。

祖燊兄：

來信收到，從你字裏行間，我總意會到一種深深的情誼，以及你對天倫的懷念，但也領會到你今日在學術界的地位與受到的重視。舟舟、苞苞的彬彬有禮，及敦厚的天性；這是最好的美德，學問現在還看不到，因爲大一多半是最困惑的一年，由高中的死記死背，到自我的追求，這是一段路程，孩子需要一段時間去調節。爲千到麻省，這個學校爲了孩子的適應，特別在一年級中的成績單上，不標明A、B或C，只標明及格不及格，讓孩子有充份時間去調整他們的時間、心理、態度。想想看，孩子來自各校，都是最優秀的，都是名列前茅的，大家聚在一起，競爭之烈，可以想見，成績一下子拿到B、C，對孩子的打擊很大，因此該校特別給新生一年時間調整。讓他們建立自信心。這也是麻省的一個特色。

春天到了明城，確實非常可愛，大家都忙著除草種花，前院後院，都很熱鬧，真是春意鬧。我們在這裏生活，確實享受到空間上的寧靜與優美。

小冬將於六月十九日返臺，到臺北時間是六月廿二日，可能你還在臺北。她將下榻孝達兄處，到八月初返美。不知她有機會拜候到你及麗貞否?她這次返臺,主要在學習古箏,希望她學些基礎回來。隨函附上為千,在獲得本行獎學金後,與董事長、總經理合照留念。

弟　建基上　五月廿七日

附註:這封信,是在一九八三年收到。這時,麗貞在韓國大邱啓明大學為客座教授,我將前往韓國接她,所以建基信說:「可能你還在臺北」。小冬,匆匆見過一面;我和麗貞暢遊南韓、日本大阪、東京等地,待回到臺北,小冬已回美國。

三、與兒子宗苞、宗舟、媳婦辛蒂的信

苞、舟、辛蒂:

昨天知道苞的「博士資格考試」已經通過。苞的努力終有了收穫,也可以看到苞在某些方面有極高的才份。我和媽都替你感到高興。

但聽你們兩兄弟在電話裏吵架;知道舟也非常關切苞的身體,這種愛心,只有最愛你的人才會說的。這就像,你們在家,爸常常會說你們這、說你們那;你們聽了,可能嫌爸囉唆,甚至認為沒啥道理。假使知道爸是多麼愛你們,怕你們出錯,發生問題;假使能夠體會這種心意,你們也就會接受了他。

聽舟說:苞咳嗽。又令我們擔心!苞,一個人的生命是至可貴的;其他都是次要的,可以慢慢來,

不必急在一時。讀書工作，消耗體力過度，身體弱了，容易感染疾病。像爸二十三、四歲時，被人傳染了肺病，時常咳嗽，最後只好請假休養才好；去年也因體力衰弱，才發作腸癌，發病前就已經有久咳、出疹的小症狀。現在，你久久咳嗽不好，需要好好休息，千萬不可掉以輕心。爸在化療期間的痛苦，舟那時在國內照顧爸，應該可以告訴苞。孩子，身體最要緊，其他的名和利都是空有的。希望你們要珍惜自己的生命，特別要注意身體的健康！

苞，我們愛你，舟也愛你。在這世界上，只有我們四個人最親密了。讀書固然重要，但可以慢慢來。人生的路程不只是讀書一項，不只是發表論文一項。結婚成家，也是人生必經的另一過程。現在，你們結婚都已經不算早了。盼望苞能分出一點心來，去交交朋友，談談戀愛，認爲合適的就趕緊把握機會結婚吧！結婚也是人一生頂重要的一件事！

兩兄弟在外，千萬不要再吵架！祝你們

快樂健康！新年一切如意！

爸手筆，媽附字

一九九二年十二月十九日

明天早上，我們飛香港、轉廣州

爸、媽：

你們好。我忙碌的學校生活又開始了。其實，不開學也是一樣的不輕鬆。遠離家園，過年如同平日一樣，沒人一起慶祝，也沒有那種氣氛，也就沒有過節的興緻；這時，就只好讀書、修車來打發。修車，要花掉多少錢？對我們而言，都是大數目；只好自己動手，由於並非專業，又缺乏工具，自然需要許多模索的時間。美國工資貴，隨便修一修，就要七八千臺幣，大約是半個月的收入，又要汽車保險、健康保險、繳學費、買書等等，所以不得不節儉。

這學期由於預算刪減，我付了五百九十元學費，比以前多了二百五十多美元，又買了一輛舊汽車，約四千多美元。看來，存不了錢了。沒錢人就過沒錢人的生活，不用羨慕有錢人，給自己徒增困擾，學學顏回的人生觀吧！

收到你們兩次傳真函。你們似乎沒弄清楚：我跟舟爭執的原因；再加上某些誤會。你們說暑假要來美國。我就問你們來多久？我的想法，是在事先安排自己的計畫；結果媽說：我要是忙，就讓舟去陪你們。跟著舟，就罵我：「除了讀書，什麼都不管！」我從頭到尾，沒說過：不去。你們應該清楚，我從來不曾因為自己的功課，不管別人的事；不然，我也不會拿一個「B」；那料一學期只考一次試，就在舟結婚的第二天；破壞了我全「A」的成績紀錄。我是把競爭的對手，放在學術界的學者、專家。三十歲了，還會為了拿B或A擔憂吧！我買了一輛舊車；你們來了，我可以開車帶你們去玩！

我常和朋友說：「人生在物質世界，就是在受苦。」能坦然接受此一事實，才能讓我們活得不怨天，不尤人。舟和我，畢竟從小一起長大。發表論文的成績，是我所知道「用錢買不到的肯定！」而且適合我的本性！

這學期將是很忙碌的，因為我被選為「同學會會長」；這是大家都不願意做的，因為它無利可圖，事情又不少。謹祝

安康！

兒　宗苞　一九九三年一月十九日

四、袁暉教授的來信

祖燊、麗貞教授：

高歌幽谷翡翠泉，豪飲黃山琥珀酒；

黃山邀我天外客，秀水伴君畫中游。

深深期待賢伉儷能來黃山一游。

袁　暉　一九九五年十二月　安徽大學

五、學生杜忠誥的來函

祖燊吾師函丈日前承
命改書劉禹錫陋室銘今已書就茲另函并拙作選集乙冊寄呈
教政事冗稽遲謹乞
諒宥爲幸肅此敬請
雙安

生　杜忠誥　謹上五月十四日

附註：杜忠誥，爲當代書法名家，現任教於國立臺灣師範大學國文系。

六、學生伊藤直哉教授的回信

方老師：

昨日（三月十三日）收到來函，得知老師已自美返台，而今隱居新店山墅，每日繪畫，怡悅心靈。
讀完後，自然想起《宋書・隱逸傳・宗炳》中記載：「好山水，……凡所游履，皆圖之於室。」

我也知道：中國文人歷來注重琴棋書畫，茲預祝老師的山水畫集將來得以付梓，或能舉辦畫展。

拙著已在二月底梓行。梓行之前，委託出版社寄給國內師友，也寄水陸給海外幾位師友。因此，寄給老師的那一本早已放在一艘開往美國的船上。煩請老師跟令郎聯絡一下：拙著寄到加州後轉寄臺灣，或在出差時帶到臺灣。

總之，再過一段時間，拙著才能送到老師手裏。不過，問題不大，因爲拙著是用日文寫的，而且學術水準並不高，只能當做一個陳列品而已。

一九九八年三月歸國後，我只出過一次國。一九九九年夏天，到太平洋上的塞班島渡假，與熱帶魚一起游泳。沒想到在島上見到好幾位老師的同鄉人，有的直接從福建出來打工，有的先到日本念書然後去塞班，跟日本人合資經營餐廳的。在島上的雜貨店裏，也有賣臺灣的礦泉水、大陸的香菸。

今年三月底至四月初，我要參加一個旅游團，去訪問齊魯孔孟故里及北京。至於何時能再訪臺灣，目前還是個未知數。

耑此奉復，并頌

大安

伊藤直哉　二〇〇一年三月十四日

附註：伊藤直哉（一九五四—），日本東京櫻美林大學教授，一九九七年至一九九八年休假進修，到臺灣師範大學跟我研究「陶淵明詩」一年。回日本後，著有《「笑い」としての陶淵明》（二〇〇一年二月二十八日，東京株式會社五月書房發行，二三四頁）。

方祖燊先生惠鑒：

您是當代文壇重要作家，辛勤筆耕數十載，本中心有責任、有義務典藏您的作品，但緣於經費不足或年代久遠不易蒐尋，所以您的著作我們蒐集的並不完整（附上本中心藏書清單），懇請賜寄您的著作，以及您的手稿及照片（若照片珍貴，我們可以電腦掃描典藏，原照片掛號寄還）。如果您有不再使用的文學書籍或雜誌，也可以轉送給本中心，以嘉惠文藝愛好者之研究與參考。

如蒙惠允，毋任感荷！耑此　敬祝

大安

文訊雜誌社　文藝資料研究及服務中心　敬上

二〇〇七年七月十九日

附註：《文訊雜誌社》文藝資料研究及服務中心，典藏文藝圖書近四萬冊，多種文學、文藝期刊，作家基本資料三千多筆，近十年來剪報，對外開放，爲研究現代文學、臺灣文學的重要的書庫。

地址：100-48 臺北市中正區中山南路11號6F

電話：（02）2343-3148、3343-543

崔軍亞女士：

現將致杜小陸先生的信及附件（包括英文書名）寄上。妳如有更好的書名，請在電子郵件上，示知。爲感。祝

新年好

方祖燊　敬啓　二〇〇九年一月十六日

杜小陸先生：

快遞寄上補稿：序文、簡介與改稿，諒已奉達左右。請轉交崔軍亞女士。崔女士說：書名最好更改，我也認爲有理。我已拜託她構想。昨天，我去參觀普普派沃荷畫展回來，深有所感。我寫這本書，目的本在強調「中西畫技法的交流與融合」；書名加「新交融主義」，可能更有意義。故補此一短稿，印在序論前。可以突出此書的主旨。此短稿，若能用「貴編輯室」名義，發出，應當更好。請斟酌處理。順祝

著安

方祖燊　敬啓

祖燊、麗貞教授：

多日未曾聯系，近好！新春好！

今日隨信同時掛號寄上：我主編的《中國修辭史》三卷本、《二十世紀中國修辭學》上下卷，共五

冊。前者已獲得「首屆出版政府獎提名獎」及「上海市第九屆哲學社會科學著作二等獎」。後者亦爲教育部重大項目之一，曾評及黃教授，敬請指正。

另有一事相煩：新加坡著名修辭學家鄭子渝教授（香港中文大學高級研究員、復旦大學顧問教授）已於去年逝世，享年九十二歲。我正在著手爲他編一本紀念集，已定下由復旦大學出版社出版。你們學養深厚，馳名海內外，如能撥冗撰寫一篇紀念或評介鄭先生學術成就的文章，一定能爲紀念集大增光寵。文章長短不拘，最好勿超過六千字；如能在今年三月底前，讓我收到更佳。不情之請，盼百忙中見復。即頌

時綏！

廷虎　二〇〇九年一月二十三日　晚

廷虎、金苓教授：

非常感謝賢伉儷，又寄贈大著《中國修辭史》三卷暨《二十世紀中國修辭學》兩卷，當珍藏拜讀。現將「紀念評介鄭子瑜先生的文章」，隨函寄上；另寄一份給《中國語文月刊》刊登。另外，寄上拙著《散文理論叢集》及內子黃麗貞的《中國文學概論》各一冊，以博一粲。專此敬覆，并頌

撰安

方祖燊　二〇〇九年二月十八日

序跋

展文藝之翼瞰《西方繪畫史》路

楊震夷

繪畫是造型藝術之一，目的在創造個自追求的形象之美。東方學者談美，合乎中西哲理思維，又符科學實踐的論述，且辭藻優雅，能深入淺出，見解獨到，內容既信且達而雅的，個人印象最深的有兩位：

一是豐子愷先生說：「造形藝術，以畫的本職爲主，同時又須近於人情。」他指出無論爲藝術的藝術、爲人生的藝術、象牙塔藝術、普羅藝術，若以繪畫表現，他選擇自然物象中最佳的形色，但還要合乎人性，不違背人之常情。

一是方祖燊教授說：「愛美，是一種欲望。」直接闡釋這種心理與生理交織的本能，例如具象的人體美、自然美，抽象的如聲音美、觀念美，都蘊含著一種動人心魄的吸引力，令人從心裡喜歡、陶醉、沈迷；因此才創造出人類多種多樣的藝術作品，也豐富了人類有形無形的精神生活。

西方學者談美，自有其見地，早期如黑格爾（**G. W. F. Hegel**）所言：「一、藝術作品，不是自然的產物，而是由人的活動所造生。二、它基本是爲人而作的，而且訴之於人的感官，多少是從感官世界吸取源泉的。三、它本身具有一個目的。」此說曾普遍視爲經典的美學觀點，後人經過不少的反省、思考、討論、嘗試，在世界二次大戰後，有些年輕畫者，出現了顛覆傳統的想法和表現，加斯頓（**Philip Guston**）便言：「一幅畫，實際上是作畫過程中所剩餘的東西——證據。由於作畫時，一開始就趨向於一種『不自由』的境地，因而產生某些必然的現象，但『意料之外』的自然現象也一定出現。」一時風尚追求「意料之外」的抽象畫，便生氣勃勃的傳染世界各地。他們所說，都言之有理，而在東方人讀來，還是豐子愷和方祖燊二氏之文意，讓人有一針見血、意領神會之高妙。

方祖燊教授在文學的領域中，著作等身，其文學的花朵無一不含美學的養份，又實際從事繪畫的創作，由文而藝的實踐，自非一般坐而論道，或行不由己的文界藝界所能，這一殊勝，頗與豐子愷先生相若。

西方的繪畫歷史，記錄了西方各民族的感性活動，那複雜又交錯的軌迹，從古埃及、希臘羅馬時期到文藝復興，從傳聞的時代到廿世紀流派林立，從女性的美感到自立的女性主義，從平面的動畫到三百六十度的立體電腦繪畫，可說千絲萬縷，其思想的承傳與作風的轉變，由單純的個別創作展現，擴展到社會的生活空間。各家記述繁浩，各方取捨不一，而莫衷一是，很難讓對繪畫有興趣的朋友，樂於接受且易於消化。

方祖燊教授在長期研究及不斷體驗之後，爲彌補坊間之不足，乃撰寫「西方繪畫史」一書，既保留了前賢的精髓，並加入了他經年鑽研所得的真知灼見，他去蕪存菁，馭繁于簡，周全扼要地將大家需要的陳鋪出來。個人有幸在付梓前拜讀內容，見他展開結實的文藝翅膀，凌空俯瞰西方畫路，巨細靡遺，欽仰於衷，謹將一得愚見，臚列如下，以分饗讀者：

一、脈絡清晰

研究繪畫史與研究政治史有別。政治史的政權遞嬗，是可以切割研究的；而繪畫史的畫風生息，有其經緯連繫，從思想到作品，縱橫發展演變，是較難以切割研究的；雖然政治對繪畫能產生影響，卻無法限制非政治的思想行爲之擴散，本書特別指出西方文藝思潮對文藝復興與發展的影響，證明它是超越政治國界的。作者提綱挈領，由西方的原始繪畫開始，按年代順序，從非洲、歐亞大陸、西伯利亞，乃至美洲，分別介紹各個國家地區之作品特徵、派別，及畫家與其代表性的畫作，一直到時興的電腦藝術，皆詳予解析。不僅闡述了西方繪畫思想的流傳，也印證了各民族文化彼此的互動關係，讀來要言不煩，條理分明。

二、文圖並茂

歷來論畫皆著重文字的評述，而輕忽圖畫的佐證；或著重圖畫的精美，而缺少文字的鑑賞；因而造成諸多遺憾。本書在文字整理方面，對於由西方多種文字翻譯過來之史頁，歷經輾轉傳抄或輸入電腦列印，時有「馬涼」與「蛇足」之謬，以往譯者編者不察或疏忽，以訛傳訛，而誤導讀者；作者有鑒於此，廣覽參酌，見疑即核對原文，改正錯誤，若原文譯述生澀，因辭害義，則直取其意，務求暢發。作者以其文學修養，走筆如行雲流水，閱之意順心遂。並且挑選畫家的精品，予以解說；同時刊出各國的地圖或景點，讓讀者瞭解其地理位置與生活環境與時代背景；且得最新電腦科技之助，使圖片色彩之解析度加強，見圖片如見原作。可說是結合歷史、地理、人文與藝術於一爐，鎔鑄而成的繪畫史。

三、知行兼顧

人類由野蠻進入文明以後，對繪畫即有思考和創造能力，漸漸在不同領域中產生不同思想，不同種族各自習慣使用不同的材料及方法，民族之間經過不斷衝突和不斷妥協，得以吸收彼此之知識，學習彼此之技法。西方世界的繪畫，在掀起文藝復興的高潮後，由思想到技術，便興生了分門立派，顯示出各別的思想、以及不同表達的方法。作者不僅解釋了各種派別的主張意涵，還闡說了特殊的材料和方法，讓讀者明白一幅偉大的作品是怎樣繪製的。例如「濕壁畫」爲何？原來它是在油彩製法未傳入義大利之前，畫家使用類似水彩塗料，在濕灰泥上作畫。達文西所作「最後的晚餐」就是以「濕壁畫」的方法完成的；其後所作「蒙娜麗莎」則是用純油彩所繪製。他如「達達主義」就不局限特定的材料和工具。他們爲強調畫面的雕刻趣味，而用調色刀來作油畫，或在油畫上加上水彩顏料；此種技法，至今普遍爲人們接受仿效。本書讓讀者獲得繪畫知識之同時，還明白他們是如何「做」的各種伎倆。

四、著重啓發

以往的繪畫史，偏重畫家的背景記載，而對其作品則疏於描述分析解釋。本書介紹畫家，同時介紹其作品較特殊之處。一件作品透過線條色彩，其結構意義爲何？圓形心理與方格效果的著眼點爲何？常形與變形的目的異趣何在？具象與抽象的演變爲何？質感與量感表現爲何？前衛藝術與革命藝術的關係爲何？達達主義如何導致超現實主義的產生？……作者爲了讀者不陷入名詞的泥淖，各章節均有解說，卻未提示結論，因爲一些倡議主張，仍在試煉檢驗，讀者可以依自己的心向興趣，去個別瞭解或全面探討，從中吸取能源，來開啓自己智慧的天窗。此一設計，也許是作者對讀者朋友的未來，寄予莫大的期待與希望。作者曾問：「偉大的藝術家在那裏？最美麗的物象在那裏？」可能就產生在廣大的讀者群中。

歷史的軌迹是曲折迂回、錯綜複雜的，但永遠是推向前方的。西方繪畫的史迹，乍看五光十色令人眼花撩亂，幸由一位文學家兼具繪畫素養的人來撰述，卻是亂中有序，讀來目舒神暢。正如作者所言，西方繪畫「在技法與觀念上，仍然有許多交集之點，可說既延續又變化，既變化又重疊。」真是簡明扼要、精闢透澈。

美學大師朱光潛曾說：「在美學的發展中，我們好比是長途接力賽跑中的接棒人，把前人已經跑過的一長段路程的終點作爲出發點，既不走回頭路，也不走已經證實了的彎路和錯路，我們就可以跑得更快更遠，這就是研究美學史的用處。」其重點是不爲謬說誤導，不致重蹈覆轍，要把歷史的知識，能爲自己所「用」。我們吸收前人的經驗，目的在運用於自己的創作上，即所謂「學以致用」；若能反復思考、勤于動手，自然心手相應，而能得心應手；其運用之妙，則存乎一心。深信本書的問世，必將在讀者心中產生源源不斷的動力，對於創新自己的繪畫面貌，會有極大的用處。

（民國九十三年六月十九日，刊於《國語日報・書和人》第一〇〇六期）

人生學到老

黃麗貞

祖燊又完成了一部新書，在他七十五歲的年紀。對於一輩子都在研究和寫作的他，即使是七十五歲了，再寫一本新作，一點也沒什麼覺得驚奇，但特別的是他這本新書，完全是在他一輩子的研究範圍之外的，而且這本書的內容呈現出很紮實的成果，也是他退休之後學畫的心得。

其實，祖燊早在一九七七年就嘗試作油畫，當時他沒有拜師學藝，只是從臨摹我的披著白色婚紗的照片入手，此外還畫了一幅風景，一幅人像。風景畫被他的好友建基帶往美國。建基已經過世多年；這幅畫如今流落何處？是否還在？則不可知！不過，那時因爲家庭負擔還很重，工作又忙，他沒辦法堅持專心去搞這不賺錢的藝術，因此就回歸本行而暫且停筆。

一九九四年，他六十五歲，從第三期直腸癌的重病掙扎了過來，就提前在七月底退休，除了仍在國立臺灣師範大學研究所兼兩個小時的「小說專題研討」的課程外，還忙著「中國語文學會」、改進《中國語文月刊》內容、創辦《現代文學理論季刊》、並兼任國語日報董事等等許多瑣雜。一九九八年八月，原本幫《中國語文月刊》設計封面的女畫家蔡文恂女士，要開班授徒，以推廣美術教育；要把她在師大美術系西畫組學到的絕活，傳授給人；他也就在蔡老師的邀請之下，重拾畫筆，跟她學水彩、素描與粉彩。

一九九九年暑假，我又有一年的研究休假；我就帶著研究的工作前往美國；並且想藉此切實地體會一下：我們兩人是否可以在我也退休後，在美國和兒媳一起生活，度完餘年。所以，他就辭掉所有雜事的兼職，而用一種很潔淨逍遙的心情去美國。但美國畢竟是老年人生活很寂寞又無聊的地方，在兒子的家不但沒有畫畫的各種工具，而且全屋子都鋪了地毯，是不容許像在臺北的家那樣，弄到油漆處處的。我見他無聊地忍耐了十個月，終於還是決心回臺北來。在這十個月裡，他閱讀許多和繪畫有關的書籍，希望增加對畫道的知識，加強自己的作畫能力。兒子給他買了一本寫生簿；孫兒加寧，也把他的粉彩筆拿給「爺爺」用。他每次出門只要是美術方面的圖書，都會買了下來，都不嫌繁重地帶回臺北來了。其實，他在臺北早已經買了許多。

我回到臺北，又重回忙碌的教學工作，只知道他每天很多時間都在樓下的畫室，有時上上下下，把畫好的油畫，搬來搬去，掛起來看了又看，又加修改。一年多前，我又聽到他不斷抱怨電腦太糟了，老是當機；我就建議他買一臺新的電腦，同時買了彩色印表機。全套新行頭裝好了，又見他很多時間坐在電腦前面，有時早起就工作，有時直到晚上半夜了，還在打稿。雖然我不時叨念著他這個完全不要運動的人，也應該起來走動走動。他不是坐著對著電腦，累了就躺在沙發上打瞌睡；他對我的叨念，都置若罔聞；我也沒法去管他到底在幹什麼。

對於我們這把年紀的老人，能夠用電腦打稿，做做最起碼的文書處理，學生就會用「好厲害」來給你加油打氣了。去年五月尾，暑假快到了，他忽然說要買「掃瞄器」，我才弄清楚他居然寫完了一部《西方繪畫史》的文字稿，要掃瞄一些圖片到書頁裡去。但我和他十多年來使用電腦，都只是做最基本的「文書處理」——打印中文稿件。在美國時兒子也教過我做掃瞄，都早已忘乾淨了。他給兒子打長途電話，兒子說：「爸，這不是你能自己做好的事，你要找一個人來幫你。」於是，他提出三萬元台幣的待遇，找來一個會做掃瞄、燒錄的人，希望他這一本晚年轉向學術新領域的書，能夠做得很完美。當全書定稿時，又讓我對他認真的學習精神，又有了更深刻的認識和感佩，那就是在這三百多頁的稿本中，共收有六百五十六張圖片，其中二分之一是他按照幫他工作的人，替他所寫下的掃瞄步驟，他學會了自己掃瞄進了文字檔。他開始做時老是出錯，後來逐漸熟練；又以同樣的方法，把圖畫按他的想法，改變大小，放到最恰好的位置上。書稿完成了，又加入各頁的邊籤和頁碼，版面也編得非常停當；印出來的彩色粉本，真是圖文兼美。他又學會了「燒錄」，製成「CD」光碟片。他說：「把這些CD片交給印刷廠，就可以上機印了。」他這些能耐，讓一向自以為在電腦常識比他好一些的我，自嘆「瞠乎其後」。他的努力精神，更讓我刮目相看。雖然在他做這些他原本狀況之外的事的時候，不停地換戴老花眼鏡，全神貫注地從早起做到深夜時，心裡有所憐惜和不忍，但當他到了寒冬定稿之時，真的不得不被他的堅毅和努力所感動；每次看著他翻閱那一頁頁十分精美悅目的書頁，聽著他細說著這書的充實內容，真的分享到他的喜悅，爲他感到驕傲。

祖燊在他的自序中，已詳細地介紹了他這本書的架構、特色、功能和精彩內容，不需我在此重贅。他幾年來的畫作，也因爲他全心貫注的精神，讓我忍不住不時給他「進步很快」的鼓勵；這本書除了看到他掌握了西方著名的藝術家之外，也看到他的畫作又有了新的手法和情韻。

最後，我還有一個體會，人生總有無限可能，就是一個人不管你以往慣於做什麼事，不論你活到任何年紀，經過認真努力之後，不同的才能和成果自然就會呈現，就是古諺所說：「天下無難事，只要有心人。」

當「散文大師」遇上《繪畫史》

蔡文恂

人生的一切創造，無論其動機是基於感情或是理智，無不先在意識中預定一個理想之夢。古希臘哲人以「最高的善」為「無所為而為的觀賞」；而這正是「美感經驗」的求真態度。

方祖燊教授在六十五歲屆齡退休後，重拾畫筆。這一位名滿文壇的師大中文系教授，每周六背著重甸甸的畫袋下山習畫。我們這種忘年之交的師徒關係，至今已經維持了五年。我雖靦為方教授的老師，只是在他作畫時給他提供一些技法與觀念；但他都認真接受，切實運用；不過，自始至今，他是非常堅持自我的創作信念，畫自己最有感覺的人事物。他的「美感經驗」是非常獨特的，也是最真實地忠於自我的。

方教授秉持著這樣的理念，熱忱的心，加上無數的努力，終於完成了他的年輕時代繪畫的夢，前後二百餘幅水彩與油畫的作品，從生澀的素人畫風，進步到專業級畫家的水準。他在找尋畫題與補充知識的需要下，發現「藝術」這一苑囿，因時間與空間的不同，可以產生許多各異其趣之事之物，而各國繪畫的演進過程才是藝術的最精髓的部分。

於是，正如余秋雨所說：「不要草率地把問號刪去，急忙地換上讚美的感歎號或判斷性的句號。」方教授一本治學數十年的篤實精神，撰寫下數十冊的各種著作；現在，他又花了一年半的時間，深深沈潛入西洋藝術歷史的奧秘之中，想尋找一連串問號的答案；學者求知的風範，在他的身上顯露無遺。

方祖燊教授的《西方繪畫史》這部書，最大的特色是以貼心的角度下筆。全書深入淺出，並輔以歷史地理、人文環境與時代背景，讓讀者在最簡潔精要的論介中，從系統性的品評玩賞之中，獲得了複雜而豐富的知識。譬如書中論述法國在浪漫主義時代，畫家作品跟革命思潮的關連。他常常適當地把畫家作品擺在歷史洪流中，這自然能使讀者明白藝術大師之創作此畫的心理與意識。在浪漫主義時期，文藝創作是充滿著沸騰的熱情，而這時的繪畫正貼切地表達出那一個時代的聲音。

大多數人都想從畫中看到他們所喜愛的東西，說是共鳴也好，是感動也罷。方祖燊教授在全書中載錄了六百多張圖畫，每一幅都極精彩，也有極少見的。我認爲他沒有學院派的包袱，沒有一大堆講美術史的教授所影響的既定印象；他全憑美感的直覺與習畫的需要，把這許許多多的作品挑選了出來，放在適當的史頁中，用心地比較與分析，讓我們「驚豔」不已，耳目一新。他懇摯不浮誇，把西方各國的作品的精華散佈在這本書的各個角落裏。

坊間出版的美術書籍，極少很透澈地論述俄羅斯美術與前衛運動、電腦藝術、視覺光效應藝術，以及性與女權主義藝術的創作與思維；在這本書裏卻都有詳盡而扼要的描述。方祖燊教授好像一位熱忱的領路人，用俐落的手法帶領我們讀者進入深奧的藝術殿堂，從遠古到現今，無一掛漏。

文藝的轉移是一個很大的挑戰。方祖燊教授從中文系學者、散文作家，去撰寫《西方繪畫史》，除了膽量與博識外，他還表現出一位藝術家的責任。他主張重新調整創作者與觀賞者之間的關係，釐清「感性」和「理性」涵意，擴展八大藝術的表現角度，似乎更能攄發他心靈的原創力。從古典與現代文學到撰寫西方藝術史，沒有衝突扞格，只有真誠翔實的鋪陳。

現代人心靈衰竭，感官遲鈍，自我鑒賞能力喪失，凡事流于單一化，概念化；這不但是生活的危機，也是現代藝術發展的障礙。方祖燊教授不拘于一家，嘗試以新的角度詮釋西方繪畫史，誠誠懇懇，在這一片貧瘠的土地上鏟下自己那最美善的一鋤！

（民國九十三年六月十九日，刊於《國語日報・書和人》第一〇〇六期）

《西方繪畫史・自序》

方祖燊

一九七七年暑假，我開始畫油畫，畫了三幅：《妻的畫像》、《伯爵夫人》和《風景畫》。《風景畫》被好友建基拿走；《伯爵夫人》後來發霉扔掉；《妻的畫像》，現在還掛在客廳牆壁上。因爲那時工作忙，油畫畫來費時，就停筆不畫了。一晃，二十二年的好時光過去。至一九九八年八月，蔡文恂女士對我說：「她要開班教畫，每周一次三小時。」我就參加她的繪畫班，做了她的學生。

蔡文恂老師，出身藝術世家，母親陳嗣雪女士是亂針繡的名家，我還收藏了一幅她繡的《貓》，傳神而生動；她的外祖父陳之佛先生，號雪翁，曾任上海國立藝專校長，工筆畫鶴與花卉著名。蔡老師家學淵源，從小學畫，畢業於國立臺灣師範大學美術系西畫組，以水彩花卉著名，尤擅淡雅的玫瑰。我跟她學水彩和素描，至今四年多，畫過一百多幅水彩，十幾幅素描。兩年前我重拾彩筆專畫油畫，也畫了好幾十幅。

我因爲學畫，開始觀賞中外歷代畫家的作品，並盡購臺灣的藝術圖書、藝術家、萬象、雄獅美術、貓頭鷹、台英雜誌社、地球、正中、三民、中華、五洲、建宏、聯經、中時、華視、國語日報等出版的畫冊圖書「CD片」，想一探他們的思想與技法。蔡老師也借我各種畫冊，數以百計。鄰居蔣定棟伉儷去翡冷翠旅遊，購一巨冊（Impressionismo）相贈。南京林興仁教授選購《西洋巨匠美術叢書》送給我。《西洋巨匠美術叢書》，北京文物出版社發行，共一百冊收羅「文藝復興至二十世紀」一百位西洋的名畫家，介紹其最好作品。陳如香小姐也借《Gardner's ART THROUGH THE AGES》與《The Art of Arousal》給我。畫家楊濟賢兄也影印一些蘇聯畫家的木刻畫給我。實在感謝這些好朋友。在我任教的臺灣師範大學的圖書總館、美術系所的圖書館所收藏的中外美術繪畫的圖書，總有兩萬冊；還有歷史系所、地理系所的圖書館，有許多文化與人文的書籍。這些書籍與畫冊，使我沈迷，成爲癖好，也盡夠我爬搜、挑選、採擷，遂引發我想寫一部《西方繪畫史》的念頭，於是在二〇〇二年七月，我在美國苗必塔就動手撰寫這一部《西方繪畫史》，經過一年六、七個月的努力，終於完成。

我認爲這部繪畫史，有幾點特色，應該提出給讀者參考。

第一、這一部《西方繪畫史》的內容，相當豐富：在文化與藝術的發展方面，我是從原始美術、埃及文明、希臘羅馬文化與藝術、拜占庭鑲崁畫、基督教發展、中古世紀、文藝復興、法蘭德斯、巴洛克、洛可可、古典主義、浪漫主義、寫實主義、自然主義、印象新印象後期印象主義、世紀末繪畫（唯美、象徵、那比、分離）、新藝術，論介到前衛運動與現代主義（野獸、立體、未來、達達、表現、抽象〔至上、構成、新造型、墨茲〕、形而上、超現實）、後現代主義（新具象、波普、歐普、超級現實、觀念、人體、大地、電腦等藝術，還有性與女權運動）。包羅的國家有埃及、希臘、羅馬帝國、義大利、尼德蘭、荷蘭、法國、西班牙、德國、英國、俄國、美國，兼及奧地利、比利時、挪威、古巴等國家。從繪畫的類別，論介鑲崁畫、綴錦畫、細密畫、濕壁畫、壁畫、蛋彩畫、裝飾畫、油畫、版畫（木刻畫與蝕版畫）、水彩畫、壓克力畫、粉彩畫、素描、寫生、拼貼畫、漫畫、工藝畫、寫實畫、抽象畫、單色畫、多色畫、廣告畫、海報畫、封面畫、插圖畫、舞臺設計圖、電腦畫與超級照相畫等等。全書論述西方的著名畫家四〇二人，插入名畫與其他圖片六五六張。

第二、我在每一章節的開頭，都將其文化背景與重要歷史，作扼要介紹；這樣可以幫助大家理解其藝術作品之所以如此的造因。它也可以當做西洋的政治與文化的簡史來看。

第三、可作旅遊導覽：現在每年有成千上萬人到歐美觀光旅遊，在行前實在需要看一些導遊指覽之類的專書；這樣到了那裏，就可「按圖索驥」。西方的文化和美術有密切的關係，到歐美觀光，尤其到巴黎、羅馬、翡冷翠、威尼斯、米蘭、倫敦、慕尼黑、阿姆斯特丹、馬德里、紐約等，能不參觀其著名的美術館、博物館與藝術中心嗎！如果錯過觀賞那些建築、雕像與繪畫等等藝術品，遊等於白遊；如果「走馬看畫」，而不知其美妙，遊也等於白遊；這本繪畫史則可提升審美的能力，增添一些遊而觀的樂趣。

第四、這是最新的一部西方繪畫史：學藝術的有此一書，可以理解西方繪畫與美術的根源與流變；一般人士有此一書，也可以沉泳其間，畫它幾筆來涵養情性；這自然能使自己的生活，日趨於充實、適意而愉悅。

第五、這是一本學習繪畫的課本：現在因工商業發達，媒體廣告的大量需求彩畫，學畫的日多。我深深感到怎樣把畫畫好？怎樣纔能畫各種畫？畫封面，畫配圖，畫廣告，畫舞臺設計，畫水彩，畫油畫，畫人物，畫靜物，畫風景，畫寫實畫，畫抽象畫，畫古典的畫，畫現代的畫，實現做一個畫家的夢！怎樣去畫它？我曾經探索沉思過這些問題，認爲只有從一個學畫的立場，去論述各家的作畫技法及其佳妙處，這樣才能對己對人有所幫助。

本書有關畫家的「中文譯名」，我儘量依據《牛津當代大辭典》。

這部《西方繪畫史》能夠快速完成，實在是受現代的電子科技之賜，受許多研究繪畫的學者之賜，受今日的飛天縮地之賜，使我能夠讀到看到許許多多的名畫，採擷到珍貴的資料，並能利用容積量大的電腦，高解析度的掃描器與印表機，將精美藝術品在我小小工作室裡重現出來。這在過去是極難以實現的「夢」。尤其受內子黃麗貞悉心照顧之賜，使我能專精貫注地工作。陳如香小姐協助我，將我所拍攝與蒐集到的一半的照片與圖片，掃描並輸進了我的文字檔內。我自己在編排圖文、整理版面時候，又再掃描、輸進一大部分的圖片，又再補充些賞析與說明，又再花費半年的時光。最後燒錄成「CD片」。這一本三百多頁的繪畫史，把我的電腦76.6GB的容量幾乎全部用光。經過這一次經驗，我才知道撰寫有大量圖片的著作，遠比單單文字的著作，要費時費神太多，也困難太多了！不過，我現在翻看着我自己所列印出來這一冊「美不勝收」的稿本，我不禁要從心裡喊說：「值得」！

因爲所採用的圖書過多，我自無法臚列參考書目。譬如〈蘇俄美術史〉部分，在我的書中不過二十七頁，我所閱讀的圖書就有《蘇俄》、《蘇聯》、《俄羅斯插畫作品集》、《俄羅斯的興起》、《白俄羅斯版畫展》、《俄羅斯的藝術寶庫》、《俄羅斯寫實主義列賓》、《俄羅斯寫實大師列賓》、《俄羅斯四大風景畫家》、《莫伊謝延科》、《俄羅斯巡迴畫派精品集》、《俄羅斯巡迴畫派精品續集》、《Gardner's ART THROUGH THE AGES》有關「俄羅斯美術」的部分，奚靜之《俄羅斯蘇聯美術史》等等。這裏尤其感謝的是承奚靜之教授惠允我採用她的著作內一部分圖片，並承她提出一些寶貴的建議，如將「阿勃拉姆采夫集團」修改爲「阿勃拉姆采夫莊園」。奚靜之教授，曾任北京中央工藝美術學院工藝美術史論系主任，是研究美術史論的專家，所著《俄羅斯蘇聯美術史》（臺北藝術家出版社出版，二十五開本，五七三頁）。

名畫家楊濟賢（字震夷）兄、內子黃麗貞教授、女畫家蔡文恂老師，肯爲我撰序，一併在此誌謝。封面的：九龍・新界、哈爾濱大雪、賣唱、黃麗貞、自畫像，都是我畫的水彩。

二〇〇四年四月二十日於桃林樓

《西方繪畫史·結論》

方祖燊

我在〈美的探索〉中說：愛美是人的一種天性，男女老幼通通愛美，普通人愛美，藝術家更愛美。有人說：愛美也是一種欲望，可跟「食色性也」，並稱之「美欲」，誰云不宜。為什麼我們喜歡美？因為美是屬於感覺上的一種享受，是訴之我們的感覺器官。美的東西，具象的如人體美、自然美；抽象的如聲音美、觀念美，都蘊含著一種動人心魄的吸引力，令人從心裡喜歡，陶醉，沉迷；這就是「美感」。

熱愛美不只是人的欲望，也是許多生物的欲望；由於喜歡美，進而表現美，也是許多生物天賦的本能。許多生物在授粉求偶的時候，都更儘量表現自己的美。有些植物開出形態美妙、色彩豔麗、氣味香甜的花兒，來吸引蝴蝶蜜蜂來採蜜，花就藉此媒介，完成異花授粉的大事。有些動物像蟋蟀輕吟，夏蟬鳴奏，雄鳥晨歌，火鶴熱舞，雨蛙鼓吹，螢火蟲發光，熱帶魚身現絢爛的彩暈，都是儘量在表現自己的美，以吸引異性的青睞與熱愛。人類何嘗不是如此！要借人力的裝飾來增添美，表現美，創造美。我想藝術的產生，大概就是基於人類有這種熱愛美，追求美，表現美的天性與欲望，所以常自運用自己的靈智與技巧來創造美的作品，因而產生音樂、舞蹈、繪畫、雕像各種藝術。這些藝術無不在創造美、表現美。

但最偉大的藝術家在哪裡？在大自然。最美麗的物象在哪裡？在大自然。上古時人類看到野雞尾巴美，就拿來裝飾自己；看到魚龍色彩美，就產生紋身習俗。詩人說：「一夜春雨綠了多少田疇，一夜秋霜黃了多少林壑。」的確，大自然常能給人類極美的印象與感受。德國美學創始者包姆加敦說：「我們只有在大自然裡認識美，求最高的表現。許多藝術大多從模仿自然、描繪自然入手。」

從這部繪畫史，我也認爲人類最早的繪畫確是從「模仿自然，描寫自然」入手，所以在距今二萬年前——在法國拉斯柯石洞內的岩壁上所刻畫的「牛馬和鹿」，都是那時人類模寫自然的作品。其實，藝術產生和模寫生活也有密切的關係。像在南非薩面克姆斯特出土的岩面圖畫《羚羊群和獵人》，畫在一群羚羊當中，有一個獵人正在拉弓射箭；這是把當時人打獵的生活模寫了下來。自然的現象與人類的生活也有非常緊密的關係，像古埃及的「象形文字」，就是從生活需求而模仿自然而產生的；所以，人類的早期繪畫必然是相當「寫實的」。埃及人描繪「鷹神」，在人的身體上加上一個「鷹頭」；我想這也許是當時神巫的裝飾罷。從希臘人的雕像與陶壺畫，從羅馬人的雕像與馬賽克畫，從拜占庭帝國至文藝復興時期的繪畫，不管是取材於希臘神話，是羅馬傳說，還是《聖經》故事，所畫的「神和人」大都是依據人類自己的形象做範本來畫的。

西方的文化與藝術是由希臘的文明、羅馬的光榮和基督教的教義三者所構成；因此當基督教興起之後，在拜占庭帝國時代，教堂裡用石片瓷片拼合的鑲崁畫，多以基督教義爲主題，如《善良的牧羊人》、《審判》等，也仍然是根據現實的人像來畫的，只是基督的頭上有光環，天使的背後有翅膀而已。

在公元四七六年後，在阿爾卑斯山以北的野蠻種族入侵西歐，西羅馬帝國因此滅亡。由於連年戰亂，形成西歐最黑暗的時期，文學藝術自然沒落。這時，基督教僧侶設立寺院與學校，傳佈福音，使蠻族也皈依了基督教，保存了希臘與羅馬的文化。公元十一至十四世紀，歐洲的局勢逐漸安定，建立「中古文明」，有許多新的國家產生，興建許多教堂，有羅馬式圓頂拱形的建築與壁畫，有哥德型尖塔屋頂與彩繪玻璃窗。這時，畫家有**奇瑪布伊**和**喬托**。**喬托**所畫大都是有關耶穌事蹟的宗教畫。中古世紀末，有「綴錦畫」：《貴婦人與獨角獸》。

至一四五三年，東羅馬帝國的君士坦丁堡，被土耳其人攻陷。許多希臘學者逃到義大利半島避難，帶來了希臘的人文主義，掀起研究希臘文化與羅馬文明的潮流，文藝深受其影響，產生了許多畫家、雕塑家、建築家，史稱爲歐洲的「文藝復興時期」。藝術家大多接受大教會、宮廷、王公與貴族的資助，可以豐衣足食，專心作大濕壁畫，大理石雕像，設計大教堂。以地域分，有翡冷翠（佛羅倫斯）、米蘭、羅馬和威尼斯四地。他們繪畫的題材，取自《聖經》的有上帝創造萬物、亞當與夏娃被逐出伊甸園、基督誕生、耶穌被釘死十字架、瑪利亞的悲慟、最後的晚餐、聖母子、諾亞方舟、末日審判、莎樂美、伽拿婚宴等；取自希臘神話與羅馬傳說的，有《春》、維納斯、雅典娜學院、帕尼薩斯山、邱必特的教育、銀河、繆司的合奏、塔奎尼斯與留克利希亞等；描繪人物肖像的，有羅倫佐・麥第奇、聖奧古斯汀、婦人像、但丁、蒙娜麗莎、查理五世、少女像等；靠想像來畫的，有暴風雨、人生的三大階段、天上的愛與地上的愛等；描繪風景的，有威尼斯風景、賽舟等。著名的畫家多達五十人，**達文西**、**米開朗基羅**、**拉斐爾**、**提香**，可稱「文藝復興時期最頂尖的代表畫家」。他們無論作宗教畫、神話畫、肖像畫、風景畫、歷史畫、想像畫、風俗畫，都是從現實世界出發，去創造超越現實的藝術品，成爲西方繪畫史上最燦爛輝煌的一個時代。

「油畫」這種畫法，在十二世紀就在尼德蘭的法蘭德斯流行；到十五世紀，法蘭德斯畫家**范・艾克**把調色油加以改良，才奠定了油畫地位。當「油彩製法」還沒傳進義大利之前，義大利畫家是用「蛋彩畫法」，用不透明的水性顏料，混以蛋黃、醋水作畫，並加油和樹脂，固定其光澤，其缺點是黏得不好用筆，乾得快，難以修改。一四九五—一四九九年，**達文西**在米蘭葛拉齊聖瑪利亞修道院繪製《最後的晚餐》；一五〇九—一五一二年，**米開朗基羅**在教廷西斯汀教堂繪製《創世紀故事》，仍都採用「濕壁畫」畫法；所謂「濕壁畫」，就是採用類似水彩塗料在濕灰泥上作畫。這時，「油彩製法」和「油畫技法」已經傳入義大利，**達文西**在一五〇三—一五〇六年所畫的《蒙娜麗莎》就已經採用「油彩」，畫在畫板上。我想他們這些巨型的大壁畫、大頂棚畫，之所以仍然採用「水彩」塗料，主要是因爲它乾得快；油彩是很難乾的。

尼德蘭在西方繪畫史上最大的貢獻，就是**范・艾克**兄弟改進「調製色油」的技術，畫來流暢豔麗，歷久不變；他們並創造出非凡卓越的祭壇畫、人物畫。其他畫家像**布勒哲爾**有描寫《農家婚宴》的風俗畫。**魯本斯**有《十字架拉起》、《東方三博士的朝拜》、《獵獅》、《瑪麗在馬賽上岸》，題材包括宗教畫、歷史畫和生活畫；但他所畫的人物都健壯豐滿。這是繼承**米開朗基羅**的畫風，而形成後來的「巴洛克畫派」。

一五八一年，荷蘭脫離西班牙獨立之後，跟尼德蘭的法蘭德斯畫派走向不同之路，不再畫宗教畫，貴族肖像畫。她以阿姆斯特丹爲中心，發展平民化的小幅畫——於是畫家開始在畫架上，畫一般人物的肖像、生活、風景、動物與靜物；畫價低，大家可以買來掛在餐廳、客廳及臥室裡，花鳥魚乳牛水果都成畫材。著名畫家有**哈爾斯**、**林布蘭**等七、八人。

巴洛克（Baroque）一詞，一稱畸形變色的珍珠，一謂「荒謬的思想」；這裡用稱「過於巨大的建築，華麗的繪畫，誇張的雕像」。十六世紀，**米開朗基羅**的繪畫與建築的風格，已經是巴洛克式的肇始。十七世紀中葉，法王路易十四建築凡爾賽宮，無論其宮殿、雕刻、繪畫、庭園、傢俱、服飾，都採用豪華壯麗的「巴洛克式」，以誇耀法蘭西國勢的強盛，因而形成十七世紀，義大利、法國、西班牙、英國、尼德蘭所共有的一種藝術的潮流與風格。這部分只論介義大利、法國、西班牙三國的巴洛克畫派。英國與尼德蘭另在「英國、尼德蘭」各節中論述。代表的畫家，義大利有**卡拉瓦喬**，法國有**李・布隆**，西班牙有**葛雷柯**、**委拉斯蓋茲**、**哥雅**等。

法國人特別愛好藝術，十六世紀後受文藝復興的新文化影響，產生「古典主義」，逐漸取代義大利的藝術地位，有**普桑**與**洛林**等畫家。接着產生「洛可可藝術」，有**華鐸**的纖巧流麗，有**布雪**的《龐巴度夫人》。在「寫實主義」時期，有**勒南**的《農家》、**杜米埃**的《三等車廂》、**庫爾貝**的《打石工人》等可爲代表。一七八九—一七九九年，法國發生大革命，高倡自由、民主與博愛，成立共和國與執政政府，遭到周圍帝制國的攻擊，繪畫一時沉寂，仍有**柏陶克斯**的《法國大革命》歷史畫、**維潔樂本**的《瑪麗・安唐奈特》肖像畫；並激起了「浪漫主義」的巨潮，有**傑利柯**諷刺時事的《梅杜薩之筏》，**德拉克洛瓦**的氣勢磅礡的《自由領導人民》等作品。拿破崙率領法人抵抗帝制國的聯軍攻擊，將革命思想傳佈了出去，想藉此統一歐洲，這時有**大衛**、**格羅**、**安格爾**等畫家，作有歌頌拿破崙的豐功偉業；滑鐵盧一戰，拿氏敗亡，令人浩嘆！十九世紀中期，產生「巴比松畫派」，有**柯洛**、**盧梭**的自然風景，**米勒**的農民生活；**米勒**的《拾穗圖》，尤其有名。總計法國的名畫家多達四十多人。**安格爾**所畫《利維拉夫人》、《土耳其後宮》、《波洛格烈公主》三幅都極優美；因他素描卓越，畫法精緻，重視線條及造型，才能達到這樣的完美。**傑阿赫**的《芮卡邁夫人》也畫得嬌豔魅人。

德國是歐洲中部一個重要的國家，但許多城市在兩次世界大戰中被轟爲廢墟，許多藝術品被戰火燒毀；早期的作品，現在保存了下來只有少數的一部分。在馬丁路德提倡宗教改革運動時期，有**葛內瓦爾德**的祭壇畫、**杜瑞**的銅版畫、**克拉納赫**的《派利斯的末日》（現存美國紐約大都會美術館）、**亞爾特多佛**的《亞歷山大之役》（現存德國慕尼黑古畫廊）。此外，還有**門采爾**的《腓特烈二世》、**柏克林**的《死島》、**萊布爾**的《在教堂裡的三個婦女》等。從這些作品，我們仍可窺見德國畫家成就的一斑。

英國統治的英倫三島，孤懸歐洲大陸之外，繪畫發展比較慢，遠不如義、法、德、西班牙各國。

但因歷史悠久，宮廷豢養一些畫家，於是有依莉莎白一世、瑪麗一世、瑪麗二世、喬治三世、五世、維多利亞、愛丁堡公爵等肖像畫。文學作品多，產生一些「插畫」。後來，國勢日漸強盛，到一八三七—一九〇一年的維多利亞女王時代，爲世界第一大強國，從各地掠奪來的藝術品充塞美術館、博物館；到十八世紀、十九世紀，自然產生不少著名的畫家，有**霍加斯**諷刺味濃的連環畫、**雷諾茲**與**根茲巴羅**的肖像畫、**布雷克**深有寓意的插畫、**泰納**與**康斯塔伯**的風景畫，歷史畫如無名氏的《第一屆萬國博覽會》、《工業革命》、**烏德維尼**的《克里米亞戰爭》等。一八四八年，**韓特**和**米雷**、**羅塞蒂**組織「前拉斐爾派」，反對模仿因襲，要從義大利畫家**拉斐爾**以前，去尋找真實純樸的藝術；像**韓特**的《雪樂特的舞蹈》、**羅塞蒂**的《祈禱》、**米雷**的《穿長靴的貓》、**柏恩．瓊斯**的《薔薇公主的傳說》、**瓦茲**的《希望》，這些畫都有畫家的感情或思想在內。此外，還有些畫家專擅一藝，有畫馬的，畫兒童的、畫狗的、畫火車站的、畫女人的；還有插畫、漫畫等等。

俄國在彼得大帝（一六八二—一七二五年在位）之前，是一文化落後的國家，只有一些宗教畫和俄羅斯式的建築：「帳篷頂」和「多柱墩」。到彼得大帝派遣留學生，到義大利、法國、德國學畫。十八世紀中期，聖彼得堡設立皇家藝術學院，才有畫家畫一些銅版畫與肖像畫。十九世紀前期，有**魏涅濟昂諾夫**及其畫派與其他畫家；他們作品描寫現實的，如《女主人的早晨》；批評現實的，如《少校求婚》；有象徵含意的，如《銅蛇》警告人民：「逆我者死，順我者生」，如**伊凡諾夫**的《基督出現在人們面前》，以「救世主來了」，寄托處身沙皇專制下的心裡期盼。十九世紀後期，描繪農民艱苦的生活，有**彼羅夫**的《送葬》等；揭露社會的怪現狀，有**普基麥夫**的《不相稱的婚姻》等。十九世紀末至二十世紀初，俄國藝術家有「巡迴展覽畫派」、「阿勃拉姆采夫莊園」、「藝術世界」三大組織。「巡迴展覽畫派」有**克拉姆斯科依**的人物畫，**希施金**、**薩符拉索夫**等人的風景畫，**列賓**與**蘇里科夫**等人的歷史畫，**謝・伊凡諾夫**與**阿爾希波夫**等人的描寫現實社會的作品。「阿勃拉姆采夫」是銀行家薩瓦・馬蒙托夫的莊園；他時常邀請畫家**列賓**、**波連諾夫**、**謝羅夫**、**弗魯貝爾**到莊園渡假；後來，他組織一個歌劇團，他的夫人設立陶瓷、木雕、刺繡等作坊，請這些畫家設計舞台及工藝品，無形形成一個藝術團體。「藝術世界」，是十九世紀九十年代初，彼得堡一些藝術家所組織的一個文藝團體，他們對俄國的繪畫、雕刻、歌劇、芭蕾舞各方面都有相當貢獻，在舞台設計與書籍插圖尤值得稱道，**別努阿**、**戈洛文**可為代表；還有**列利赫**、**庫斯托其耶夫**、**列別倢娃**、**索莫夫**、**格拉巴爾**、**岡恰洛娃**、**拉利昂諾夫**等人的油畫、版畫，各有他們的風格與意味。這時，西歐的「前衛運動與現代主義」的思潮傳播到俄國，產生一些前衛性的新藝術，有**康丁斯基**的「構成主義」與**馬列維基**的「至上主義」。一九一七年十月，蘇俄革命成功，建立「蘇維埃社會主義共和國聯邦」，簡稱「蘇聯」；第二年十一月十一日，第一次世界大戰終結之後，蘇聯人想建立一個烏托邦，要求藝術家為大眾服務，於是產生許多宣傳政治，描寫新時代，歌頌新建設，替書籍配插圖，為紡織品畫花樣，設計紀功碑，甚至設計汽車與飛機，使蘇聯的藝術完全走上實用的路子。其木刻畫，尤其聞名。俄國的繪畫大體地說，比起西方其他國家寫實多了。

法國巴黎在十九世紀中葉後，逐漸成為世界的藝術中心，各國學畫的紛紛前往巴黎學習，藝術家紛紛前往巴黎觀摩，甚而遷居巴黎從事創作。巴黎之所以能成爲藝術之都：一是她有許多令畫家魂傾心醉的作品；一是巴黎滿溢著藝術的氣息，現有三百多家的畫廊與美術館；還有從各地來的藝術家，不斷嘗試新技法，新而求新：終而使巴黎的繪畫，在近代與現代的藝術史中放射出絢爛無比的光輝。

在十九世紀中葉，法國有「印象主義」，是由**莫內**與**馬奈**所創始。**莫內**認爲：萬物色彩是由光波形成，受光不一樣，色彩也隨之變動，在不同時間的陽光照射之下，就會呈現各種不同的色彩與光影，作畫要把握一瞬間看到的印象，去畫千變萬化的光與色。他畫有一幅《印象．日出》，所以評論家稱之「印象主義」。黃宣勳說：「印象派畫圖是用短筆觸一筆一筆塗上，近看很粗糙，遠看那些短筆觸就會發出閃爍的光輝。」**莫內**的作品很多，有景物人物靜物。**馬奈**擅畫人物，有不少好作品，如《佛里斯．貝熱爾酒店》就是，還有靜物與景物。印象派**皮沙羅**的城市與農村、**希斯里**的風景與洪水、**竇加**的樂池、歌者、舞孃與騎手、**雷諾瓦**的人物與風景、**巴吉爾**的《全家福》，各有其擅場，皆名流藝壇。十九世紀後期，有「後期印象主義」，畫家有**塞尙**、**梵谷**和**高更**。**塞尙**說：「自然形態是由立方體、球體、圓錐體、圓筒體造成的。」他作畫不全依實物，常隨意念稍作變動，筆觸粗重，色塊濃烈，有《玩紙牌者》、《聖比克特瓦山》、《浴女》等；**梵谷**常用強勁筆觸，躍動線條，表現光的流動，所作像《自畫像》、《向日葵》、《麥田群鴉》、《星夜》等，都能給人極強烈的動態感覺。**高更**自創平板色面，用平塗畫法，單純線條和強烈色塊，畫大溪地的質樸原始的風土人物。一八八三年左右，又有「新印象主義」，**塞拉**、**薛涅克**、**克羅斯**等人，作畫時用許多純色或對襯色的「小色點」，交錯去畫人物與風景的色相，叫做「點描畫法」。

一八七〇年，普、法發生戰爭。第二年，法國戰敗，割地賠款；法國人組織「巴黎公社」，要實施改革；但卻遭到君主黨鎮壓，好幾萬人被殺。法國人把十九世紀最後的一段年代，稱爲「世紀末」。詩人、作家、藝術家充滿著沮喪徬徨，頹廢絕望的心理；他們想建立一套新的文藝觀，過去著重描繪外在世界，現在開始探索內在世界——描繪心裡的幻想、夢、潛意識與欲望；於是歐洲在繪畫方面，產生了「唯美、象徵、那比和分離」等畫派，總稱爲「世紀末繪畫」。「唯美主義」發生於英國，提倡「爲藝術而藝術」，作家有王爾德，畫家有**畢爾茲利**。一般文字只有一個意義，「象徵」則含有多義性。法國在十九世紀末產生了不少著名的象徵派詩人，有蘭波、魏爾連、馬拉梅等；他們都參加過巴黎公社的革命活動，以詩歌表現失敗的感傷，所作詩大多含意朦朧，情感頹廢。**丹尼斯**說：「象徵主義，就是以色彩和形象來傳達或翻譯靈魂的藝術。」法國的象徵派畫家與作品，**夏凡諾**的《夏》就是畫一個世外桃源。**摩洛**多取材《聖經》故事與希臘神話，遠離了現實世界，設色陰鬱濃麗，情調浪漫神祕。**魯頓**描繪他心靈的幻想，如《獨眼的巨人》，色彩鮮麗，形象變形。英國的**恩緒爾**多畫「假面具」，象徵現實中的人們，大多悲傷痛苦，但也有僞善、邪惡的。「那比」一詞，意謂「預言家」；法國那比派，在一八九〇年活躍於巴黎，爲一綜合性畫派，像**波納德**用許多表現動態的曲線作畫，形成一種閃爍的特別的光影，所作《逆光的裸婦》就是這類作品。**維亞爾**的《奔跑》，**丹尼斯**的《塞尚頌》、《雌雞與少女》也都是相當成功的作品。德國**希土克**在一八九二年在慕尼黑發起組織「分離派」。一八九七年，奧地利**克林姆**等在維也納也成立「分離派」。他們都是不滿學院派的保守觀念，反對畫家工會的限制，而從舊的藝術團體分離出來的。奧地利**克林姆**偏重表現「女性」，**席勒**偏重「死亡」，**可可希卡**偏重「粗強筆觸」，所作各自不同。**希士克**的作品比較柔和優美。

一八八〇年至一九一〇年左右，產生「新藝術」，主要用於室內裝潢與工藝設計，當時設計家有**麥肯塔希**、**賈列**、**華格納**等人。這種裝潢藝術、設計藝術發展到今天更形複雜，已成一門專業。室內裝飾除牆壁、樓梯外，還有天花板、燈飾、擺設，工藝品擴展到別針、小擺設、洋娃娃與玩具等等。

從一八九〇年到今天，一百多年之間，由「前衛運動」而「現代主義」而「後現代主義」造成世界性的藝術思潮，各國的藝術家創造了許多新作品。這三個時期的藝術家，曾不斷地嘗試採用各種新技法，去創作新作品新新作品，但在技法與觀念上仍然有許多交集之點，可說既延續又變化，既變化又重疊。

在前衛運動與現代主義時期的美術，有法國**馬蒂斯**、**杜菲**等人的「野獸派」，西班牙**畢卡索**、法國**布拉克**等人的「立體派」，義大利**巴拉**等人的「未來派」，阿爾薩斯**阿爾普**、法國**杜象**等人的「達達主義」，挪威**孟克**、德國**諾爾德**、**馬克**等人的「表現主義」，古巴**阿扎謝塔**、法國**克里門蒂**等人的「新表現主義」；還有「抽象主義」，包括：俄國**康丁斯基**、德國**克利**的「構成主義」，俄國**馬列維基**的「至上主義」、荷蘭**蒙德里安**的「新造型主義」、德國**史維特斯**的「墨茲主義」等。還有義大利**契力柯**等人的「形而上派」；俄國**夏加爾**、德國**埃倫斯特**、西班牙**米羅**、**達利**、比利時**德爾沃**、法國**坦基**、**馬遜**等人的「超現實主義」。畫家約五十人，或採用濃烈的色彩，或用幾何圖形、其他圖形，或用變形摩擦誇張轉印的技巧，或用自動畫法，或用拼貼的方式，或對照襯托，或象徵暗示，描畫外在世界，更進而表達心象：幻想、夢境，情欲、潛意識、感情與思想。

在後現代主義時期的美術，有西班牙**索羅亞**、法國**畢費**、奧地利**瓦沙**等人的「新具象藝術」；美國**李克登斯坦**、**沃霍爾**等人的「波普藝術」，目的在美化商品；英國**吉爾伯特**和**喬治**的「新波普藝術」，表現當日社會的現象；美國**諾蘭**、**斯特拉**、法國**瓦薩雷利**、英國**萊莉**的「歐普藝術」，又稱「光效應藝術」，它會促使我們的視覺產生顫動、位移、變形等等錯覺、幻視的現象；美國**克洛斯**、**漢森**的「超級現實主義」，利用攝影洗照片的技巧作畫，務求畫出來的畫像，比相片還要真實；**科蘇斯**的「觀念藝術」，主要在表現畫家的觀念；法國**克萊因**的「人體藝術」，利用人體作畫或在人體上作畫；美國**史密遜**的「大地藝術」，就是我國的「造景藝術」，主要在美化人類的生活環境；美國**紐威爾**、**洛納**的「電腦藝術」，在電子計算機幫助下，製作藝術品；還有「性與女權運動」，表現「雌雄同體」的理念等等。

最後一節要論介的是「美國的美術」。美國從一七七六年獨立至十九世紀末（一九〇〇年），不過一二五年，歷史很短，又偏重物質與科技，藝術的起始很晚，發展又很慢；但在兩次世界大戰中遠離戰火，歐洲有一些藝術家移居紐約，世界的藝術中心一度由巴黎移往紐約，因此也產生了不少畫家。美國的美術起於十九世紀末，有**惠斯勒**和**沙金特**作有歐洲風味的作品，又有**荷馬**、**伊肯斯**和**萊德**，被稱爲「三大家」。**亨利**前往巴黎學畫，回美國後教畫；一九〇四年，他在紐約創辦美術學校，和費城的畫家**格萊肯斯**等人結合，形成「新寫實主義」，作品有**白路斯**的「拳擊」、**史龍**的《草市戲院》等。一九〇四—一九一二年之間，美國有一批青年畫家，前往歐洲的巴黎等地學習，在第一次大戰前回到美國，他們試驗新技法，「現代主義」的繪畫才輸進美國，色彩強烈，筆致簡單，作品有**莫瑞恩**的《曼哈頓摩天大廈》、**哈特雷**的「E」、**斯泰拉**的《光的戰爭——康尼島》、**偉伯**的《中國餐廳》等等抽象畫和立體畫，在紐約、芝加哥、波士頓展出，轟動一時，卻也遭到非常猛烈的惡評。不久，第一次世界大戰爆發，「現代藝術」在美國雖暫告「沒落」；不過，「抽象畫」卻在美國暗暗埋下了「根」。大戰結束之後，美國的藝術回到寫實的路子，畫家大多描繪美式生活的無聊與機械，如**哈波**畫一個裸婦《每天上午》都坐在窗戶邊看著窗外。一九二〇年代、一九三〇年代，美國畫家仍都以美國景物爲畫材，少數畫家如**戴維斯**仍作抽象畫，有《打蛋機》、《熊園》等。直至第二次世界大戰時，歐洲超現實派及現代藝術的一些畫家移居美國；他們提供無意識畫法、抽象畫法，不表現任何的物象，作畫可以完全隨畫家的意志自由揮灑。美國畫家採取這種新的畫法，卻又保留本土的形式，於是在一九四五—一九五五年，「紐約畫派」的畫家發展出美國味的抽象畫，叫做「抽象表現主義」，有**帕勒克**、**德·枯寧**等人的「行動繪畫」與**羅斯柯**、**斯蒂爾**等人的「形而上繪畫」。**帕勒克**在一九四七年採用「滴畫法」，就是隨意把顏色刷滾滴濺噴灑到畫布上，構成了「線條錯亂扭曲、色彩變化無常的畫面」。**羅斯柯**運用單純的色塊，構成飄渺超俗的畫境。一九四八年之後，美國的畫家不少，有**加斯頓**、**塔姆林**、**格瑞弗斯**等等，他們的技巧與風格更爲精鍊，內容也有一些新變，但大體仍然是走抽象派的畫法。

從這部繪畫史，我們可以看出：西方的繪畫是從寫實發展到抽象。技法的轉變，是從十九世紀中葉「印象派」開頭；到前衛運動、現代主義時，畫家則不斷試驗新技法，終而使繪畫走上抽象的路子，求新而又新，求巧而又巧，力求色彩、線條、圖形之美，不再講究物象的像不像。過去，西方的畫家受教會宮廷的豢養，他們不愁衣食，安心作畫，可以在教堂、在宮廷，作巨幅的宗教性壁畫，作逼真的人物肖像畫。到了後來，他們要靠賣畫維生，自然就只好多作小幅畫，題材大大拓廣，因而產生了風景畫、風俗畫、靜物畫、動物畫、工藝畫、設計畫等等。這時，畫家必須不斷地畫，自無法一幅畫畫它三四年。「抽象」畫來不像「寫實」的謹嚴、費時，並且可以隨意自由發揮，也因此爲現代畫家所喜愛。現代也有些藝術家覺得具象美，太普通太古舊了，轉而專從個人的「心象」之中，去尋求怪誕離奇的美，形式新穎的美，超越現實經驗的美，當然這也是抽象畫盛行的原因之一。不過，我認爲作畫仍應奠基於素描與寫實的功夫上，這樣才能進一步求變化作抽象畫。

最後我要說的，「美」很少是永恆不變的，多半是一剎那的，極其短暫的。夕照彩霞，一下子就淪入黑暗；春花秋楓，不幾天就凋零飄落；女人的玲瓏曲線之美，也會隨着歲月而變形；愛情會褪色，青春會衰老；人無論智愚，終歸於塵土。也因爲有這個原因，藝術家常將這些短暫的美描繪下來，使它變成了永恆的美。像義大利畫家**達文西**所畫的《蒙娜麗莎的微笑》；今天，我們猶能從他所畫的蒙娜麗莎的嘴唇與眼睛的神情，彷彿看到她那種聖潔似謎的微笑之美。許多藝術家都是爲了要將他們所見到的美，所想像到的美，長存於世界，努力創作一些不朽的作品，所以說：「畫首先要有裝飾的價值，若涵有深義則更可感人的靈魂。」

現在，藝術已走向大眾化，成爲一般人增添生活情趣的活動。求美已不限於純藝術的範圍，而且已經用於我們的日常生活之中，求生活環境的美化，用具的美觀，在實用中求完美，因此服裝設計，室內裝潢，建築造形，庭園布置，工藝製品，無不講求其美：要求形狀式樣美，色彩光澤美，線條圖案美，節奏旋律美。有的求古典美，有的求現代美。總之，現代人在生活上無不求其美；要懂得如何去欣賞美？表現美？創造美？這也是作爲一個現代人所必須具備的一種常識與修養。

《最實用的應用文》序

黃啟芳

「應用文」，顧名思義，是「應世的文章」或「應事的文章」，甚至也可以說是「應俗的文章」。人活在世間，有許許多多割捨不了的關係，因此就有許許多多推辭不了的「世事」或「俗事」，必須要「應付」，大部分的人多多少少的都有和嵇康在〈與山巨源絕交書〉中所說的七種「不堪」類似的「不堪」，但幾乎沒有人會像嵇康一樣，為了「不相酬答」、「不喜弔喪」的困擾，不但不領朋友推薦之情，竟然就寫了一封絕交信，宣布與山濤絕交，這麼做，似乎是「不近人情」了些。而嵇康所說的「不相酬答」的事，正是因為「人間多事」造成了「堆案盈几」的負擔，而必須勉強去寫的「應世的文章」或「應事的文章」。嵇康如此，唐宋八大家之首的韓愈在〈與馮宿論文書〉中也說：「時時應事作俗下文字，下筆令人慚。」「應事作俗下文字」說的就是「酬答」性質的「應用文」，韓愈竟然稱之為「俗下文字」，而寫這種文章，竟會讓自己覺得慚愧，怎會呢？同樣是八大家之一的蘇軾，在〈答劉巨濟書〉中也說：「昔在科場，不得已作應用文，不幸為人傳寫，深可羞愧。」蘇軾首先把嵇康的「酬答文字」或韓愈的「俗下文字」統稱為「應用文」，而對自己早年不得已寫的「應用文」被人們抄寫流傳，也竟然會覺得「深可羞愧」！

看來，寫作「應用文」不僅是令人不愉快的事，更會讓人深感羞愧呢！不過，話說回來，「應用文」既然是人間必須有的文章，那麼活在人間，就無所逃避，必須要面對它，何況，嵇康擔心一旦做了官會有「堆案盈几」的應用文必須處理，也是特殊的情況，不能作爲通例；蘇軾雖然後悔曾經寫過，畢竟還是繼續的寫；韓愈更是只有在臨下筆時才會「慚」一下，一生寫的「應用文」可多著呢。原因無他，「人間多事」，迴避不得呀！

古人所說的「應用文」，範圍很廣，舉凡詔誥、章表、箴銘、賦頌等等都在內，清代姚鼐加以整合，併成十三類，而編成了《古文辭類纂》，這十三類是論辨、序跋、奏議、書說、贈序、詔令、傳狀、碑誌、雜記、箴銘、頌贊、辭賦、哀祭。在這十三類中，有的名稱已經不符時代的現況，如奏議、詔令兩類，如今歸入了「公文」中，其它各類，名稱或許已經不同，內涵則大抵仍然被沿襲，繼續發揮著溝通人際關係的作用。這類「應用文」，即在古人，也並非人人都能擅長，只有學問深厚的人，才能下筆成章，文理得宜，像嵇康、韓愈、蘇軾這些飽學之士，所以會有不願酬答，下筆慚愧或覺得後悔的情形，正因爲以他們的學養，寫出來的文章，不僅可以使收受者榮耀並視若珍寶，更可以藉他們的文字留名千古，但也增添了這些文人的負擔，一旦成爲人情包袱，往往必須「言不由衷」的寫作，有時難免會成爲自己盛名之累，就不免會產生前述的悔恨逃避之言了。

寫作「應用文」已經不是簡單的事，那麼教人怎麼寫「應用文」，就更是難上加難的了，要非「學富五車」，至少也是箇中老手，所以對於所有撰寫「應用文」書籍的人，除了佩服還是佩服，因爲自己實在沒有這個能耐和勇氣。如今，方祖燊、黃麗貞兩位伉儷教授，聯手編撰，花了一年半的時間，完成了這一部《「最實用」的應用文》，並將由「國家出版社」林洋慈社長負責出版。方教授電話指示，要我寫序推介；林社長當面要求，更限期交稿。方教授、黃教授伉儷是八閩鄉長，相識多年，多承不恥下交，平日諸多褒獎，如今如何推辭？林社長熱心學術文化，不惜成本，不計盈虧，爲學界朋友出版學術專著，既是孝子，又重義氣，是難得的朋友，也難袖手。只好勉強應承。好在「酬答」在我，成人之美，絕不致有昌黎公「下筆令人慚」之感覺。

這本《「最實用」的應用文》全書共十三章一百零九節，泛覽一過，已可見其架構之新穎與內容之豐富充實。第一章開宗明義，論述「應用文」之意義、種類和寫作原則；以下十二章，分別爲「日記」、「社交」、「習俗」、「傳記」、「出版」、「論說」、「廣告與啓事」、「公務」、「會議」、「法規」、「契約」、「書狀」等十二類。每類多先交代其濫觴或淵源，次談用途、作法，再舉範文爲例。綱舉目張，條理井然。「應用文」既是應世之文，就必須以切合時代需要，講求實用爲前提。本書既稱爲「最實用應用文」，則必有配合當前實際狀況之新創，譬如第三章「社交類的應用文」之第四節，即列「電子郵件」一節，說明電子郵件的意義及如何操作收發電子郵件。又當前國家考試除作文之外，例要擬作公文一篇。第九章「公文類的應用文」即針對這項需求，以八節篇幅針對公文的各項重點詳加說明，並以「公文考題評析」爲提示，總結「公文」作爲考題的特性，大有助於應考者需求。再者，第一章以「日記」爲應用文，實爲本書獨創，足以一新耳目；第十章列「會議類的應用文」，極切當前各界需要。

總而言之，全書美不勝收，既能使讀者掌握各類「應用文」體式上之要求，更能引領讀者體悟寫作「應用文」之基本觀念。無論那一類「應用文」，最重要的還是「文章」，要把「文章」寫好，沒有捷徑，只有長期涵養，不斷精研。「希望也能夠寫出一些可以膾炙一時的文章，可以傳誦後世的好文章。」這是兩位教授編纂本書的苦心，讀者其深體之！是爲序。

世新大學中文系教授
國語日報董事長　黃啓方謹序
民國九十六年歲次丁亥之中元

現代版的應用文大全

——序《最實用的應用文》

林　良

應用文是我們在生活和工作上經常用到的「文字表達」。朋友給你來信，你就得給他寫封回信，「書信」就是一種應用文。在公司做事，有話要向上司陳述，上司總是要你「寫個報告來」。「報告」是一種公文，公文也是應用文。

最初編寫應用文參考書的專家，著重的只有書信和公文兩項。後來的編者不斷加入新材料，例如契約、柬帖、對聯、廣告、收據等等，內容變得越來越豐富，文類也變得越來越多樣。這局面給參考書的編者帶來新的困擾：論述常有遺漏，難以求得完備。

這本《最實用的應用文》，以「實用」爲書名，暗示的卻是它的完備，因爲只有完備，才談得上實用。編者搜求材料，用心到「細大不捐」，所有文類，無一遺漏。這是本書的第一特色。

本書的另一特色，是能照顧到現代人在生活和工作上的需要，增添了許多現代應用文的文類，是之前的應用文參考書所沒有的。例如：電子郵件、存證信函、講演稿、名片等等。

這兩項特色，使本書成爲一部最完備的「現代版應用文大全」。

本書體例，每一文類都有論述、寫法、範文三部分。論述部分，最爲精采，可以拓寬讀者的眼界。範文部分，常有名家精品，也值得一讀。

本書編者方祖燊、黃麗貞賢伉儷，是我的好友。他們都具有作家和教授的身分，寫書編書的經驗非常豐富，列隊待寫的書還有很多。這次編寫這本實用的書，動機來自「友誼的邀約」。國家出版社社長林洋慈，是邀約他們寫書的老友，也是我的舊識。他出版這本厚達五百多頁的大書，足見他的眼光和魄力，以及「只求對讀者有益」的出版精神。

看到好友們歡喜合作，完成一項浩大的寫作工程，當然很替他們高興。本該提著花籃前去道賀。現在就以這篇短序，作爲我送給他們的一束玫瑰花吧。

二〇〇七年十二月一日寫於臺北

《最實用的「應用文」》自序

黃麗貞

「應用文」和「修辭學」，分別是我在大四、大三時的必修課程，在書籍奇缺的那個年代，這兩門範圍廣、難度高的學科，老師教得很辛苦，學生學習的成果也不是很理想的。但這兩門課，「修辭學」是師範生在日後教學所必需的；「應用文」更是踏入社會後，在工作上如：辦行政要簽公文；組織公司，要寫成立章程，籌辦會議要作紀錄。尤其是在生活上，如租房子、買預售屋，都要訂契約；寫信寫日記寫便條；男婚女嫁，料理各事；替父母祝壽，幫長輩治喪：也都需要有基本的觀念與能力。我一生從事教學的工作，對修辭學和應用文的需求，當然更加殷切，因此更加倍努力學習與研究。《實用修辭學》一書的寫成，就是這樣的一個努力過程的紀錄。

我畢業後，「應用文」在社會上的需求日益明顯，師大國文系也越來越重視這一門課，除了在本系擔任這門課的教師要加強教學外，也要求擔任外系的「大一國文」的教師，對學生也要抽出一部分的時間講授應用文。雖然如此，但應用文的教學，即使是本系一學年四學分也仍感到不夠，更遑論在大一國文裡蜻蜓點水式的講授了！當學生畢業後踏入社會，才切實地體會到應用文，於公於私，都應該有相當的認知；這是生活與工作都必須具備的一種知識與能力。

「應用文」這三個字，本身就呈現出它的「實用」性；也就是說，它是人人在現實社會和實際生活裡，必須要運用到的各種文字的修養及能力。當每一個人面臨某種情況，要處理某一件事時，你必須有處理它的能力。仔細想一想，每一天每一個人的生活裏，真的都會接觸到不少「應用文」。就以房子來說：租房子住，把房子租給人住，買房子，賣房子，把房子抵押，你就要懂得簽訂合意的「契約」，才不會吃虧。找到了工作，還可能要寫「承諾書」或「切結書」。病了，在醫院接受治療或手術，都要寫「手術同意書」。在學術界工作，要懂得寫論文，做報告。開公司，做生意，要懂得怎樣登記註冊、取得商標，要懂得如何行銷做廣告宣傳，要讓產品成爲消費者的最愛。無論你從事哪一種行業，是什麼地位身分，拿出一張小小的名片；要怎樣設計？才能讓人看過名片，就清楚你的行業、職位和工作特質。即使給人寫一封信，怎樣才讓收信的人感動？達到寫這封信的目的。最恰當地，記下自己的際遇、對人對事的情思……種種切切，莫不涵蓋在「應用文」的範圍內。

應用文涵蓋的範圍雖說這樣廣，但隨著時代的腳步向前，今天應用文的包蘊又更邁出大步，進入「多樣性」、「多元化」。我在大學時代，年輕人找工作不難，要得到錄取僱用，找人推薦，寫個「八行書」，是社會之常態；當時寫推薦函，總是爲介紹工作。現在，「推薦書」很多和找工作無關；我一輩子在師大教書，時常爲學生申請獎學金寫推薦書，爲學生投考研究所寫推薦書；有時學生要申請國外研究所，還要配合外國學校要求，按照項目填寫推薦的文件，然後密封直接寄回。現在，各大學研究所指導學生寫論文的教授，在論文完篇後，可能還要為學生提出「可以應試學位考試」的推薦書。現在，找工作的主要管道，是經由報紙徵求人才廣告，電腦網路的資訊，自行報名應徵，已不再要求什麼「八行書」了，以避免人情問題。男女結婚，也不需按照老傳統的「三媒六禮」；「要式結婚」，也沒有法律的效用；立法院通過，明年以後，最新的結婚方式，必須要到戶政事務所去辦理「登記」，才有法律的保障。

我們在寫這本書的時候，看過許多本《應用文》；但從當前的實際情況，瞭解到現在的「應用文」，從政府的法規公文，到民間的名片便條，都已經有非常大的「革新變動」。就拿「公文」來說，已由「直式改為橫式」不說，甚至連「字體、字號、用紙、形式、用詞、結構」，都有嚴格的規定。廣告製作，更是花樣百出。對聯燈謎，尤見巧思萬千。公務類的應用文，牽涉到高考普考特考，這裏所引例，力求簡單，其繁雜多見附件；由簡馭繁，蓋便於初學練習。

我們的構想：這一本「應用文」必須「新舊並容」，像祭文對聯，元宵節燈謎，仍在現代社會中運用；從往日書信，又衍生出「存證函」、「電子郵件」等新功能、新傳遞法。今的名片，有的已加入廣告的功能。契約類，也收入自行安排身後事的「生前契約」。因為類別眾多，內容繁增，則力求文字的精約簡要；為了使讀者可以自修練習，對各類應用文的特質、形式與概念，都加介述，並引例子說明。其範例，有改寫，有創作，以便於學習者參考，所引例不多，以實用為上。契約、法規、書狀三類，多跟法律有關，多據之法律條文，多讀幾遍可以增加你對法律的知識。

全書四十萬字，希望能為現代人在公私各事的處理上，提供一些參考和協助。

在退休滿兩周年的時候，又和祖燊完成了這一本《最實用的應用文》，在我倆都已是暮年的歲月裏，還能在思理上整理這許多煩煩瑣瑣，真是很值得快慰的事！

民國九十六年八月三日　於新店花園新城桃林樓

《最實用的應用文》的種類

方祖燊

「應用文」，究竟是怎麼樣的一種文體呢？說明白一點，應用文就是實用文，就是我們大家在生活上時常要使用的一種文章，在社會上時常要使用的一種文章，在工作上時常要使用的一種文章。

我們從上古人類以結繩記事，伏犧以書契記事來看，這時雖然沒有文字，但爲生活與工作的實際需要，事實上，「應用文」早已經存在。到倉頡創造了文字，甲骨上的卜辭，占吉卜凶；鐘鼎上的金文，歌功頌德：都是從實用的觀點而撰寫的文辭。到《六經》時代，《書經》載錄的都是會議記錄與文告、誓詞，等於現在公務類的應用文；《春秋》，跟《書經》不同，是偏於記事，也是實用的文字。《詩經》收集的歌謠，大多是「抒情」的詩什。三《禮》、《論語》、《孟子》、先秦諸子，則是攄發思想的「載道」的文章。由此看來，文章大體可分「抒情性」、「思想性」和「應用性」三大類。——這部著作所要探討論述的，就是「各種應用性的文章」。

現在，根據現代生活、社會與工作的需要，把常常使用的實用文，分做：日記類、社交類、習俗類、傳記類、出版類、論說類、廣告與啓事類、公務類、會議類、法規類、契約類、書狀類等十二類，分章詳細論述。

一、日記類：在小學時候，老師要我們學習寫「日記與週記」，說：「這是生活上需要的實用文，也是學習寫『作文』的基礎。」後來，我們才知道：上船做船長要寫「航海日誌」。做將軍也要把打仗計畫與戰爭進展，用日記寫下來，所以曾國藩才要長期寫日記。做外交官、做總理的，也要把每天發生的重大事件記下來做「備忘錄」用的。所以，清曾紀澤出使時就作有《出使英法俄日記》，翁同龢就寫有《翁文恭公日記》四十冊、《翁文恭公軍機處日記》二十冊。

二、社交類：書信、便條、名片、電子郵件、紅束白帖、題辭，都是現在在社會上和親戚朋友，交際應酬，常常會用到的應用文。尤其是書信，自古來就有許多名作，辭采瑰麗，文思暢發。便條，就是短箋、小札，寫些簡單的小事。名片，主要是用來介紹自己，還可作廣告用，作便條用。電子郵件，是最新科技的產物，快速高效能，許多人都使用網路電子郵件來通訊。如何操作收發「電子郵件」呢？這裏也有極簡要的介紹與說明。「紅束」指的是婚嫁慶賀的束帖，白帖指的是喪葬的束帖，還有應酬束帖、禮帖禮單謝帖等等。題辭，有幛軸、匾額、題像、冊頁、一般等類，所題文字，各自不同。

三、習俗類：這是由我國傳統的習俗與文化而產生的應用文，像喪葬、祝壽、婚嫁、對聯和燈謎，充滿了中國的色彩與情思；這種傳統的無形臍帶在母體內即已存在，任何人都無法改變；你們到美加歐澳都可以看到：「中國城」、「中文報」和華僑過年做壽的中國味兒。喪葬的應用文，包括：報喪的訃文，哀悼的輓歌、輓聯、輓幛、與題辭，辦理喪事的謝啓，簡述死者的事略與哀啓，祭告在天之靈的祭文，議諡的誄辭；還有由器銘與刻石的自誡與紀功，而產生的紀功碑、墓碑、神道碑與墓誌銘等；歷代都流傳下這類抒寫真感情與真事蹟的好文章，這裏特別註譯了一些名家的作品。做生日，祝壽，設宴款待親友，似乎是全世界的習俗；我國有送壽幛、百壽圖、壽聯、祝壽詩與壽屏來祝賀人的壽誕。婚姻是一對男女的終身大事；現在，臺灣結婚除保持傳統的一部分禮俗之外，結婚還受現代法律的約束。結婚證書、禮單、喜帳、喜聯，是結婚的應用文。但在這裏，我們要特別告誡年輕人的，是千萬不要爲愛情沖昏了頭；現在離婚率一天比一天增加，要懂得怎樣保護自己？尤其是「夫妻財產制、子女監護權與贍養費」，還有「離婚協議書」等等問題。婚前詳細地讀一讀這一節，也許對你有些幫助。對聯，是我國才有的一種特殊藝術，如何撰寫與欣賞對聯？這裏論介了十三種對聯，應該是很有情趣雅味的，可以賞心悅目的。燈謎，也跟對聯一樣，是我國傳統的富有趣味的產物，有它特別的寫作方法。

四、傳記類：我國記載一個人一生或片段的言語與事蹟的文字，早就存在，數量極多。方祖燊編註《古今文選》，我們編纂《大辭典》；撰寫各種專著，像《西方繪畫史》、《中國文學概論》；不知寫過多少篇傳記。大家一生讀過多少名人的軼事、傳略、傳記。大家在求學、謀事的過程中，又寫過多少篇「自傳與簡介」。在這一章裏，我們把從蒐集資料、處理資料，到撰寫各體的傳記：傳略、軼事、編年體傳記、紀事體傳記、編年與紀事混合體傳記、評傳、自傳與履歷表的寫作方法，告訴大家，並舉範文說明，以供各位進入研究所、進入社會工作時參考。

五、出版類：自古來，許多書籍與著作刊印出版，作者爲介紹內容，爲宣傳廣告，因而有「序、跋」之類的應用文產生。今日，出版業尤爲發達，幾乎每一分鐘就有一本新書問世，新型的各種雜誌也不斷死亡誕生。所以，做編輯的還要寫「發刊辭、編後語、書籍提要與簡介」；做書局的「叢書、辭書」主編人，還得撰擬「編纂的凡例」，作大家編撰文稿時的依據。各大學都設有碩士班博士班的研究所；當你考進了研究所，要如何撰寫「學術性的論文與著作」？當你參加學術研討會，要如何擬定「演講的計畫」？一般說來，撰寫學術性的論文與著作，還得先擬定「大綱細目」，書後要附「主要參考的書目」以及自己的「著作目錄」，有時還得編「附錄與索引」。做作家的，自己出書要寫「自序」，也常爲別人撰寫「序跋」。這裏，詳細說明出版類的各種應用文的寫法，並舉範例說明。

六、論說類：今天，用到議論文與說明文的地方非常多，教學、演講、辯論，在議壇上質詢與答問，科學技術的論介，各種商品的說明，無不需要這一類文字。論說類的應用文，日趨重要；所以在這一章裏，我們特別詳細地論述「說理推論的方法」二十多種；希望大家能夠理解並應用其方法於「說話與寫作」；希望能把話說得動聽，把文章寫得有理。並兼論：如何做「簡報」；「說話」與「演講」之技巧，亦舉有例子與範文。

七、廣告與啓事類：廣告與啓事都是從英文（advertisement）翻譯過來的。我國早先雖沒有「廣告」這一名稱，但實際早已有廣告的這一事實存在。古人是從「宣傳、口碑、標幟、招貼、招牌、圖繪、繡像……」各方面，以期達到「引人注意的廣告效益」。「廣告」真正的產生，我國是在「商業性報紙」發展的時候。現在，無數新產品不斷產生，觸目所見，都是「廣告」。就「媒介」來說，有招牌、商標、圖象、報紙、雜誌、郵寄、派送、招貼（如戶外與車廂）、陳列（如櫥窗、展示場、大賣場、樣品屋）、無線電播音，電視臺播放、電腦網站、霓虹燈等等，商業愈發達廣告愈來愈多。怎樣刊登廣告？撰寫廣告？設計廣告？才能引起大眾最高度的「注意」。如何提高大眾的「注意値」（attention value）？這是這裏要特別論述的一些重點：黃金時段、刊登位置、版面大小、重複出現、色彩圖象、形象孤立、顧客心理、文字與語言、平實、誇張、新奇、逗趣、報導新聞、香氣、易讀易聽、陳列、暗示、本能等十八條，提供給各位登廣告、寫廣告、設計廣告時參考。最後，我們還談到：寫作廣告的重點與佳例，以及「廣告文案」的製作，以及啓事與標語的製作等等問題。

八、公務類：在一般人的心目中，所謂「應用文」就是處理公務的文書。簡單地說，就是「公文」。現在，政府頒布的公文類別：有令、呈、咨、函、公告及其他。「公文」是非常複雜的；它有一定的「程式、條例與寫法」；甚至連「字體、用紙」都有特別的規定，都要公務人員嚴加遵守。現在，「公文」並由「直行格式」改爲「橫行格式」。過去做祕書的人，簽稿擬稿的人，都要細讀《文書處理》一書，才能寫好公文。在這一章裏，我們從「過去，公文意義與公文種類」、「現在，公文程式條例」、「其他公文的種類與範例」、「文書處理的過程」、「政府規定公文書格式參考規範」、「公文結構的說明」、「公文的慣用語」，而談到「各類公文的作法與範例」。還有高考、普考、特考的「公文考題的評析」，以「函」最多，闡釋「函」的結構及其範例。

九、會議類：三個以上的人，聚集一起研商討論一些事情，以尋求解決問題的辦法，這就是「會議」。現在，人們開會頻繁，大概有：報告、討論、研討、電話、座談、分組、正反等七種方式。會議是用以「集思廣益」，解決各種問題。民國五十四年七月二十日，內政部公布《會議規範》一百條；以後，政府的機關開會大體都以此規範爲規範。要如何做，才能開好會議？這裏把《會議規範》濃縮重編來說明：做主席的該如何主持會議？出席人該如何參與會議：發言、提議、討論、修正、表決及選舉？會議應用文大抵只有：「會議通知、會議提案、會議議程、會議紀錄」與「開會程序」幾種吧，這裏一一舉例說明。我們做一個現代人，如果不懂得開會的規範與程式，不懂得如何提案？如何討論？如何表決？如何作記錄？那你就無法融入現代社會，參與活動。

十、法規類：我們分從：條例、組織、章程、規則、細則、辦法、綱領、標準、程序、簡章與須知等節，舉例說明其內涵與作法。這一類應用文，有許多本身就是法規的一部分，由政府擬定的；都是「條列式」的，就是「分條分款」一條一條地列述。當然，各種「法規條款」也都是由「人」撰擬出來的，這就像「神」也都是由「人」界定的一樣；也許有一天，也有人請你撰擬一些「法規條款」，讓大家來遵守辦理。

十一、契約類：契約書的「中間部分」，跟「法規類」一樣，也是「條列式」的，要分條分款地「寫」；但「開頭」要加上「立契約書人：甲方、乙方，玆爲○○事宜，雙方同意訂定本契約。條款如下，以資共同遵守」。「結尾」也要加上「本契約壹式貳份，由雙方簽署後生效；雙方各執壹份爲憑。立契約人：甲方（簽章）、乙方（簽章）」，最後「中華民國年月日」，就是簽約日期。「契約」是經雙方當事人「同意而訂定」的，牽涉到權利與義務；政府為避免雙方事後的糾紛與訴訟，在《民法》裏訂定有關各類契約的法規條款，以供「訂立契約書」時參考。「契約是跟法律」有極密切的關係，將來你要跟別人簽訂契約，不可不細讀這一部分。我們在這一章裏，首先討論到「買賣契約」，並舉「預售屋買賣契約」、「房地產買賣契約」兩個範例。其次，論介：「租賃、借貸、僱傭、承攬、旅遊、出版製造、合夥、和解、保證、委任、運送、電腦、贈與、倉庫、保險、互易、交互計算、合會」等十九種契約與法規，都是依據《民法》作詳細扼要的介紹。兼論及「著作權法」，以供著作人參考。最後談到「單據」；因為訂立契約，自然有「金錢與貨物」的往來，就跟「單據」有關。

十二、書狀類：是指具有法律效力的一種文書，但不是「訴訟用的書狀」，是當事人為享有權利與履行義務而簽署的乙份文件，亦屬「信守文書」，性質跟契約相似。但契約是當事人雙方協議而簽訂的壹式貳份文件，各執乙份為憑；書狀則是單方簽署的壹份文件，交給另一方收執，作為憑證。書狀的種類很多，完全以內容為主體，常見的有：證明書與執照、說明書、推薦書、志願書、道歉書、悔過書、保證書、切結書、同意書、承諾書、催告書、通知書、存證信函和遺囑等十幾種。名稱不同，其內容與格式也就不同。我們在這裏分別論述其意義、功能與小類，並就內容舉例說明其寫法。

《方祖燊畫論與畫作・序》

楊震夷

三年前，讀過方祖燊教授的《西方繪畫史》，那是從原始繪畫談到廿一世紀電腦繪畫的宏偉之作，今又有幸拜讀《方祖燊畫論與畫作》巨著，乃是由個人的思維及經驗出發，進而探討、開拓自己的繪畫領域，讓人在文字和圖片中體會到他那無私奉獻出的良知良能，他肯將自己所悟所証整理付梓，愛好繪畫的朋友有福了。

芬蘭著名美學教授赫恩（Yrjo Hirn）所著《藝術的起源》裏說：「藝術的衝動是由於人類原始的感情狀態，本能上有向外表現的傾向；表現的結果，能增加快樂而減少痛苦，還可以引發別人的同情；這種感情的互動，是個人的也是社會的。」他的這番道理，方祖燊教授在所著《生活藝術》序言中也有論述，大意是說：在我們生活中，自不免時常會遇到不如人意的事情，面對著這些現實問題，如何尋求解決的方法，又如何提升生活的境界？在知識爆炸的時代，如何充實自己的心靈？在單調的日子裏，怎樣尋求適當的愛好？……。如今，方祖燊教授以自我的鑽研所得，說明繪畫是人們優質生活的一部分，它流露愉悅，也鋪陳苦澀，但卻是自由自在的，可以隨心揮灑、隨手而就，它是最簡單、最方便的幫手，幫助自己宣洩感情，向外界表現自我，既能充實自己的心靈，減少內心的痛苦，同時引起別人的共鳴，給社會大眾帶來精神上的滿足和慰藉。正如唐代張彥遠所言：「夫畫者，成教化，助人倫，窮神變，測幽微。」以中國為主的東方藝術思想，有所謂「畫道」，即引導畫者的道路；身為畫者，當首重個人的修為，始能對他人對社會產生正面影響，以期「振妙一時，傳方千祀。」

方祖燊教授的治學治畫，有農家樸實憨厚的精神，令文藝界非常折服和欽佩。他生於福建福州市，幼逢抗戰，即離鄉背井；福建高農畢業後，隻身前往臺灣，謀生求學。旋考進省立師範學院，埋首苦讀，博學強記，圖書館的書籍圖冊，都成為他的知識寶庫；他一年暑假，就看完了朱生豪譯的《莎士比亞戲劇全集》。他的讀書筆記和心得，一一轉化為評古論今的篇章，談詩文、評小說、論畫藝，皆有獨到的見地，不時在報刊發表，備受學界與藝界以及新聞界的稱讚。以後因工作的需要，還自繪插圖以配合電視播出，嗣又得賢內助黃麗貞教授的鼓勵，便發揮了他繪畫秉賦，創作源源不綴，資質加上勤奮，老來更見功力，渾拙厚重的色彩與筆觸，已樹立了個人的風格。臺灣個展，深獲好評；後應邀參加北京舉辦「中華書畫名家作品全國城市巡回展」，甚受世人矚目與推崇，也引起同好者對方祖燊教授繪畫的奧秘之探討。

繪畫，多始於興趣，由盲目亂畫、信手塗抹，全由自己的喜好着手。豐子愷在〈我的學畫〉一文中說：「我在十一二歲時就歡喜『印』《芥子園畫譜》，所謂『印』，並不是開印刷廠來翻印那畫譜，就是用一張薄薄的紙，蓋在《芥子園》上面，用毛筆依照下面的影子而描一幅畫；這真是所謂『依樣畫葫蘆』，但那時我也十分滿足，雖然是印的，但畫中筆筆都是曾經過我的手，似乎不妨說是我的畫了。」其實，很多畫家都有過類似的模寫過程。

身處廿一世紀，除了紙筆墨及畫譜外，還增加許多用品和工具，目前在小學已普遍使用電腦了，每學期有一兩次「電腦畫」展覽於校園，雖然線條和配色都很簡單，但畫面上已具個別的創意了。方祖燊教授運用電腦作畫的經驗，非常新鮮，他記述其中一幅畫的作畫歷程說：「我們在哈爾濱住的旅館，就在中央大道附近，那晚下雨，一街積水，雨停後，大家上街散步，只見街燈燦爛，水光中映著長長的各色人影，十分美麗。這『雨後夜景』是十分複雜的；你說，我怎樣畫它？我首先把照片輸進電腦，然後用噴墨印表機，放大印出一張A4彩色照，然後根據它，在畫紙上鉤勒好輪廓，再一筆一筆地塗上顏色，該黃的黃，該綠的綠……，燈暈樹色，水光人影，該亮的亮，該暗的暗，該模糊的模糊，該拖長的拖長，我都是『依樣畫葫蘆』，畫到最後就成了這樣的一幅畫面。它在展覽的燈光斜照下，畫面的燈光好像真的燈光，返照了回來，給人不可思議的真實感。」

看了古今畫家模寫的心得，因環境條件的不同而大異其趣。

本書是方祖燊教授數十年珍貴的心悟身證之心血，內容精彩豐富，對古今中西繪畫的理論與技法，有極其精闢的高見及闡述，可說是一本破除門戶、融匯貫通、馭繁于簡的繪畫寶典，值得喜歡繪畫的朋友細讀參考，相信在思想的深層和五指之間，肯定受益無窮。

附註：楊震夷先生，是臺灣著名的國畫家與作家。

「新交融主義」：方祖燊畫論與畫作

一九一二年，蔡元培先生擔任教育總長，提倡美育，在中小學師範學校，設立美術課。一九一七年，他在北京大學「畫法研究會」演講，主張中西文化的交融，繪畫要互取短長，要以西畫物象的描寫、實地寫生作基礎，跟國畫融合一起。並派徐悲鴻留法、劉海粟遊歐，設立美術專校及藝術大學，想以西畫的理論與技法來革新國畫，要使中國畫走上現代化。其實，國畫也自有其特殊的成就，日本、韓國的繪畫都深受其影響；就是西畫某一些畫家也採用了國畫的技法。國畫多留空白，畫面用色單純，而主題集中，比較容易引人注目；像美國普普藝術家安迪・沃霍爾（Andy Warhol，一譯沃荷），這一位專爲電影明星如瑪麗蓮・夢露，食品如「康寶濃湯」所作海報與廣告的工藝畫。他的技巧，在我看來十分熟悉；因爲他早期模仿中國水墨及絹印技巧；所以，構圖簡單，畫面亦多留白；筆觸流暢，有中國書法味。

西方畫家學中國畫，中國畫家學西方畫；這在今天各國文化交流極頻繁的時代一點都不奇怪。我認爲現代的畫家作畫，自然可以採用中西古今的各種方法；這就像大家寫作散文、小說和劇本，早就採用中西古今的各種方法；這樣子，才能夠創造出中西「交流與融合」的新新作品。這一種畫法，可以稱做「新交融主義」。《方祖燊畫論與畫作》所要建構的就是這種「新交融主義」或「新結合主義」的理想，希望大家能一起努力攀登上這畫境中的珠峰。

附英文名：新交融主義：方祖燊畫論與畫作

New-Fusionism: Fang Tzuu-shen's Art Theory and Paintings

《臺灣小學生八年獲獎作文精選》序

方祖燊

安徽大學中文系袁暉教授飛來臺北，在參加臺灣師範大學主辦的「修辭學學術研討會」時，他順道訪問我和內子黃麗貞教授，在師大文學院八樓18號的研究室。我們晤談甚歡，終成好友。

袁教授看到書架上「中國語文學會」出版的《中小學學生寫作獎專輯》，他隨手取下一本看看。他覺得這些學生的作品，內容健康向上，文字活潑精彩，不但有物，而且有序。我看到他喜歡這些學生的作品，就答應寄一整套送給他。

一九四五年十月二十五日，臺灣光復了；但臺灣在日本侵佔五十年之後，這時，臺灣同胞三十歲以下的人，不但不會說普通話，也不認得漢字，甚至講臺灣話（閩南話、客家話），也沒有說日本話那麼的方便。光復初期，兩岸同胞無法用同一語言，溝通感情，表達意見；這是多麼痛苦不便的事。當然，更不必說對我國的語文與文化的理解。第二年四月二日，設立臺灣省國語推行委員會，由大陸來臺的學者魏建功爲主任委員，何容爲副主任委員，又聘請許多語文學者專家擔任委員，在臺灣積極推行國語國文的教育。

一九四九年三月十三日，當時熱心推行國語運動的人士如汪怡、胡適、傅斯年、何容、梁容若、王壽康、齊鐵恨、杜聰明、游彌堅、洪炎秋……等人，為提升臺灣同胞與學生的國語文程度，創辦全部注音的《國語日報》，由傅斯年為董事長，梁容若為總編輯。國語日報出版的各種注音讀物，至今當在一千種以上。因為字字注有音標，極便自修閱讀，對臺灣國語文教育的普及與提升，自然有極偉大深遠的貢獻。其間，以隨報附送的週刊《古今文選》，影響尤其大。我在一九五二年二月一日，參加了《文選》的注釋語譯的工作，前後達十七年，由編輯至主編。《古今文選》在我們的手上結集為精裝本六集，約四百八十萬字；其一百六十萬字是我爬格子的字數。

在這樣的時代背景之下，臺灣一些文化教育專家，以輔導臺灣國語文教育，改進語文教育，促進語文統一，在一九五二年四月，創辦了《中國語文月刊》；並在第二年（一九五三）五月三十一日，成立「中國語文學會」。這個語文學術團體，現有臺灣的中小學校三千五百多校為團體會員，四百多學者為個人會員。《中國語文月刊》發行到今天，已經出版九十九卷五百九十四期，是全臺灣壽命最長久的一份雜誌；五十四年來，對臺灣語文教育有過卓著的貢獻。——我是在一九九〇年夏，應中國語文學會理事長劉真先生之邀，繼趙友培教授之後，擔任學會秘書長；我並請蔡宗陽教授為副秘書長，一起努力。在十年秘書長的任內，我做了三件工作：

第一、把《中國語文月刊》改版，採用臺灣畫家的畫設計封面，每期不同；約請語文專家及作家撰稿，推出「我們的話、語文論述、語文知識、兒童文學、生活與勵志、軼事與札記、文學欣賞、國語文教學、青少年園地、修辭講話、名著選介」各種專欄，充實月刊內容。這時，沈謙教授為語文月刊的主編。當時人稱譽革新版《中國語文》，像「飛上枝頭的鳳凰」。其實，《中國語文月刊》，五十四年來，早已累積了許許多多有益於語文教育的寶藏。

第二、我在一九九六年三月，在中國語文學會下面，創辦《中國現代文學理論季刊》，二〇〇〇年十二月停刊，共發行了二十期，約兩百多萬字，刊有三百多篇專門論文，包括「現代中國文學史，寫作詩歌、散文、小說、戲劇的技巧與原理，文學批評的理論，中國現代文學作家與作品的評論，修辭學，語法與文學，兒童文學，中國戲曲專論，西方文學思潮和現代文學的教學實驗」等等。

第三，就是編印《中小學學生寫作獎專輯》。臺灣中國語文學會為鼓勵青少年寫作的興趣，提高青少年作文的能力，每年都舉辦學生寫作的徵文。以往因為學會的經費有限，入選的小作者，只能贈予很少的獎金，作品也只能在《中國語文月刊》分期刊出。一九九一年，我們向文教機構申請比較充足的經費，遂向全臺灣學校徵文，致函每一所小學、初級中學、高級中學、高級職業學校，請求每一所學校精選並推薦一篇學生最好的作品，給中國語文學會。由我為召集人，學會聘請教育學者、文藝作家一起來評審。我們從各地各校寄來幾千篇優秀的作品中，經過初選，複選及決選，末附評選意見，最後選出六十五篇最傑出的作品，編印為二十五開本、一部三百六十多頁的《中小學學生寫作獎專輯》。入選的作者，給予獎金和獎狀；其作品，分別先刊登於臺灣《新生報》、《國語日報》與《中國語文月刊》。每一屆「專輯」都印了六千本，免費寄贈全臺灣各中小學校與有關的教育機構。至一九九八年，總共舉辦了八屆，出版了八冊專輯，共收錄了五百二十位青少年、五百二十篇極精彩的作品。

去年，袁暉教授在電話中，告訴我「浙江少年兒童出版社」有意從這八冊《中小學學生寫作獎專輯》中挑選一部分作品，編成兩冊選集：一冊《臺灣小學生八年獲獎作文精選》、一冊《臺灣中學生八年獲獎作文精選》，在中國大陸地區發行；希望能夠獲得臺灣中國語文學會的授權。——我認爲：這是開兩岸「文教交流」之先河，自然令人欣喜！這不但使大陸中小學學生能夠讀到臺灣中小學學生的文章，可以親切體會到他們的日常生活與情感思想；這也就像現在大陸同胞能夠品嘗到臺灣農民所辛苦栽種水果的香與甜！一樣的令人欣喜！值得大家鼓掌，喝彩，慶賀！

我十分感謝袁暉教授爲之橋梁。其挑選及再補充一些評語，都是由這邊袁暉教授、周京昱教授兩人負責；在這精挑細賞之下，這兩部精選集，其更加完美，值得人手一冊，是可以預想而期的！

在這精選集出版的前夕，袁暉教授要我寫幾句話做爲「前言」。這裡，我就將這兩本精選集之所以產生的因緣與過程，加以敘述說明。最後，並寄以殷盼，希望大陸出版社，能夠繼續跟我們學會合作，從《中國語文月刊》的寶藏中挖掘，陸續出版更多其他語文的專著。

方祖燊寫於二〇〇六年十一月二十八日

《中國歷代寓言》序

方祖燊

袁暉教授寄來一批有關《中國歷代寓言》全書的目錄與選文，要我為他們編選、註釋、今譯與評析的《中國歷代寓言》寫一篇序文，來介紹「寓言」這種文體的特質與發展的過程，以引起讀者的讀興。

一、古希臘的《伊索寓言》

我最早讀到的寓言故事，不是中國的寓言，是《伊索寓言》（Aesop's Fables），相傳為古希臘作家伊索所作的。伊索約生于公元前第六世紀，色雷斯（Thrace）人，身體殘廢，在薩摩斯（Samos）島當過奴隸，後流浪到德爾斐（Delphi），被德爾斐人殺害。伊索的被害，一說他褻瀆神明，為平民殺死；一說他諷刺權貴，被貴族殺死。有的人說：「並無此人，是後代人所假託的。」現在，希臘文本的《伊索寓言》是公元前一世紀末葉，巴布里阿斯（Babrius）所編定的詩集，到紀元後四十年才譯成希臘文。一六九二年，英國雷斯特蘭基爵士（Sir Roger L'Estrange）譯成英文，被稱為最佳版本。一七二二年，又有克羅柯索（Croxall）的英譯；這部英譯本《伊索寓言》，廣泛地流傳到英、美、法、俄各國；各國作家深受他的影響，採用其形式撰寫他們自己的寓言作品，遂形成以希臘爲起點的歐洲寓言體系，和印度寓言形成的南亞體系、中國寓言形成的東亞體系，而匯爲世界三大派的寓言文學。

(一)《伊索寓言》與其體例

我讀小學的時候，在國語的課文中就已經讀到《伊索寓言》的故事：

1. 龜兔賽跑，兔子自持跑得飛快，跑到半途停下來小睡，結果烏龜首先跑到終點，得到了勝利。
2. 狐狸吃不到葡萄，卻說葡萄是酸的。
3. 一隻狗嘴裏叼著一塊肉，看到河水裏有一隻狗嘴裏也叼著一塊肉，貪心的狗還想把它搶了過來，就向水裏的影子撲了去，連牠嘴裏的一塊肉也失掉了。
4. 一個牧羊的孩子，喜歡惡作劇地叫喊：「狼來了！狼來了！」鄉裏人聽到了，都拿著棍子、鋤頭來趕狼；這孩子看到了卻哈哈大笑。兩次、三次之後，鄉裏人不相信他的話。後來，狼真的來了。他再大聲地喊：「狼來了！狼來了！」再沒有人前來趕狼；他的羊群只好聽任狼宰割。謊言說多了，真話也沒人相信。

這些有趣的故事大都是編教科書的人從《伊索寓言》中摘譯出來的。

從《伊索寓言》這些故事，使我們了解到「寓言」這一種文體：一是故事體，二含有寓意。故事大都是很簡單、淺近、平易的，卻含有教訓、勸導、警誡或諷刺的意思。這種「寓意」，有的在故事中明顯地寫了出來，像「狼來了，狼來了」就是。有的並沒有寫出來，由於故事情節的暗示，讀者也可以體會得到所含蘊的哲理，像「狐狸吃不到葡萄，卻說葡萄是酸的」就是。《伊索寓言》中的人物大多數是動物，其次是人，少數是神和植物；所以常用「擬人的修辭手法」去撰寫故事。梁容若老師說：「這種以故事的體裁去說明道理、議論事情，比平鋪直敘的講說教訓，更有趣味，更容易感動人」，也更容易為人所接受。

印度伽斯那的《百喻經》，德國萊森（Lessing）的寓言，俄國克雷羅夫的寓言、託爾斯泰的童話，也都是非常有名的寓言作品。

(二)《伊索寓言》傳入中國

《伊索寓言》傳入中國很早。明萬歷三十八年（一六一〇），法國金尼閣到中國傳教；明末天啓六年（一六二五），有金尼閣口述，張賡用古文翻譯的《況義》三十八篇，其中三分之二出於《伊索寓言》；可說是最早的一部中譯本《伊索寓言》，雖不完全，亦可略見概況。用白話文翻譯的《伊索寓言》，有周作人（自號啓明）譯本（一九五三年，中國人民文學出版社出版）、鄭美玫譯本（一九八四年，臺北帕米爾書店出版）。

二、中國寓言的產生與發展

㈠中國寓言故事的產生以及其結構

我國許多寓言早就散見於經、史、子、集之中；在春秋、戰國時代最爲發達，許多思想家像孔子、孟子、莊子、韓非子、列子等都創造了極好寓言，像《苛政猛於虎》、《割雞焉用牛刀》，《五十步笑百步》、《揠苗助長》、《守株待兔》，《鼓盆而歌》、《邯鄲學步》，《狗猛酒酸》、《濫竽充數》，《愚公移山》、《杞人憂天》等。他們藉這些寓言故事來發表對政治、教育、倫理、時事、人生種種方面的看法。現在這些寓言所含蘊着的一些哲理，大都已經成爲我們生活上一般的常識，文人筆下常用的成語。

其實，寓言只是我國古代小說的一種。《莊子．外物篇》有一則故事，說：任公子作大鉤粗繩，用五十隻牛作釣餌，垂釣東海，終於釣得一尾大魚，牽鉤揚鰭，白浪如山，海水震蕩。任公子釣得這尾大魚後，自制河以東，蒼梧以北的人，無不飽嘗這大魚的美味。一般人只是拿著小釣竿，在小溝渠邊要想釣大魚，那就太難了。所以才薄之士，只撰寫些小說淺語，要想追求高名令譽，暢發大道理，是不容易達到的。莊子借這篇故事說：當時小說所寫、所論的都是一些小事情、小道理，不是大事與道術之所在。

也因此，班固把小說附在《漢書．藝文志．諸子略》末，表示跟談大道理的諸子有所差等。嚴格地說，我國古小說只是極短篇的故事，短的三四行，長的幾百字，包括神話、傳說、雜史、寓言、志怪、軼事、笑話、故事、瑣言、遺聞、筆記、雜論等。而寓言不同於其他故事，是它含有說理、教訓、勸導、警誡與諷刺的意思；所以寓言的結構是藉人物的故事情節來表現一種「寓意」。

莊子的《任公子釣魚》就是一則寓言。其結構是：人物（任公子）＋情節（用大餌在東海釣魚，所以能釣到大魚，供許多人食用）與人物（一般人）＋情節（拿小釣竿在小溝渠邊釣魚，自無法釣到大魚）；從兩件事比較之下，獲得一個道理：「飾小說以干縣令，其於大達亦遠矣」的結語，就是這則小說的寓意。

我國歷代的寓言作品很多，只不過沒有「寓言」專輯的名稱罷了。

一九五二年二月一日，我被臺灣《國語日報》羅致爲《古今文選》編輯，開始編選、註釋、語譯從古至今的各家作品。《列子》的《愚公移山》，是我注譯的第二篇文章（一九五二年三月二十四日刊於《古今文選》第二十七期）。這篇寓言故事共三三八字。我給加上標點符號，淺顯註釋，白話翻譯。故事的大意說：

太形、王屋這兩座山，長有七百里，高到好幾萬尺，本來在冀州的南邊，河陽的北邊。在北山有一位愚公，年紀快九十歲了。他住家正對着這兩座山，痛恨這兩座山擋住了通路，出入都要繞遠路。他就招集一家人商量要鏟平這兩阻礙。……愚公就領著他的兒子、孫子，三個人挑着擔，鑿石挖土、用簸箕把泥土和石頭運到渤海邊上。鄰家的寡婦，有一個孤兒，才八歲，也去幫忙。……住在河灣地方的一個聰明老頭兒，叫做「智叟」，前來勸他……。愚公說：「你心的頑固，還不如那個寡婦跟小孩子！就算我死了，還有我的兒子活著呢！兒子又生孫子，孫子又生兒子，……子子孫孫是無窮盡的；可是山是不會長高的，那還怕什麼不能把它鏟平呢？」這個聰明的老頭子聽了沒有話說。山神跟海神聽到這個消息，怕他不停幹下去，將會壞了山、塡了海，就去報告了上帝。上帝也被愚公的精神所感動，就命令天神夸峨氏的兩個兒子——大力士，背走那兩座山。……從此以後，打冀州的南邊到漢水的南岸，就沒有阻礙交通的高山了。

《列子》的作者列禦寇並沒有把《愚公移山》的「寓意」用文字寫出來、顯示出來，因此給人留下許多闡釋的空間。現在，我就梁容若老師的讀後感略加改動，說明其寓意。這段故事給我們的教訓，第一是「人定勝天」，也就是天下無難事，只怕有心人。用古代的說法，至誠可以感天地、動鬼神；用現代的說法，人力可以利用自然，造化萬物，只要有決心、有毅力、有計劃地去作，理想就可以實現。像現代各地許多公路都是鑿山開發出來的，近海一些城市也有靠塡海擴建出來的，蘇彝士運河、巴拿馬運河也都是人類挖斷了地峽開鑿而成的。有決心去做，困難的也就變容易了。第二個教訓是許多偉大的計劃，要靠長時間、群體力量來完成的，像長江三峽大水庫的建築，新中國的改革、開放與建設，也都是一代一代地不斷努力，才能見其效果與成功。第三個教訓是有些人自以爲聰明，只顧眼前，不管將來，只重私利，漠視公益，像故事裏的「智叟」其實就是最愚蠢的人物。愚公移山的作爲，就是古今中外的偉大政治家、發明家、創造家所共同持有一種造化萬物的精神。

(二)中國許多寓言已轉化成「成語」

自一九六〇年至一九六四年，我參與臺灣復興書局《成語典》的編纂工作，我發現許多寓言故事，都已經被濃縮、簡化成一般人習用的成語。原來故事，大都不見，只留下幾個字，況喻其意。現舉四則，以見一斑：

1.《羝羊觸藩》，比喻進退兩難。出於《周易》，說公羊用角頂觸籬笆，羊角插進了籬笆，無法拔出。

2.《病入膏肓》，形容病情嚴重，無法醫治；也比喻事情嚴重到了無法挽救的地步。《左傳·魯成公十年》：晉侯病重，秦伯派醫緩前往醫治。晉侯夢見兩個小孩子，一個說：「緩是個好醫生。我們要逃到哪裏去？」另一個說：「可以躲到肓之上，膏之下；他能奈我們何？」醫緩到了，看了說：「病沒法救了！病在肓之上，膏之下，藥力達不到的地方。」我國古代醫學把心尖脂肪叫做膏，心臟和膈膜之間叫做肓，認爲是藥力達不到的地方。

3.《近朱者赤，近墨者黑》，比喻接近好人可以使人變好，接近壞人可以使人變壞。《墨子》：墨子帶學生看人染絲。他說：「白絲放進黑色染缸就染成黑色，放進紅色染缸就染成紅色。染絲這樣，人也是這樣。」晉傅玄在《太子少傅箴》進一步說：「近朱者赤，近墨者黑。」

4.《黔驢技窮》，比喻一點點本領被人看穿了，就沒轍了。唐柳宗元《黔之驢》說：黔州沒有驢，有人用船運來了一匹驢，沒有用處，放在山下。起先老虎看到驢是一個尨然大物，以爲是神，只敢躲在樹林裏偷看。後來，稍稍出來靠近牠，還是十分恭敬小心。有一天，驢大聲一叫；老虎嚇到逃得遠遠的，以爲驢要吃牠，很害怕。後來，去去來來，看驢覺得牠並沒有特別本領，再加聽慣了驢的叫聲。又再靠近出現驢的前後，但終不敢跟驢一搏；只是走近去，跟驢狎玩，跳蕩、貼近、衝來、撞去；驢不勝其怒，用後蹄猛踢老虎。老虎因此高興地算計，說：「原來，牠的技能只有這麼一點罷！」就跳起、撲下、張開了大嘴，咬斷了驢咽喉，吃光了牠的肉，才離開。噫！形體龐大類有道德，聲音宏亮類有才能，一向不出其技，老虎雖猛猶疑懼不敢取。如今結局若是，令人悲傷！

《黔之驢》在成語中改成《黔驢之技》或《黔驢技窮》，但仍然保持原作的寓意。另外，有一些寓言故事轉化成語之後，其比喻的意思和原來的寓意並不一樣。現舉兩三則成語，說明如下：

1.《按圖索驥》，比喻按照圖樣去尋找就可以找到。明楊慎《藝林伐山》說：伯樂《相馬經》有「額頭高高，光彩照日，四蹄粗壯。」他的兒子拿着《相馬經》去找馬，出門後看到一隻大癩蝦蟆，對他父親說：「我找到一匹好馬。跟書上講的大略相同；只是蹄有點不像。」伯樂知道他的兒子很蠢，只好轉怒爲笑說：「這匹馬愛跳，不能駕車。」這就是所謂「按圖索驥」。

原作所暗示的寓意是說，一個人只有書本的知識，沒有實際的工作經驗，就會像伯樂的兒子一樣的會把癩蝦蟆誤認做駿馬。成語《按圖索驥》的喻意，跟原作的寓意可以說「完全相反」。

2.《探驪得珠》，用以贊許人作文章能扣緊主題、得體而突出。《莊子·列禦寇》說：黃河邊有一個貧窮的人家，靠編織蘆葦過活的；他兒子潛到深水得到一顆價值千金的珠子。他父親對兒子說：「快拿石頭來敲碎它！這顆值得千金的珠子，一定是在九重深淵裏黑龍的下巴下。你能夠拿到這顆珠子，一定是在牠睡覺時候。假使黑龍醒了，你還有地方藏匿這顆珠子嗎！」驪，黑龍。

原故事是說：有一個人到宋國去游說宋襄王，得到一些賞賜。這個人見到莊子，炫耀自己成就。莊子跟他講了這則《探驪得珠》的故事，諷喻他獻媚昏君，僥倖得到賞賜，還誇功忘形，不知大禍即將臨身。原故事的寓意，是靠僥倖手段，獲得暴利，風險相當大。成語《探驪得珠》的喻意，跟原作不同已大大轉變，單就字面作解釋。

㈢游說之士以虛構的寓言故事說理論事

後來，我讀到《戰國策》。《戰國策》三十三篇，記載戰國時代：東周、西周、秦、齊、楚、燕、韓、趙、魏、宋、衛、中山十二國的時事，內容多戰國策士爲其國君所籌畫的謀略。西漢時劉向輯錄整理，定名爲《戰國策》。裏面有一些游說之士創造一些寓言，藉故事的趣味，在輕鬆談話中，達到游說的目的。《戰國策》裏最膾炙人口的寓言，是：

1.《鷸蚌相爭，漁翁得利》見於《戰國策·燕策》：

趙且伐燕，蘇代爲燕謂（趙）惠王曰：「今者臣來，過易水，蚌方出曝，而鷸啄其肉，蚌合而拑其喙。鷸曰：『今日不雨，明日不雨，即有死蚌。』蚌亦謂鷸曰：『今日不出，明日不出，即有死鷸。』

兩者不肯相捨，漁者得而并擒之。今趙且伐燕，燕趙久相支，以弊大衆，臣恐強秦之爲漁父也。故願王之熟計之也。」惠王曰：「善！」乃止。

趙國要攻打燕國的一場大戰爭，就被蘇代這一個簡單的寓言所勸止！

2.《狐假虎威》見於《戰國策・楚策》：

荊宣王問群臣曰：「吾聞北方之畏昭奚恤也，果誠何如？」群臣莫對。江乙對曰：「虎求百獸而食之，得狐。狐曰：『子無敢食我也。天帝使我長百獸；今子食我，是逆天命也。子以我爲不信。吾爲子先行，子隨我後，觀百獸之見我而敢不走乎？』虎以爲然，遂與之行。獸見之皆走。虎不知獸畏己而走也，以爲畏狐也。今王之地方五千里，帶甲百萬，而專屬之昭奚恤；故北方之畏奚恤也，其實畏王之甲兵也，猶百獸之畏虎也。」

《狐假虎威》比喻藉他人威權，可以嚇人。

從這兩個實例可以看出利用寓言說理論事的好處。

㈣寓言的內容與時代、環境的關係

在魏晉南北朝政爭激烈、戰亂頻繁的時代裏，當時知識份子相信道、釋，崇尚清談，生活縱欲放誕，求苟全而避世；這時寓言故事的內容，多記名流的軼事，佛釋的思想，避世隱居的烏托邦，如：

1.《周處除三害》（見南朝宋劉義慶的《世說新語》），比喻人的改過自新。

2.《七步成詩》（亦見《世說新語》）：魏文帝曹丕逼弟曹植，在七步之內作出一首詩，否則就要處死。曹植寫了一首詩：「其在釜下燃，豆在釜中泣。本自同根生，相煎何太急？」比喻兄弟的自相殘害。

3.《現身說法》（出自《楞嚴經》），指佛力廣大，能現出種種人形，向人說法。比喻人以親身經歷和體驗來說明一種道理。

4.《世外桃源》，東晉陶潛《桃花源記》描寫一個與世隔絕、人人有工作，生活快樂的理想社會。後來用以比喻幻想中的美好世界。

由此，可見我國的寓言故事，常常隨着各代人的生活與思想而轉變。

(五)寓言與唐傳奇小說

我國的小說發展到唐代，已由粗陳故事梗概，演變成「傳奇小說」；這跟西方的短篇小說相當。傳奇，蓋指小說的內容多描敘奇異之事。魯迅說：「傳奇者流，源蓋出於志怪，然施之藻繪，擴其波瀾，故所成就特異。」我認爲傳奇小說大率以一件事爲題材、作線索，而篇幅拉長，文采華豔，情節曲折，敘述宛轉，描寫深刻動人。到唐、五代時，有一些作家採用傳奇小說來撰寫寓言故事，寄託他們的思想。如：

1.唐李公佐的《南柯太守傳》（見《太平廣記》卷四百七十五），寫淳于棼大醉夢入大槐安國爲駙馬，爲南柯太守，建立功業，賜食邑爵位，爲三台輔相，生五男二女。一家顯赫富貴，無人能比。其後公主病卒，失去奧援；又因威福日盛，爲王疑憚，送其榮歸故里；於是從夢中醒來，始悟人生一世不過一夢而已。槐安國，淳于棼夢醒後往尋，原來是槐樹下穴中的一個大螞蟻窩！李肇說：「貴極祿位，權傾國都。達人視此，蟻聚何殊？」沈既濟的《枕中記》敘盧生夢入枕中，沈亞之的《秦夢記》自敘晝夢入秦，描敘他們經歷種種榮華富貴，也都是這類「浮生若夢」的寓言小說。

2. 唐李復言的《定婚店》（收在《唐人小說》中），敘韋固遇到月下老人，對他說：人之婚事，天命注定；他將來應跟現在三歲的孤女結婚。幾經波折，韋固最後果然跟這女孩子結婚。旨在說明「婚緣天定，無法改變」。

3. 五代杜光庭的《虯髯客傳》，描寫李靖、紅拂女和虯髯客和李世民的故事。內容大多杜撰，文筆生動，描繪如真。唐僖宗時有黃巢及藩鎭之亂。這篇小說大概是杜光庭仕僖宗時所作，旨在說明「唐有天下，乃天命所歸也。」

傳奇小說體的寓言在文字上、在描寫技巧上，自然不是過去簡略的故事體，所能相比。這些傳奇小說都有寓意，也都寫得很動人。

㈥寓言與平話小說

唐、宋的傳奇小說是用文言來撰寫的。到元代，有白話、長篇的章回小說，如施耐庵的《水滸傳》。

明朝又有短篇的「平話小說」產生，因「平白如話」故稱「平話」；有馮夢龍的《古今小說》、凌濛初的《拍案驚奇》、抱甕老人的《今古奇觀》等等。

其中，當然也有含蘊寓意的。如《今古奇觀》中《莊子休鼓盆成大道》，就是從《莊子》中的寓言故事：《莊周夢蝶》、《鼓盆而歌》等演化寫成的。又如《俞伯牙摔琴謝知音》就是從《列子·湯問》：「伯牙善鼓琴，鍾子期善聽。伯牙鼓琴，志在高山。鍾子期曰：『善哉，峨峨兮若泰山。』志在流水，鍾子期曰：『善哉，洋洋兮若江河。』」鋪演寫成的，比喻痛失知音。

㈦寓言故事受傳奇小說影響後之藻飾鋪演

原來簡短的寓言故事受到傳奇小說寫法的影響之後，也就逐漸大加粉飾藻繪，作細膩的描寫，而拉長了篇幅。明馬中錫用文言文寫的《中山狼傳》（收在《東田集》中）可作代表。現就舉《中山狼傳》第一段，描寫春秋時趙簡子在中山打獵，射中一隻狼的場景。

趙簡子大獵於中山，虞人導前，鷹犬羅後，捷禽鷙獸，應弦而倒者，不可勝數。有狼當道，人立而啼。簡子垂手登車，援烏號之弓，挾肅慎之矢，一發飲羽，狼失聲而逋。簡子怒，驅車逐之；驚塵蔽天，足音鳴雷，十步之外，不辨人馬。

從這一段的文字，就可以看出馬中錫描寫趙簡子打獵的聲勢之盛之大。

接著他描寫東郭先生救了狼。狼卻要吃他。東郭先生認爲狼忘恩負義，要找人評理。首先遇到老杏樹。老杏樹說：「從前我結杏兒給人吃；現在，我老了不結杏了，人就砍我當柴燒，還想賣到木材行去。人一樣的忘恩負義。狼要吃你，有甚麼稀奇！」第二個問到老牛。老牛說：「好多年來，我幫主人拉車、耕田；這家一絲一粟都是我努力賺來。現在，我老了病了，他們就扔我在這裏不管。農人的妻子還想殺了我，肉做肉乾，皮做皮革，骨和角做器具。人也是如此忘恩負義的。」最後遇到一個老先生。狼說：「他救我時，綁我的四腳，密閉布袋中，用詩書壓住我，我氣都喘不過來。他還跟趙簡子說許多廢話。他是想讓我悶死在布袋裏，獨得其利！我能不吃他嗎？」老先生說：「果真這樣，東郭先生也有過錯。不過，應該從頭來過，讓我觀其情狀再說吧！」狼就躲進布袋中；東郭先生綁緊了袋口，放在驢背上。這時，老先生就教東郭先生趕快用匕首刺死了惡狼。

馬中錫的這篇寓言故事大概是深受唐、宋傳奇小說的影響。他把文字拉長到兩千六七百字，處處加以修飾描繪，並且還用了許多典故；如果不加注釋、語譯，讀起來是相當困難的。

這種忘恩負義的寓言故事，在南洋有《夾在樹縫中的蛇》、印度有《關在鐵籠裏的老虎》、高麗有《落在陷阱的老虎》、挪威有《被壓在大石下的龍》、西伯利亞有《被鸛鳥捉食的蛇》都是相類似的故事，都是藉鳥獸、家畜、樹木、河水，來評擊人類忘恩負義的種種行徑，目的在促使人類自我反省；但最後情節，突轉爲忘恩的動物失敗，人得到勝利。

林語堂先生曾將《南柯太守傳》、《定婚店》、《虬髯客傳》、《中山狼傳》等譯成英文，收進他所著的 *Famous Chinese Short Stories* 中。

(八)唐宋古文家多作寓言性雜文

齊、梁時駢文特盛，文字靡麗卻空洞無物，時人引以爲憂。到北周，蘇綽主張復古。隋文帝時，李諤抨擊時文多是描寫風花雪月之類的駢文，就是奏事說理也駢儷風行。駢文受對偶、四六、平仄、典故的限制束縛，難用以論事說理。直到中唐，大作家韓愈、柳宗元出來提倡作先秦、盛漢的散文，文以明道，講究文章氣勢。到宋代，歐陽修繼承韓愈的理想，王安石、曾鞏、蘇洵、蘇軾、蘇轍努力創作，於是質樸自然的「載道論理」的散文大大盛行。

這時，散文家常用古文寫含有寓意的散文，即今所說的「議論性雜文」。

唐柳宗元的《捕蛇者說》，寫他貶任永州司馬時候，看到當時賦稅繁苛，民生愁苦；永州有一種毒蛇製藥，可以治痲瘋、痙攣、腫瘡，去死肉，殺尸蟲。朝廷募人捕蛇可抵租稅。有一個姓蔣的幹這件事已歷三代。可是他的祖父和父親都死在捕毒蛇上。他也好幾次差點被毒蛇咬死。可是他卻不肯放棄這危險的差事，因爲苛捐雜稅給人民的毒害，比毒蛇更利害。他就寫了這篇寓意深刻的文章。

後代散文家也多藉寓言來發表主張，批評社會。如明劉基的《賣柑者言》，由柑的「出之燁然，玉質而金色；剖其中，乾若敗絮」，而演化鋪衍成下面一段批評時政的雜文，說：

「今夫佩虎符、坐皐比者，洸洸乎干城之具也；果能授孫、吳之略耶？峨大冠、拕長紳者，昂昂乎廟堂之器也；果能建伊、皐之業耶？盜起而不知禦，民困而不知救，吏奸而不知禁，法斁而不知理。……觀其坐高堂、騎大馬，……孰不巍巍乎可畏，赫赫乎可象也！又何往而不『金玉其外、敗絮其中』也哉！」

這一類藉寓言而鋪演的雜文，在古散文家的集子裏佔有相當分量。在袁暉教授主編的《中國歷代寓言》中也選注了不少這類的作品。

㈨寓言與諷諭詩、詠物詩、樂府詩

東漢衛宏在《詩序》中說：「上以風化下，下以風刺上，主文而譎諫，言之者無罪，聞之者足以戒，故曰風。」這是說人民可以用詩歌諷刺時政，作委婉諍諫，說的人無罪，聽的人足引以爲戒。《詩經》已有這種含有寓意的諷喻詩。

唐白居易在「與元九書」中，說：「風雪花草之物，（《詩經》）三百篇中豈捨之乎？顧所用何如耳。設如『北風其涼』，假風以刺威虐也；『雨雪霏霏』，因雪以愍征役也；『棠棣之華』，感華以諷兄弟也；『采采芣苢』，美草以樂有子也：皆興發於此而義歸於彼。」

白居易列舉《詩經》中一些詠風花雪月的作品，說它們都含有寄託的深意。這類詩就是寓言詩。他又說杜甫詩如：《新安吏》、《石壕吏》、《潼關吏》、《塞蘆子》之章，「朱門酒肉臭，路有凍死骨」之句：都是這一類作品。他又說：「歌詩合爲事而作」。他自己所作一百五十首新樂府，就都是這一類「關於美刺興比」的作品，謂之「諷諭詩」。

「詠物」也是我國文學的一大主流。據劉大杰說：荀子的《雲》、《蠶》二賦，詠物中兼有說理。漢代，產生許多詠物賦，如枚乘的「賦柳」、路喬如的「賦鶴」。魏、晉、六朝，作品更多。「詠物詩」起得較晚，宋鮑照的《詠雙燕》是最早的一篇。齊、梁時漸漸發展，唐、宋時最盛。由清康熙間敕撰《佩文齋詠物詩選》計有四百八十六卷，可以想見我國「詠物詩」之多。

諷諭詩與詠物詩都含蘊有「寓意」與「哲理」。《中國歷代寓言》也選注了一些詠物詩。如：

唐白居易的《燕詩·示劉叟》：

梁上有雙燕，翩翩雄與雌。銜泥兩椽間，一巢生四兒。四兒日夜長，索食聲孜孜。青蟲不易捕，黃口無飽期。觜爪雖欲敝，心力不知疲。斯臾十來往，猶恐巢中飢。辛勤三十日，母瘦雛漸肥。喃喃教言語，一一刷毛衣。一旦羽翼成，引上庭樹枝。舉翅不回顧，隨風四散飛。雌雄空中鳴，聲盡呼不歸。卻入空巢裏，啁啾終夜悲。燕燕爾勿悲，爾當返自思。思爾為雛日，高飛背母時。當時父母念，今日爾應知。

原註：劉叟有愛子，背叟逃去。叟甚悲念。叟少年時，亦嘗如是。白居易故作《燕詩》以諭之。

(十)寓言與古典戲曲：院本、雜劇、傳奇、京戲

有一些寓言故事，被明、清戲曲家改編為戲曲，在戲臺上搬演。如明馬中錫的寓言故事《中山狼傳》，就由他的弟子康海改編為《中山狼雜劇》（收於《盛明雜劇》卷十九），同時王九思改編為《中山

狼院本》；其故事內容跟原作差不多，只是王九思的院本改「老人爲土地神」。

唐李公佐的《南柯太守傳》，明湯顯祖改編爲《南柯記》傳奇；沈既濟的《枕中記》，湯顯祖改編爲《邯鄲記》傳奇；杜光庭的《虯髯客傳》，明張鳳翼也將它鋪演成《紅拂記》傳奇。

莊子的《夢蝴蝶》，《鼓盆而歌》，明謝弘儀，清陳一球、嚴鑄（一說無名氏）都據之撰有《蝴蝶夢》傳奇，也有用崑腔演唱。

京戲的《大劈棺》也是搬演《蝴蝶夢》的故事，大意說：莊周隱居山林。一日出外，看到一個婦人正在搧墓。她說：「丈夫臨終遺言，要等墓土乾了，才能改嫁。」莊周替她搧墓，一搧就乾。莊周回到家裏，把婦人搧墓事，告訴了他的妻子田氏。田氏聽了大怒，把扇子扯得粉碎，並說她絕不會幹這樣事。不久，莊周一病不起，臨終勸田氏改嫁。田氏說誓不改嫁。楚國王孫帶老僕前來弔喪，要爲莊周守靈。田氏見楚王孫風流俊雅，不禁動心，託老僕促成他們的婚事。沒想到楚王孫忽然心痛。田氏大驚問：「有何藥可治？」老僕說：「在楚國時要用人腦沖酒吃，其病即痊。」田氏持斧劈棺取腦。

這齣戲是說：一般夫妻不管生前多麼恩愛，死後多數會續絃改嫁；一個人不必預計身後之事。

（十一）現代對寓言文學的選編、整理與研究

今人對中國寓言曾做過許多整理、研究、選編、語譯的工作。

1. **中國寓言的選編**

茅盾的《中國古代寓言初編》（一九一七年出版）。

鄭拾風的《中國寓言選》（一九五三年，人民文學出版社出版）。

2. **中國寓言的選注**

朱靖華的《中國寓言選釋》（一九五九年，中國青年出版社出版）。

3. **中國寓言的語譯**

郭必勛等的《中國古代寓言選譯》（一九七九年，貴州人民出版社出版）。

文傑、羅琳主編《寓言新賞》（一九九二年，臺北地球出版社出版）總共十二冊。他們主要的工作是選錄原文，注出處，字旁加注音符號，白話翻譯，附賞析說明其寓意。兼及俄國、法國、德國的外國寓言，及我國少數民族蒙、回、維吾爾、苗、彝、壯、布依、朝鮮、侗、藏各族的寓言。少數民族與外國寓言，都是白話文，只加賞析。

4. **中國寓言的改寫**

將我國古代寓言改寫成白話文。我曾從古寓言中挑選了二十篇，然後用口語改寫成趣味性的《中國寓言故事》（編譯館主編。一九九八年，臺北正中書局出版，二十五開本，三二一頁），並由畫家王克武配以彩色插圖。其內容包括故事本文、字詞解釋與例句、成語解釋與例句、詞組與句型舉例，以及練習題（詞語造句、回答問題）等五個部分。字詞、成語、詞組與句型加英文注釋，例句亦加英譯；

英文的注譯部分，由黃迺毓教授負責。從這些故事，可以知道中國人的生活態度、愛情觀念、哲學思想、民間習俗與神話傳說，主要作外國人士和華僑子弟學習中國語文的教材。我還將一些古寓言，改寫成淺現的兒童讀物，故事如《染缸》、《我和他誰漂亮》、《抬驢進城》、《一巴掌打破了百萬家財》、《跟太陽賽跑》等，寓言獨幕劇如《忘恩負義》、《井底之蛙》等。

5. 寓言的創作

有些作家創作一些寓言，據凝溪《中國寓言文學史》所列，香港有阿紫的《寓言故事集》（一九八三年，山邊社出版）。藍海文的《寓言詩一百首》（一九八六年，金陵出版社出版）。李英豪的《成市寓言》（一九八八年，博益出版公司出版）。臺灣有李濤的《李濤寓言》（一九八八年，時報文化出版公司出版）。

6. 中國寓言的研究

胡懷琛的《中國寓言研究》（一九三〇年，商務印書館出版），認爲寓言故事是從比喻修辭發展而成的。

陳蒲清的《中國古代寓言史》（一九八三年，湖南教育出版社出版），介紹自春秋至清代的中國寓言的發展。

公木的《先秦寓言概論》（一九八四年，齊魯書社出版），論述春秋、戰國時代諸子寓言的成就、特色與影響。

鮑延毅主編的《寓言辭典》（一九八八年，明天出版社出版）收二一一六則，介紹古今中外的寓言作品。

凝溪的《中國寓言文學史》（一九九二年，雲南人民出版社出版）是中國第一部寓言文學的通史，從上古殷商談到現代當代，可以看出中國寓言文學發展的全貌。

三、《中國歷代寓言》的編選與成就

袁暉教授主編的《中國歷代寓言》是由中國青年出版社出版。——中國青年出版社前身就是開明書店，出版過《中學生雜誌》、國文課本與活頁文選，談論文章作法，翻譯《愛的教育》，對當時青少年的語文教育與道德教育都有極深遠的影響與貢獻。

《中國歷代寓言》的主編袁暉教授，一九三七年生於安徽懷遠縣，曾任安徽大學中文系主任、出版社總編輯。他是專門研究文體與修辭的學者，知識廣博，學問深厚，治學嚴謹認真。他以《比喻》一書成名。寓言文學作品的體裁很龐雜，寓意即比喻。袁暉教授主編《中國歷代寓言》自然得心應手，可收到最佳效果。袁暉教授爲人豪邁而熱情；袁夫人說：「他和人相交常恨不得掏出心來。」編注這麼大一部《中國歷代寓言》，自不是少數人能夠做到的；我認爲有豪邁而熱情的性格，才能夠與人合作無間，而順利完成。

《中國歷代寓言》分做先秦、漢魏六朝、隋唐五代、宋金元、明代、清代六卷，選編了二千五百五十四則的各體寓言，編纂委員有四、五十人，包括中國安徽大學、上海復旦大學、江蘇蘇州大學、合肥師範學院、安慶師範學院、安徽師範學院，臺灣高雄師範大學、嘉義大學、臺南大學等近十所高等學校的教授，前後經過九年，將在今年（二〇〇九）年底出版，內容除包括：作者、本文、注釋、今譯與評析五項外，許多寓言還請畫家給配上插圖。

我們從《中國歷代寓言》的目錄與內容看來，真是包羅萬象，通今博古，琳瑯滿目，美不勝收。袁暉教授告訴我說：「這是數十人歷時九年工作的結晶；我們選註語譯雖非盡善盡美，卻也十分用心盡力了。」這是一部群策群力、累年累月、所完成的「寓言大典」；其所選錄的寓言之多可謂「空前」。古人說：「開卷有益。」希望年輕的朋友能夠從此書得到讀書的樂趣與益處。

二〇〇九年八月二十日　序於臺北新店花園新城桃林樓

評論

方祖燊談幽默和諷刺

程榕寧

在前人的一節筆記中，記載著這麼一個故事：有個貴人，喜歡到寺廟裏拜訪和尚，喝酒談天，作方外之遊。有一天，他酒醉飯飽，逸興大發，朗誦起唐朝詩人李涉〈題鶴林寺詩〉說：「因過竹院逢僧話，又得浮生半日閒。」那個老和尚聽了，忍不住笑了，說：「尊駕享得半日清閒，老僧卻忙了三天呢！」老和尚的這句話，聽在那個貴人及任何人耳裏，都會感覺有趣，而無絲毫惡意。

這是爲什麼？

方祖燊教授說：這就是幽默。

說得再詳細一點，幽默是用含蘊著笑意的語言，來誇張或評價人們無害的缺點，稍許的醜陋，表現其滑稽有趣的地方。

不過，幽默的話語難說，幽默的文章和戲劇也難編導。因爲，火候稍微差一點，就可能流於嘲笑、諷刺和俗氣。

傳統的中國人比較嚴肅；但在我國的戲曲、彈詞、小說、筆記中，可以發現許多幽默的妙語，因此流傳至今的戲曲、說書等，仍保留了插科、打諢，讓人在哄堂的笑聲中，收到鼓舞、振奮的效果。幽默的諢話，妙在說得冷雋有趣，所以意味無窮。就如同嚼清橄欖一樣，越嚼越覺得滿口生津，香甜留頰，很有些妙緒，值得回味。

幽人一默，無傷大雅，可是分寸似乎很難把握？是的，有時稍微過了火，聽的人就會覺得有嘲笑的味道，那種感覺像是遇到了荊棘般的尖刺，不是鞭打人的肌膚，而是鞭刺人的心靈。

那麼，嘲笑和幽默的出發點截然不同囉？

嘲笑，大多出於對人的缺點與醜惡，難以忍受，產生蔑視心理，強烈反感，甚至生氣憤怒，於是就用帶有嘲笑性的冷言冷語，去譏刺人。這些言語多半含有尖刻的刀峰，冰冷的笑意，聽來是很使人難受的。

嘲笑到了極點，是不是變成了諷刺？

諷刺和嘲笑是一類的，都是對人重大的醜陋的一種批評。嘲笑是在心情激動的狀態之下的批評。諷刺卻是在心情冷靜狀態之下的批評，態度嚴肅而客觀，言語冷雋而有味，同時還帶有剖析的成分，使讀者對被諷刺的對象，感到厭惡可憎，所以不同於嘲笑和幽默。

中國文人講究溫柔敦厚，諷刺文學是如何發展起來的？

我國諷刺文學，似乎很早就存在。

「諷刺」最早出現於詩歌中，所以《詩經》中的風體，有的就含有諷刺的意味。《詩・序》的作者衛宏，提出了「下以風刺上」，是說人民唱一支歌，來發洩心中鬱積不平的怨氣，或用來指責不好的時政，只要他用的是委婉含蓄的言語就行了；這就叫做「譎諫」。因爲委婉含蓄，不太刺耳難聽，是可以被容忍接受的。否則，聽得人老羞成怒，發起脾氣來，就不好辦了。

通俗文學的民眾文藝作品中，詼諧、諷刺夾陳的似乎不少，效果又如何呢？

在充滿戲謔玩笑的筆調裏，含著莊嚴的題材和微妙的規勸，是極高的寫作技巧。它在文學上是一味冰糖，一劑亞氧化氮的笑氣，能使逆耳的忠言爲人樂意接受，也能使人時露笑靨。

如何做諷刺文章，說諷刺話呢？

最好的作法，是採取《詩經》中「比」、「興」的技巧，「興發於此，義歸於彼」，文字的表面說的是這事，裏面講的卻是那事，另有文章。如「北風其涼」，是衛國人民借寒冷的北風，來諷刺時政的暴虐。

「比」是什麼？「興」是什麼？

比，就是借其他的事物做譬喻，來寄託情思。如〈采葛〉詩云：「彼采葛兮，一日不見，如三月兮！」只有一天沒見面，兩個人就好像分離了三個月，表現熱戀者的心理。

興，是感物起興，就是由某一事情，某一景物，突然勾起一段情思。如〈關雎〉詩云：「關關雎鳩，在河之洲；窈窕淑女，君子好逑。」通常是一時興會，把兩件毫不相干的事寫在一塊兒，變成相干的了。

下面這首〈宮詞〉就是一首絕佳的諷刺作品，作者是唐朝的朱慶餘：「寂寂花時閉院門，美人相並立瓊軒。含情欲說宮中事，鸚鵡前頭不敢言。」寫花時深宮寂寞，失寵的女人卻不止一個，但她們滿腔的幽怨，卻不敢說出來，隱隱露出當時宮人不幸的遭遇，以及敢怨而不敢言的感情。

這是一首好詩，尤其是它的「絃外之音」。

（民國六十九年十一月，刊於《大華晚報・脞談書齋》）

中國現代散文理論簡介

林錫嘉

一、散文結構

《散文結構》一書是由師大國文系方祖燊、邱燮友二位教授合著，蘭臺書局，五十九年六月出版。他們對中國文學之演變與特質都有深刻的研究，而且本身都有創作的經驗。因此，透過他們的學識及寫作經驗來寫《散文結構》，應該是比較完美的。

先從文學基本概念說起，第一章文學的內涵，邱燮友執筆。第二章現代文學的分類，方祖燊執筆。第三章文學的內容與題材的處理，方祖燊執筆。

在「現代文學的分類」裏，作者將現代文學分為五大類：散文、小說、詩歌、戲劇、及其他（包括兒童文學、新聞文學、通俗文學等）。他認為古今文學之種類，必須根據時代來劃分。因此之故，古代的「散文」，跟現代的「散文」已有不同。第四章散文的新界說，對於「散文」文體有詳細的解釋；方教授首先說：「過去所謂散文，既是指和駢文對稱的文章，又是指和韻文對稱的文章。」而對現代的散文，他將之分爲二種，一種是文章性的散文，一種是文學性的散文。文章性的散文，例如雜文，它必須做到「言之有物」，「載有道理」，有實用的價值。而文學性的散文，例如純文學散文，它必須求臻於「有欣賞價值，能使人產生美感的最高境界。」這類作品之寫作，偏於用想像力和觀察力，用精鍊峻拔的文字來表現。由於文學性的散文近幾十年來成就非凡，方教授說：「近三四十年來，文學性散文已逐漸成爲獨立的文學。它和新詩、小說、戲劇等並稱爲新文藝。」

第五章散文的體類與作法，由方祖燊教授執筆。他把散文中的各體類做非常詳盡的解說。此章共分有：甲、遊記文學。乙、傳記文學。丙、抒情小品。丁、敘事散文。戊、議論與說理。巳、詠物小品。由其各體文學的演變發展到寫作的方法，巨細無遺的說明，對初入散文領域的讀者有極好的幫助。[一]

第六章鑑賞與批評[二]，第七章模仿與創作[三]，最後還附錄了「名家分類散文選」，供讀者在讀完理論之後，欣賞其標準作品，以作印證和學習之用。

二、散文的創作鑑賞與批評

方祖燊教授的《散文的創作鑑賞與批評》一書，中央文物供應社，七十二年六月出版。其中有部

一　遊記、傳記、議論說理、詠物四節，方祖燊執筆。抒情、敘事二節，邱燮友執筆。

二　鑑賞與批評：邱燮有執筆。

三　模仿與創作：方祖燊執筆。

分的論述與民國五十九年出版的《散文結構》（蘭臺版）有相同之處，但是由於《散文結構》是與邱燮友教授合著；而《散文的創作鑑賞與批評》則是由他一人所寫成，論點與筆調更見統一。

第一章緒論，從「散文是什麼」談起，這件爭論不止的「散文」界說問題，方教授說出他的觀點。這一章中有一節其他論著較少論及的，「散文也是社會教育的利器」，他的論點是，「今天散文家的使命，必須多多寫作發抒民情風俗、激勵人心士氣的作品」，「我們寫作散文不只是在求美，求感人，還要求提高人性，改造社會。」

第二章散文的創作論，對散文寫作的內在條件加以論述，他提出「寫作散文需具備三種能力」——要有敏銳的觀察力，要有縝密的組織力，要有豐富的想像力。雖然這是老調，但是方教授舉例詳細說明，令人另有一番領悟。

第三章散文創作技巧論，大致上取自於《散文結構》一書，只是安排略有不同，表現得更爲簡鍊。

第四章散文的鑑賞與批評，分兩節論述，第一節鑑賞論，第二節批評論。

鑑賞論是從文學藝術鑑賞的一些基本概念談起。其中有一段談到散文鑑賞問題，他說：「從形式方面說，像文句的長短齊雜，詞藻文采的修飾美醜，結構的緊鬆，體裁的分別，情調的諧和，語氣的抑揚，這都是散文的形式問題，寫作的技巧問題。從內容方面說，指的是一個散文家在作品裏所寫的人、事、景、物、情、理；他透過文字所顯示出來的主題，同時也顯示作者的人生觀、生活與知識經驗，甚至作者所處的時代與社會背景等等，這就是散文的內容問題。」讀者讀了這段話，對散文的鑑賞應有了基本的認識。

批評論中談到散文批評，分別談到各種不盡相同的批評方法。方教授把散文批評歸納成：一、鑑賞批評。二、分析批評。三、歸納批評。四、比較批評。五、演繹批評。（刊於《文訊》）

生命情境的契合

何聖芬

方祖燊的業師梁容若曾經譬喻方祖燊和黃麗貞的結儷，是一種理想的學術性情的結合，正如郝蘭皋遇到王瑞玉，趙明誠娶了李清照。其實，他說的「神靈安排，珠聯璧合」都不足以圖畫這對人間的愛侶。

黃麗貞婚前愛讀《浮生六記》，從中釀生對愛情的想望，而他們的婚姻生活正好為三白、芸娘作註，讓想望成調成譜地，一路唱下去。

◎現代的「桃花源」

「桃林」，是方祖燊與黃麗貞在花園新城山居大樓的名字。他們住在這棟九層大樓的一樓，夏天時節，屋側桃花落英埋土，見他們蒔撿院前花草，臨著悠悠青山，教人想起桃花源。

桃花源，方祖燊的同班同學子敏曾經用過「武陵人」這個典，形容他的一度捨棄文學創作。子敏以為方祖燊走進古典像一個古人逸失在古典裡，有如一個隱士。不錯，這處桃花源就有二個自由出入古今的武陵人。

那天，由這兩個武陵人引入廳堂，穿過屋廊，整潔的居室，迎面舒爽。沿坡而築的公寓，有屋側與前後三塊空地，供他們消閒。方祖燊手指小池塘說：「魚是孩子要養的。」後來，孩子都出外讀書，他們的樂趣倒成為父母愉快的負擔了。

屋後有花圃，以萱草為欄，在這不開金針的季節，它們也豐潤搖曳。傍晚風來，見他們彎腰蒔草，掌餌弄魚，自然怡人。神遊古典數十年了，人間多少逸趣都化作胸中丘壑，園中不需山水，山水自在目前。

書房與花園只是一片落地窗之隔，一闥青山相映兩壁書櫥，室內正中，兩張書桌相對並放，不知道「相看兩不厭」能夠道出多少他們的心情。「其實，這也不是有意安排，覺得這樣子好就擺上了。」夫妻結合，實在是命定成分居多，黃麗貞欣羨芸娘，於是遇見文質彬彬的方祖燊；方祖燊企盼溫暖，便尋到賢慧體貼的黃麗貞。

◎不是最初，但是最終的愛戀

說來有趣，今天賴以安命的文學，都不是他們最初的選擇。方祖燊在抗戰勝利那年，跳班考入福建農學院附屬高農，其實，他小時候的志願原是當個發明家的；黃麗貞在香港唸高中時，讀的也是理化。而後，文學逐漸佔據他們的心靈，一個先進了臺灣省立師範學院國語科，一個後選了國立臺灣師範大學中文系。十年之間，多少學子進出校舍，同樣的屋簷下，他們命定要等待相遇。

基於對寫作的愛好，他選擇編輯為業，但當他盡職地擔負編務，一頭鑽進古典文學，藏身書林語叢，忙為古文注釋，才發現文思全無，不得不暫放創作。這段期間，他所閱讀的書籍真是龐雜，但也厚實地奠下基礎，使他日後面對許多題目都能左右逢源，淋漓盡致。

四年後，得梁實秋、梁容若二位先生推薦，回師範大學担任助教，不久，又升任講師，開始步上學術研究的道路。

◎挑燈夜讀有良伴

那個時候，他教學與編務兩邊都閒不下來，朋友打趣他「寫稿滿屋，愛人痛苦。」又有人戲稱「文選漫天，女友丟完。」梁容若甚至憂心方祖燊學問與人生幸福難以兩全。怎麼他們就是忘了「書中自有顏如玉」，果不其然，以書為媒，黃麗貞欣賞他寫在臉上的書卷氣和溫文的舉止，從此，挑燈夜讀有了良伴。

在書桌上，他們的話題也逐漸由文學談到人生共同的理想，黃麗貞隨著方祖燊一貧如洗，從無到有，一枝一架地構築成就與幸福。

結婚那年，黃麗貞才畢業，她以優異成績留校任助教，師大自此正式取用女性助教。隔年，早產一個月的雙胞胎出世，小家庭經濟尚無穩固基礎，兩個體質孱弱的新生命帶來不小的壓力，教過黃麗貞「新文學概論」的謝冰瑩先生常到宿舍看望他們，謝先生還細聲對她說過：「我担心妳會不會把他們帶大？」做事有規劃的黃麗貞有信心在不佳的環境中，仍能拉拔長大這一對孿生兄弟。

方祖燊初爲人父，喜悅之餘開始付算怎樣多教幾個鐘點，可以多買幾罐奶粉，他揑起手指頭點一點，那時一週多達二十三堂課，比做學生還要用功哪！

盤算舊日，雖然常提見襟見肘，總是兩人結心疑情一塊兒奮鬥過來的。日常生活如此，學術研究也不曾落單。

方祖燊的性格是一工作起來就不得放鬆，黃麗貞看在眼裡，只得在白天工作之餘、晚上照顧雙小之後，再作一老的幫手。五十一年到五十七年之間，方祖燊接下「古今文選」主編的担子。粉筆職業之外，他時常通宵達旦投入工作，選文、注釋、約審、校稿，還要自己撰稿，爲使文選、不脫期，黃麗貞義不容辭地爲他分勞，謄稿校對視作份內，捉刀撰稿則是常有的事。

五十六、五十七年間，方祖燊又担任教育電視台大學國文節目的製作兼主講人，每週六下午有二十分鐘專講詩詞。爲了準備節目內容，既要選擇作品，又要製作輔助用的畫板，有事共担，黃麗貞自然是不二人選，這樣子一次節目大約要花掉他們二個晚上的時間。到了週六，便一家大小攜著到植物園去，爸爸上電視時，媽媽就領著孩子在園內戲玩，這也是他們難得的休閒活動。

面對這般充實的婚姻生活，黃麗貞早已拋忘三白、芸娘那種「因暑罷繡，終日余課書論古、品月評花而已」的悠閒。對他們而言，生活，是日出之後，各忙各的課業；日入之後，各讀各的書，各改各永無止境的學生作業，趕限期的文章，於彼此需要時，相互扶持。

◎浸淫其中，各有所好

文學範疇浩繁，兩人雖然浸淫其中，卻各有各的區域。

方祖燊學問比較博雜。十幾年來，編輯經驗養成了收集資料的習慣，他自謙書背得不好，但十分自信能掌握資料，事實上，許多文章或研究方向，都是咀嚼資料時由枝節發展產生的。譬如，他對詩感興趣，於是研究漢詩，寫成《漢詩研究》；接著又廣讀魏晉南北朝，發表許多論文，結集而成《魏晉時代詩人與詩歌》，關於陶詩也有專門著作，本欲繼續衍展，又因爲「忙碌」而停住了腳步。

在研究或寫作的現場，他都謙稱自己「廣而不精」，但是，從目前已發表的八、九十篇論文與二十多種著作來看，不是下苦功讀書的人，不會如此斐然有成。不過，得失常在難定之天，方祖燊有時仍不免惋掛，假若當時不將心力投效編輯，而能全心全意從事寫作，今天恐怕又是另一番局面！或者，那個時代沒有戰亂，也可能圓了當發明家的夢想，但是，那樣子重寫人生，倒不如相遇佳人黃麗貞，與她廝守終身。

黃麗貞也是熱愛文藝創作的人，當時隻身到臺灣讀大學，便是基於對文學的喜好與傑出的文筆，選擇了中文系。她主要的研究範疇在戲曲，《金元北曲語彙之研究》、《南劇六十種曲情節俗典諺語方言研究》、《李漁研究》都是心織筆耕完成的。由於教學、婦職二項終身事業分攤了她太多時間，自然比較無暇凝聚心力創作。

在教職崗位上，她與方祖燊都是由助教、講師、副教授、教授，憑真才實學的論文過關斬將的。而她白天認真負責地作育英才，回到家要妥貼地照顧一家生活，教養一對孿生兄弟，對於妻子於公於私一樣敬業的精神，方祖燊既敬且惜，一句「那是很不容易的啊！」肯定了黃麗貞宜家宜業的努力，也道出他自己問學的歷程吧！

年輕時患難與共，在心境、行為上，鋪就一條相攜並行的路，於學術研究自然彼此助益。六十七年，他們同時應黨史會之託，撰寫革命先烈傳，方祖燊寫宋教仁，黃麗貞寫鄒魯，兩個人從無數的資料中，塑造出先烈的形象，《三湘漁父——宋教仁》、《反共前驅——鄒魯的故事》於焉誕生，黃麗貞還要不分晝夜地為方祖燊謄稿；七十年，方祖燊編寫《中華民國文化發展史》中《中國文化的內涵》，黃麗貞自然分擔了吃重的工作，負責「文學」、「哲學」、「科技」三部分。談起這件事，方祖燊取出書，一邊翻看黃麗貞撰寫的內容，一邊滿意地讚美她如何從數十萬的資料中擢取精華。

◎焦不離孟，晨昏相伴

這對夫妻就是這個樣子了。在筆墨上焦孟不離，一起編書之外，共同經營副刊專欄，如民眾日報的「儷人偶語」，也共同結集出書，一本以方祖燊作品為主的散文集《說夢》，一本以黃麗貞作品為主的小說集《幸福的女人》。在生活上，更是形影難單，兩人同進共出。每天由黃麗貞開車到師大上課，黃昏時，她從婦工會出來，途經師大接了方祖燊一道回家，他解釋說，寧願等她接送，其實是爲了作她的保鑣。「有時候，我要他到市場買點東西，他總不肯自個兒去。」語氣中幸福多於責備。

這輩子他們唯一一次分離在七十二年的春天，黃麗貞到韓國大邱的啓明大學教書，一別四個月，直教方祖燊坐立難安，時間到了，就急急去接她，結果，夫妻倆在東北亞渡了一個小蜜月。倘若黃麗貞再要獨個兒出國，方祖燊將是怎般心情呢？他答得極俐落說：「她不可能再去了。」她接下話鋒又說：「他真的回答了你的問題！」是啊！恩愛夫妻怎生得別離。我想，幸福雖然是彼此的需要堆砌起來的，方祖燊少小離家，與親友睽離。他說：「我生活單純，除了讀書，別無嗜好，而她給了我一個溫暖的家。」閃在厚厚鏡片下的眼神，傳遞出一種訊息，他把對故鄉的思念全化作對妻兒的關懷與責任了。

◎在人生的境界彼此提升

方祖燊雖然鑽研古典文學，耳目之間仍然清晰地接收現代訊息，因爲曾經讀農的關係，對經濟學、社會學都有基本的知識能力，思考面向常能多方兼顧。黃麗貞在香港接受基礎教育，由於當地風氣自由，她本不是固執保守的人，儘管理家愛家的態度十分傳統，但是，對於女性的社會角色，也有頗爲現代的觀點。他們同樣關懷現世，方祖燊以專欄文字來表現，黃麗貞則切實身體力行。

目前，她除了教書、學術著述、創作、家務之外，自七十五年起，還肩担黨部婦女工作會副主任要職。站在男女平等的立場上，黃麗貞贊成給予女性更多達成理想的機會，她認爲應該經由拔擢、培養的途徑，強化女性的特色和能力。担任副主任以來，她十分注重各階層女性的生活情況與意見表達。雖然生性不善交際，她仍願意全心奉獻在這份工作上，發揮一己的力量，提升女性的社會地位。

看著自己的妻子懷抱理想，稍帶激昂地談到女性問題，方祖燊的表情還是一式的滿足，他寧願拋開男性立場，從社會或女性觀點來考量妻子行爲的價値。他認爲原本被埋沒的女性能夠投入人力市場，對社會發展正面意義大於負面意義；更何況，長期以來，仰賴男性的經濟結構造成男性的權威勢強、女性勢弱，也正可以藉更多女性獨立站起，改變這種偏向的結構關係，趨於平等。

談到這個現代主題，兩人各有立論，卻指向同一個標的。夫妻朝夕相處，不重相互依恃，能夠欣賞彼此獨立的性格與學識，在思想與人生境界上有所提昇，最是可貴。

「我相信，愛情應以圓滿的婚姻爲歸宿，才會使人生更美好。」這是黃麗貞不變的生命觀，其實，圓滿的婚姻對他們而言，並不需要費心著意去經營，強求什麼「強之可三盃，教之射覆爲令」的忘懷樂事，只要燈下研讀有人可以分享心得，可以商詳商議，在教學上與輔導學生方面，彼此研討交換意見後，工作得以順利進行，就是人間美事了。

（收錄於《文訊雜誌社》出版的叢刊《比翼雙飛》）

生命情境的契合
——方祖燊與黃麗貞

蔡素芬

方祖燊、黃麗貞這對文學夫婦的生命歷程，有著許多相似，這相似令他們的生命情境更契合。一個生於福建福州，一個長於珠江香港，兩顆遊子漂泊孤寂的心靈，在臺灣互識互慰，對文學的同心嚮往更促成美滿姻緣。

方祖燊年少來台遊玩，因大陸淪陷，交通阻絕而隻身留台，獨力完成學業，在臺灣師範學院（師大前身）唸書時，爲了補貼生活費用而大量創作，在校園裡盛負文名，以致畢業後得有機會進入國語日報當「古今文選」的編輯。

其後回師大擔任助教，因而結識當時唸大三的黃麗貞，這姻緣的線一牽千里，黃麗貞在香港唸高中時，讀的是數理，基於對文學的喜好與文筆的傑出，到臺灣讀大學時，選了中文系。他們的歲月腳步相差十年，十年，在兩情相悅下，不過是彈指間的不落時痕。

婚後，方祖燊因主編《古今文選》，時常爲選文、注釋，約審、校稿而挑燈通宵達旦；黃麗貞除了白天在師大任助教，晚上照顧家務及一對雙胞胎兒子外，還幫忙方祖燊的編務，這段患難與共的經驗，使得他們往後在學術研究上能相携並行，互為協助。

兩人在師大同樣是由助教漸漸升到教授，沒有碩、博士學位，完全以真才實學，憑論文「過關斬將」獲得升等。方祖燊談到妻子這段升等歷程，激賞地表示：「從助教一直到教授，那是很不容易的啊！」那語氣含著對妻子在學術上奮勵用功的愛憐與敬佩，然而，何嘗不也是他自己直往而無悔的學術歷程？追溯這段追求學識的成就，他最難忘的是，主編《古今文選》時奠下的深厚基礎，他自謙書背得不好，但對資料的掌握則十分自信。六十八年，夫婦同時受託寫革命先烈傳記，方祖燊寫宋教仁，他當時對宋教仁印象只是從歷史課本上讀來的在上海車站遇刺一幕，卻在一年多的時間內，從無到有，寫出長達五百多頁的《三湘漁父——宋教仁傳》，無不歸功於資料的廣集與消化能力，還有那不分日夜為他謄稿的妻子。兩人的筆墨生涯已是焦孟不離。

自從他們搬進新店花園新城後，山中清靜釀文思，研究、教書之餘，創作靈感泉湧，作品散見報刊，雖各自都有單獨出書的份量，但為應好友之請，便合出了兩本書，散文集《說夢》以方祖燊作品為主，小說集《幸福的女人》以黃麗貞作品為主，連出書的步調經歷也相似了。他們倆人的學術論著更多達三十餘本。

方祖燊在六十八年出版第一本散文集《春雨中的鳥聲》，他為自己訂下出版三本散文集的期許，再出一本，創作心願便可了，然後將在文學理論上下功夫，建立一套完整的文學理論。方祖燊做事總是事先綢繆，按序實行，就像黃麗貞說他個性，溫文善良中，微露急躁，這「躁」乃事理未在謀算之序，急欲導之以正，黃麗貞一語道出了他穩實的人生態度：「他總是八點上班，六點就穿好衣服、準備妥當。」而方祖燊眼中的黃麗貞呢？語意中透露了對黃麗貞家事操作的滿意：「她做事都很有計畫，很有效率，譬如要洗窗簾，時間不夠，就今天洗兩片，明天洗兩片，幾天後家裡就煥然一新了。」雖是日常瑣事，關懷與感謝隱含其中。

黃麗貞除教書、學術著述、創作、家務外，還身兼黨部婦女工作會副主任要職，這職位的繁忙佔去了她大部分時間，但她是個善於捕捉時間空隙、掌握時效的人，研究與創作不因婦工會的繁忙而中斷，她認爲要拓展寫作領域，必然要接受各種生活經驗，所以對婦工會的工作完全樂在其中，全心奉獻。

黃麗貞閑靜篤定的神情，彷彿是對生命內容的自信與從容不迫，她奉獻時間與精力給方祖燊一個無慮、溫暖的家，在這家裡，方祖燊任意地舒展對學術的渴望，與黃麗貞互切互磋，沈浸在古籍新論之中，夫婦同車上下班，閒來踱履山徑，文學爲伴，恬適淡然無需境造，平靜安實已是人間幸福佳偶。

（刊於《文訊》）

把握今天

整理／楊保嬌

方祖燊（教授）

最近我去大陸看畫家李苦禪的畫。他被鬥爭，下放牛棚好些年。因此，他對人生的痛苦有參透的領會，他的花鳥、山水作品，有獨特的意味。我買了他的畫冊，也買了國畫顏料，想從頭學起，把繪畫當休閒生活的一部分。

其實，我一直喜歡畫畫，但年輕時代，只拚命讀書，沒有機會學畫。一九七七年，我曾購買畫板、畫筆、畫刀、油畫顏料等畫具，想從彩繪中培養一點閒適的情懷。但是，因爲沒有受過素描的訓練，只憑自己模索，油畫顏料得等乾了再一層層地塗上去，畫一幅我內人的畫像，就耗費了兩個月才完成。

生活在臺灣自由、開放的環境裏，每個人都可以依自己的性向、特長，選擇適合自己的精神寄托，我小時候信過基督教，後來成爲無神論者。雙親過世以後，逢年過節，我也買些水果祭奉他們。

人生忽忽而過，我不認爲有來生。還是珍惜每一分鐘去做應該做、喜歡做的事。如果能力許可，多到各地旅遊，增廣見聞，行萬里路，讀萬卷書。

我想趁現在腦筋還管用，多閱讀，多寫作，晚年則寄情於繪畫世界裏，讓自己的愛好得以發揮。

人生有無限的變數，自然界有默默運行的法則，我願善用生命，將這一生好好度過，我相信今天是真實可貴的，我寧可把握今天，不想來生。

（刊於八十年十月《拾穗》72）。

師長與校友專訪

——國文系方祖燊與黃麗貞教授

王淑美（師大圖傳研究碩士班）

夏日正午，雲層也掩不住空氣中的悶熱。急步走過校園，還好，離約定時間尚有十餘分鐘。我在電梯口的狹小玄關踱步，方祖燊與黃麗貞兩位教授都是極富盛名的文人，可該怎麼說話，才不顯得笨拙？

一點五十八分，方老師見我進來，趕緊把電腦存檔關機，黃老師則笑容可掬的招呼：「進來，進來，這邊請坐。」幾句親切的問話，讓我心頭頓時舒坦不少。辦公室簡單的陳列，給人明亮清爽的感覺。黃老師坐在靠門邊的書桌前，一邊改著作業。桌子上壓了許多照片，最特別的是兩個小嬰兒，「這是方宗舟的女兒，這是方宗苞的兒子。」方老師熱心的指著介紹小孫子的相片。黃老師見我連連低呼「好像！」用她一逕低穩的聲調笑著說：「很好玩喔。」原來宗舟與宗苞是兩位老師的一對雙胞胎公子。

與文字結下不解之緣

民國十八年出生於福建福州的方祖燊老師，廿一歲時接受二哥的建議來臺，就讀當時的臺灣省立師範學院國語科。原本唸的是高農園藝科，只因戰後返鄉一段時間大量接觸文學作品，竟走上他原本認爲是「雕蟲小技」的寫作之路。從學生時代開始爲補貼生活而創作投稿，自此與文字結下不解之緣，目前寫作論著的總數已達六百多萬字。方老師畢業後到國語日報當了四年半的「古今文選」專任編輯，之後又回師大母校當助教、講師、副教授、教授，但仍兼任「古今文選」主編前後十七年。他到今天仍是國文研究所的兼任教授。他自認學問基礎奠定於十七年的「古今文選」的編輯。

創下兩項「第一」的記錄

在方祖燊老師擔任系助教的第三年，認識了當時大二的黃麗貞老師。黃老師一九三九年出生於香港，高中就讀數理組的她，因爲熱愛中國古典文學而進了師大國文系。

求學時代，她相當勤奮，唸師大時「每天早上六點前後就起床，把被褥摺好，就帶著書本，和不少早起的同學一起到操場上誦讀，等候七點升旗做早操……」。由於學業成績優異，連續七個學期是系上的前三名，畢業後即留在系上當助教。這是第一屆有女生一畢業就在國文系當助教；一九八三年她以交換教授的身分赴韓國啓明大學講學半年，是國文系第一個派出國的女老師，創了師大國文系兩個先例。

合組幸福的家庭

黃老師畢業那年即與方老師步入禮堂，次年生下一對雙胞胎，當時的系主任程發軔教授爲他們取名宗舟、宗苞。原本念園藝與數理的兩位老師成了文學家夫婦，以紀念清桐城派名家方舟、方苞，而命名的雙胞胎，現在卻成了科學家：一位是機械博士，一位是電腦博士。談到兩位公子，方老師起身從擺滿中文書的大書櫃裡，抽出一疊英文期刊，翻到標記的一頁，作者是方宗苞。「他在世界級的電腦雜誌上發表專門的論文共有五、六篇之多，從學生時代就開始。」方老師又拿出另一本，接著說：「他還有不少專利權，發表論文能在這些學術性雜誌裡，像他這麼年輕的很少。」

方老師很關心孩子的教育。他說到當初宗苞初次考大學失利的事：「第一年他哥哥考取淡江，他沒有考取，頹喪得不得了。」他對宗苞分析了考試失利的原因，所以我就逼著他在家裡自修。他那年做了兩千題的數理習題。他第一年運算作答的速度太慢。後來我就說：「你無論如何要練習到很熟悉，一看就知道答案要怎麼算……」第二年，「他果然考取了國防醫學院以及成大地科系。」黃麗貞老師在〈珍重今生〉一文中也提到：「……孩子成績不理想，他會有幾天難過，比自己的失意還要難受。」

常言道：「同行相忌」，兩位老師同道同行，卻是惺惺相惜。剛結婚時生活清苦，雖然夫婦各有收入，方老師還是得「一周上二十三堂課，還要編古今文選，再寫些雜七雜八的稿子才夠家用」。方老師的創作相當豐富，刊物的主編們總因不同的主題請他撰稿。

寫作趣事

方老師寫作時會盡力去蒐集資料。他的好友林良先生，在《春雨中的鳥聲》序文中說起，方老師常因為辛苦蒐集來的資料太珍貴了，捨不得放棄，因此他寫作時常中途變卦。「本來是想寫一篇以『茶』為題目的一千多字的抒情散文，結果卻寫成了一篇一萬多字的有趣味的綜合性散文『中國茶葉』。」方老師回想起一件趣事，「有人看了這篇文章，還特地寄了上等茶葉給我，問我種茶方面還有什麼方法？可以傳授給他。再幫他看看還有沒有可以改進的地方。」講到這裡，他哈哈大笑起來：「可是我一點都不懂種茶。我的許多文章都是從讀書時候摘記資料得來的知識呀！」

夫婦同心

當方老師忙於寫作時，就多虧黃老師幫忙改學生作業，日夜為他謄稿子，並擔任第一位讀者。「我的筆跡太潦草了，只有她看的懂。她的字又寫得很漂亮」，方老師笑笑說。這讓我想起著名思想家馬克思和他夫人的關係。然而黃老師不只是方夫人而已。

事業與家庭的均衡

出生自一個重男輕女的大家庭，黃麗貞老師卻不像許多同期的大學女同學，抱著只想找長期飯票的心理，而能堅持理想，努力求取事業與家庭的均衡。她認為這是受母親的影響。黃老師的母親很小就外出工作，她認為自己書讀得太少，只能依靠勞力，實在辛苦，堅持女孩子也要上學。「我媽媽給我的觀念就是，慢慢地女孩子到社會上去，有本事的話也可以在很多方面獨立表現出來。」正如黃老師在散文集《歲月的眼睛》序言中所說，自從她大學畢業步入講壇、組織家庭起，「生活的主要活動空間，是學校、家庭和菜市場，我就在這三角形中生活著。」

立法委員謝啓大曾說出自己作爲職業婦女的心境：「別人是一根蠟燭兩頭燒，我是四頭燒，中間還在燒。」同樣是職業婦女，黃老師是否有同感呢？「我想，那是謝啓大的深切體認。」黃老師沈吟了一下回答道。「傳統觀念上，總認爲家庭是婦女無可旁貸的責任。男人做事就可以理所當然的說：『我要去忙我的事業啊』；而女人好像背負著先天交給你的一種責任，如果因爲工作關係稍稍忽略了家庭，妳就好像沒有盡到責任，然後成爲心頭一種虧欠。」

為婦女權益所作的貢獻

黃老師提到民國七十五至七十七年間擔任國民黨婦工會副主任時，到各地去瞭解婦女工作情況。發現「基層婦女的升遷管道非常有限，然而這並不是說她們沒有能力，而是她們投入工作的情況無法跟男性比。」黃老師舉例說：「小孩子生病一定是媽媽請假，婆婆生病媳婦請假，公公生病媳婦請假，先生生病太太請假，更別說是自己生病，實在是太勞累了。」而舉辦許多活動希望她們來參加，可是「先生說不可以，婆婆說不可以，公公說不可以……結果通通都不來。」她語重心長的說：「婦女無法全心全意的在工作崗位上表現自己，自然無法順利升遷。」

當時的婦工會仍處於相當弱勢，但一些當前熱切討論的話題，如育嬰假、陪產假，都是當初黃老師任內擬訂的條文，並在十三全會上提出，這也是國民黨首度增列有關婦女權益的政綱。

黃老師在十三全會過後就辭掉婦工會職務，選擇專心教書研究，除了興趣外，能兼顧家庭是很重要的原因。但是她一直很關心婦女政策，「現在社會上還有許多婦女的問題，像我們這種（指職業婦女）看起來並非弱勢族群，事實上還是蠻弱勢的。我們面臨什麼問題？都是應該從什麼方面去考量？當今負責政策決定的人應該考慮到的。」

相知相惜的深情

作爲一位極度熱愛家庭與工作的現代職業婦女，除了自己的信念外，最重要的無非是來自伴侶的支持。用時興的話來講，方祖燊老師的確稱得上是「新好男人」。

「黃麗貞曾經去韓國講學，韓國是大男人主義，不明白我何以同意她出國。我跟韓國人講，『假如你太太做事你也做事，你家庭的收支就增加一倍，那你就輕鬆多了！爲什麼要讓你太太專做家事去伺候你？』」方老師說出他的看法：「在這個時代，每個人都應該去發揮他自己的能力跟他自己的機會。我一輩子愛做的事就是讀書寫作，我的太太也是，那她就寫吧！」在他心中，黃老師「是能力很強的一個女性，她寫東西從一開始我就很支持，果然她在自己的專業——戲曲、修辭方面有很高的成就。」

而黃老師也極推崇方老師的成就：「他主要研究新文學，寫了《散文結構》、《小說結構》。把本來沒有理論的東西，建立了理論。」稍稍停一下，她又說：「從無到有，這才是真正困難。」

除了相愛，這份相知相惜的情誼，更是令人感動。

未來的生活計畫

方老師退休後，這五年來，除了在師大國文研究所仍有兼課，還忙於參與中國語文學會、中國作家協會與世界華文協進會的各種活動，目前主要致力於將多年來的著作整理起來，收編在《方祖燊全集》之中。所以儘管退休了，生活仍十分忙碌。或許是因爲「自從生了大病，更感覺生命的可貴」，所以要加緊利用時間。方老師在民國八十年發現罹患了第三期「直腸癌」，經過手術切除和化療，而恢復了健康。方老師努力整理過去發表的作品的另一個原因，移民美國與兩個孩子同住。黃老師方面，因爲正指導一位學生的碩士論文，待明年有一年休假，也可能提前辦理退休。方老師說，到了美國，他要專心寫小說，不再只專注於傳統文學，所以去美國以前要把作品做一番總整理。

永遠放不下的執著

臨走前，於窗前爲方老師與黃老師留下合照，兩人和藹的微笑中隱約有著面對鏡頭的羞赧。此時，午後的空氣透露幾分清爽，令人精神一振。捧著兩位老師送的書，可以想見的是，對兩位老師而言，不管走到那裡，讀書和寫作都是永遠放不下的執著。

（刊於《師大校友》）

從對抗癌症的歲月走過來

林麗如

專訪方祖燊先生

編了十七年的《古今文選》
歷經癌症的考驗
如今方祖燊藉畫筆流洩內心情感
同時更珍惜用生命焠鍊的所有創作

方祖燊，福建人。民國十八年生。省立臺灣師範學院畢業。歷任國立臺灣師範大學副教授、教授，主編《古今文選》，並曾任中國語文學會秘書長。現已退休，專事寫作。著有文學論述《散文結構》、《六十年來之國語運動簡史》、《小說結構》；散文集《說夢》、《生活藝術》、《方祖燊全集》等書。

編《古今文選》十七年

大概可以這麼說，如果你不認識方祖燊教授，多少也接觸過他編選的作品，像是三民書局出版的《大辭典》、復興書局的《成語典》和《國音常用字典》，很可能是你案頭上常備的工具書，其中最具代表性的是他參與編輯長達十七年的《古今文選》。一九五二年，方祖燊自臺灣省立師範學院畢業，隨即被國語日報網羅擔任《古今文選》編輯，當時的主編是梁容若及齊鐵恨教授，選註古今名家傑作構想源於梁容若先生，用意在於提供中學以上學生和社會一般大眾學習國語國文完善的活頁教材。一九六二年，方祖燊接任主編。他說，為了選註名家作品，基本動作是先翻讀作者全集、注本、傳記年譜以及種種研究論述，十七個年頭，範圍遍及經史子集，他正確記得：「至少有一百六十萬字出自我的手跡，一年約十萬字，一字一字給它正確的讀音，一條一條給它適當的註釋，一句一句斟酌它的語譯，找尋作者與作品相關的資料。」他認為這是第一部自己最重要的著作。

方祖燊讀書的興趣和習慣，因著這份工作成了生命中的一部分，一般人認為枯燥乏味的書籍，他可以甘之如飴捧讀、吸收；而被認為費時難懂的論文，他也能以寫小說的心情去完成。他說，那時的近視是一年加深一百度，等交棒之後，他的近視度數已高達一千度以上，他在案頭埋頭苦幹的情景可以想見。值得欣慰的是，《古今文選》後來成了編中學國文教材及專科國文選主要的參考藍本，可以說對臺灣和海外的語文教育有相當貢獻。《古今文選》採活頁零售，曾有一期一出版就賣出四十萬份的紀錄，可見當年風行的盛況。

《古今文選》也是他和父母紙上相逢的功臣。一九五七年，師大人事室通知說有一位孫本戎先生的姪子找他；經連繫，孫先生表示他叔父的友人「方毅先生從福州寫信來，拜託他幫忙找他的小兒子。」孫先生乍看這信，心想，人海茫茫從何找起？但看著「方祖燊」這三個字又覺眼熟，幸好他想起在那兒見過這個名字。孫先生告訴方祖燊說：「我想起了這大名常見於國語日報的《古今文選》，就打電話去報社問，他們「證實了你是福州人，但現在在師大工作。」於是，孫先生找到方祖燊。就這樣，他和大陸的家人有了連絡的管道，在兩岸阻絕的年代，一家人透過香港時常通信，也因此可以略盡孝道。

方祖燊在師大教授的課程包括中國文學史、散文與小說寫作理論、修辭學、文學批評、學庸等等，他和夫人黃麗貞教授是令人羨慕的組合，兩人同樣任教於師大國文系，研究領域相輔相成，黃教授曾任國民黨婦工會副主任委員，以卅六之齡升任教授，創下師大國文系升教授最年輕的記錄。一九八二年，師大國文系並指派黃麗貞前往韓國大邱私立啓明大學客座一年。訪談當天，黃教授安靜地在房間讀書，書桌上的檯燈、手提電腦、展讀中的古籍，以及她專注、不受干擾的神情，像極了一幅畫，莫怪方教授的畫作中總有這麼一個安穩的形象。

習畫十一個月

訪談起始，我們的對話內容不是他的文學作品，也不是原本規畫好的議題，而是從他的畫作切入。

從一進入方家，客廳懸掛的畫作都頗具專業水準，他一路領我參觀臥房、書房、走道、工作室，室內每一面牆都掛滿了他的畫，他說，掛起來才看得出缺點，方便修改。他看出我驚奇的眼神，但是令我驚奇的不是這些畫的水準，而是他習畫才十一個月的時間，就頗有大家手筆。方祖燊說，這大概是平日大量閱讀的好處，所有的畫面和呈現手法在心中醞釀了幾十年，拿起筆來就不顯得那樣沉重吧。

如何可以在這麼短的時間內畫出這麼好的成績？他說，其實早在卅幾年前自己就有學油畫的念頭，腦海中不時出現圖畫畫面，那時候他動手畫過三幅油畫，一幅是太太的畫像，一幅風景畫，第三幅是一位外國女士。如今這三幅畫分處異地，太太的畫像，兒子帶到美國去；風景畫則被一位愛畫的朋友索了去；僅存的是外國女士的那幅畫。（方祖燊很大方借我們刊登他和這幅油畫合照的相片，以饗《文訊》讀者）。卅幾年前這些無師自通的油畫作品，就可見出他繪畫的潛能，而今，他終於學畫了，但已不再鍾情於油畫了。

他說水彩畫一天即可完工，一幅油畫卻需耗時約兩個月，而國畫色彩不符他的要求，他喜歡濃烈、大膽的色彩，自認以現在的年歲，頗有時間不夠用的恐慌，所以為了把握創作的時間，他選擇以水彩畫取代油畫，但在水彩畫無法表達、想有油畫效果時，他會搭上壓克力來畫，凸顯效果，甚至同一幅畫他會添加油彩，讓顏料充分發揮特有的柔和、濁重、亮麗等特點，只是，他的繪畫老師蔡文恂並不鼓勵這種「雙拚」或「三拚」，但是非美術科班出身的方祖燊認為，凡事起頭難，就是因為沒人做，所以更沒有包袱，說不定以後會蔚為風潮，他樂觀地看待創作的無限可能，而且不排除開畫展。

談到畫作手法，方祖燊強調任何形式的創作原本就有作者強烈的自我在其中，他相信畫畫的人必須懂得理論，但實物的合理性是不可忽視的。爲了累積畫作的能量，除了藝術理論的書，他大量觀摩國內外畫家出版的畫冊，他曾經看到國內某位畫家把金魚畫在荷池裡，他說，這種不合理的搭配是畫家不該犯的錯，這也是他引以爲鑑的地方。習畫之初，他臨摹國內外畫家的作品，但以自己的色彩、角度去詮釋原作，所以臨摹出來的畫在創作上而言，純粹是他自己的，他認爲臨畫的人如果只是依樣畫葫蘆，臨摹出來的畫並不具有特別的意義。習畫後，他每天早上打草稿，下午修改、上色彩，以畫國畫的速度和保有油畫好處的創作方式，每天不停地畫。他甚至想過，何以畫畫不能護貝？他順手拿出一張自己護貝的畫作，看他認真的神情，我完全可以感受到他對創作的熱情。

寫作五十年

看方教授退休後忙碌的生活，回想他早年爲了家計而埋首寫稿，在大學和報社之間兩頭燒，而今，時間完全掌握在他手裡，現在所做的是他心底的想望。尤其是，一九九一年退休前夕，他意外發現患有第三期直腸癌，這個青天霹靂的消息讓他情緒低落，之後，歷經六個療程的化學治療，他把長達九個月的醫療過程形諸文字，寫就〈殲癌日記〉，收錄在全集第十一卷「中短篇小說選集」中，在歷經生命的考驗，方祖燊如今藉畫筆流洩心中的情感，不僅是他自己，就連旁人都會分外珍惜這些用生命焠鍊來的創作。

這篇約四萬字的〈殲癌日記〉，不只是他抗癌的年表，更是包含了病患的治癌心路和豐富的療養知識，彷彿是位專業的醫生，或是坊間的衛教書籍，給予患者詳細的醫療建議和指南。

和癌症對抗的歲月稍告段落，他花了整整一年，著手寫就一部大書《小說結構》，這是自一九六四年他擔任師大新文藝課程以來，就一直想寫的書，卅幾年來，他大量閱讀小說、研究小說、以及思索種種有關小說的理論，一有所得便寫成專論，累積相當可觀的成績，這些專論已陸續分別發表在報章、雜誌、學術期刊上，一九九三年，他利用一年假期把這些理論整理、補充，完成《小說結構》一書，因爲成於病體恢復之初，夫人黃麗貞稱此書爲「生命之書」，真是一點都不爲過。

方祖燊已有一段時間沒有文學創作了，一來是精力都在學畫上，二來是他自忖從不迎合人家寫東西，筆調未必符合目前編輯的口味，所以出版全集，把自己所有作品做個總整理，形式上也是爲四、五十年來的創作劃了一個句點。

一九九九年，他和太太動身前往美國探視兩個兒子，這對雙胞胎兄弟自大學畢業、退伍後出國留學，一直到立業、娶妻生子，算算也十幾年了，他們在美國安定了下來，方祖燊和太太有空就到美國去小住一段時間。他說，去年自美返國時，曾一度動念著手寫毛、蔣之間的故事，他花不少時間搜集了相當完備的資料，但轉念一想，目前時空並不適合發表，也不確知讀者在那兒？所以，他還是毫不猶豫地拿起畫筆！

已有時間不夠用的恐慌

方祖燊估算過，四、五十年來自己寫作的各類文字總計約有七百多萬字，從他的全集出版，我們可以看到一介文人是如何敬重自己的創作，《方祖燊全集》計廿四卷、共十三冊，內容涵蓋人物傳記、論文、散文雜文選集、兒童文學、詩歌戲劇、文學批評理論、中國文化史，還有自傳一冊，這些創作都是方祖燊畢生的心血，他細心地把早、中、晚期的作品逐一分類，全集在一九九六至九九年間分冊陸續出版，不僅清楚爬梳他個人創作的歷程，也提供後學者研究相關領域的重要參考。

方祖燊的自傳，下筆方式與眾不同，可以說是一部中國現代史的縮影，他把身家經歷與中國歷史結合，以歷史事件、年代爲經，穿插家國遭遇，歷史座標清晰，讀來分外輕鬆，可以在教科書之外，更清澄的看到那個年代。爲什麼以大歷史的角度來書寫個人歷程，原來，方祖燊的父親方毅當年便是同盟會成員，方毅先生在青年時代投筆從戎，考入福建陸軍講武堂，後來追隨福建軍總司令許崇智參加福州革命，從推翻滿清、抗日、直到國共分裂，方祖燊從父母親口中得到許多第一手資料。

一九六六年，他在師大日間、夜間、專科三處都有課要上，每周多達廿三小時，除要編選注譯《古今文選》之外，他還應教育部聘請，每周六下午到教育電視台主講「大學國文」，這是個現場直播、每次廿分鐘的節目，方祖燊任製作人兼主講人，前後兩年，爲語文的推廣做了很大的貢獻。

一九九〇年，他接下中國語文學會秘書長一職，原本每月有三千元的車馬費，鑒於學會經費的困難，方祖燊自己把車馬費取消了。任內，他積極經營《中國語文月刊》，向教育部申請經費舉辦「中小學學生寫作獎」，激勵學生寫作，其間創辦並主編《中國現代文學理論季刊》。

前年去美之前，他除了自教職退休，也辭去國語日報董事及中國語文學會職務，同時未再涉足《中國現代文學理論季刊》社務，等於是所有的工作都告個段落，前不久《中國現代文學理論季刊》停刊了，他雖不再過問社務，但關切之情溢於言表。

方祖燊和夫人合著過散文集《說夢》，小說《幸福的女人》，兩人另與李鍌教授合著《中國文化的內涵》、《中國文化史》等。在靜謐的花園新城裡，教授夫婦辛勤地作畫、研究，彷彿時間永遠都不夠用似地，做學問的態度一如往昔，拜訪方家的那個安靜的早晨，巨大的安穩的前進的力量在我眼裡心裡鋪陳開來。

（刊於二〇〇一年十月《文訊》一九二期・人物春秋欄。）

藝術的永恆之美

——讀方祖燊《西方繪畫史》

趙　雲

《西方繪畫史》／方祖燊著／國家出版社／二〇〇五年一月

在語文領域中成就卓越的方祖燊教授，七十歲正式學畫，五年後，以水彩和油畫參加北京中華書畫名家全國巡迴展。

學畫的過程中，方教授除了觀賞中外歷代畫家的作品外，也大量閱讀畫冊和論著。爲了把創作的體驗和理論心得與同好分享，他撰寫了一部圖文並茂的《西方繪畫史》。

從岩壁上兩萬年前的原始美術，到二十一世紀最前衛的畫派和畫風，全書脈絡分明，論述西方著名的畫家四〇二人，附有名畫和圖片六百五十六張。

方教授以事實證明，人生具有無限的可能。

當時的生活訊息。

一

《西方繪畫史》以「岩壁上的原始美術」作爲起源。野生動物在畫面上奔馳，追捕的獵人，已經知道運用簡單的狩獵工具。一兩萬年的時光飛逝，栩栩如生的繪畫，卻替人類的遠祖，保留和傳達了當時的生活訊息。

原始人在岩壁上繪畫的動機，雖然有不同的說法，但不可否認，創造是一種驅力。他們以生活和大自然爲題材，表現得相當寫實。

照相機還未發明之前，繪畫除了滿足創造欲之外，也是以圖像紀錄的一種方式。題材擴展到肖像畫、宗教畫、神話故事以及環境中發生的一些事件，如：戰爭、狩獵、皇帝加冕等，仍然以寫實爲原則，畫得「像」這種觀念，深深地銘印進人們的潛意識裡。

爲了讓讀者容易理解繪畫與歷史、文化背景的關係，《西方繪畫史》在每一章節開始時，先對這地區作扼要的介紹，並附有彩色地圖和著名的建築及景點。以西方美術的重鎭法國爲例：從法國的歷史文化，導引出法國美術的流變，依序分爲八個單元。至於影響近代繪畫最大的「印象主義」，則另闢專章：「印象主義、新印象主義至後期印象主義」，對印象派的起源、理論依據和重要的畫家，都有詳盡的闡釋。

這種編寫方式，形成了本書的幾點特色：

一、有如一部西方各國的政治及文化簡史。

二、到西方作文化之旅前，這本《繪畫史》提供了豐富的參考資料。你可以了解推理小說《達文西密碼》，和羅浮宮典藏的「蒙娜麗莎的微笑」有何關係。也不會把抽象畫、立體派一概誤認爲「印象派」。

三、這本《繪畫史》既可作爲學藝術的入門參考書，並可進一步探析現代藝術，爲什麼從傳統出發而又顛覆了傳統？在科技文明的影響下，今後的繪畫將何去何從等問題。

二

《西方繪畫史》詳盡的介紹了「超現實主義的繪畫」，其中以圖文對照的方式，讓讀者很容易了解超現實派著名的畫家和他的畫作，並簡釋他們作畫時一些跳脫傳統的新技法。

「印象派」、「超現實派」這類個性化的創作觀念，比傳統以模仿自然爲主的方式，更能滿足畫家的創作欲。所以繪畫方面的嘗試和突破，以及新畫派的成立，一時風起雲湧，而且各有其理論依據。

書中從〈印象主義、新印象主義至後期印象主義〉以後各章，包括〈世紀末繪畫〉、〈新藝術〉、〈前衛運動與現代主義時期的繪畫〉和〈後現代主義的美術〉，以開放的視野探析現代一些具有影響力的畫派。讀者可以清楚分辨「印象派」和「抽象畫」的差別。「野獸派」大師馬蒂斯在藝術上的成就，絕不是「馬踢死」。畫面上排列著瑪麗蓮．夢露重複影像的，是「波普藝術」（普普），主旨是捕捉通俗、流行文化內涵的藝術。而「歐普藝術」則是和光學、知覺動力學有關的抽象藝術，也就是「光效應藝術」，有時利用視覺上的錯覺，使畫面看起來前進或後退，甚至律動、暈眩。如果想知道e世代的「電腦藝術」，也可以在書中找到答案。

所以，方教授自許「這是最新的一部西方繪畫史」。

三

藝術文化發展的歷程中，文化交流的影響既深且鉅。西方繪畫並非孤立地隔絕了其他文化的影響。印象派和野獸派一些畫家的作品，可以看到日本浮世繪的影子。畢卡索從非洲黑人雕像中領悟出「立體派」的原理。

方教授在撰寫這部《繪畫史》時，以他的看法和體驗，感到西方繪畫，不排除受到中國藝術的影響。

例如「巴洛克藝術」。十七世紀中葉時，法國國勢強盛，豪華壯麗的巴洛克式，正可滿足這種浮誇的心理。富麗堂皇的凡爾賽宮，就是典型。方教授把這種風格，與我國唐、五代相提並論。他認爲：「把人物都畫得特別健壯豐滿，畫女人跟唐、五代的畫風很相似，以『環肥』爲美。」

「新印象主義」單元中，說到「點描畫法」。他舉例：「這種『用點用塊去畫景物』，在中國唐、宋時代早已存在，是中國畫家常用的一種技法，常用來畫山、畫樹、畫石、畫鞍馬、畫青苔，有『點簇、點朵、點苔』各種名稱……」書中並附清人以點簇法畫樹上盛開的紅、白花朵，作爲對照。

方教授由於學畫而對畫論及繪畫史作進一步的研究，所以在撰寫《西方繪畫史》時，也從學畫的立場，分析名家畫作，論述一些作畫的技法，希望對己對人有所幫助。從畫作的構圖、怎樣畫好一張畫，以至如何畫水彩、畫油畫，設計封面等，他都一再省思這些問題。什麼是「濕壁畫」？哥德式建築和羅馬式拱形建築所造成不同的效應；巴洛克與洛可可藝術的差別……書中都有扼要的闡釋。所以方教授自認這也是一本學習繪畫的課本。

四

《西方繪畫史》涵蓋的時空既深且廣，加上畫派林立，著述時難免偏重概略性的詮釋。但書中也舉出一二特例，作較詳盡的說明。在介紹「構成主義的繪畫」時，即將抽象畫的先驅康丁斯基，從寫實畫開始，畫風一步步轉變，最後完全擺脫具體的形象，轉向以幾何圖形構成的抽象畫，並配合各階段具有代表性的畫作，讀者可以清楚的了解康丁斯基如何在嘗試中探索自我發展的方向。

西班牙超現實派畫家達利，怪異的言行和獨特的畫風，在藝壇中掀起的漣漪，歷久不衰。書中分析他的思想受到佛洛伊德潛意識學說的影響，認爲夢與幻想是創作的主要題材，並刊出他幾幅膾炙人口的畫作，對畫的內涵和畫法，作深入的探析，也等於爲神秘的超現實主義，提供一個具體的範例。

通常閱讀畫冊或附有圖片的書刊，最感困擾的是文中提到的附圖，常要東翻西翻，找了半天才看到該圖片。也有些書刊將所有圖片集中在幾頁內，要按頁碼及圖號搜尋想看的圖，十分不便。爲了消除這種困擾，七十多歲高齡的方教授，學習電腦做掃描和燒錄CD，自己編排圖文，把圖片安排到最恰當的位置，讓圖文密切的融合成一體，然後再掃描和燒錄成CD片。付印前不但文稿自校，圖片的色彩也一再調整，以求完美。

心理學提到「從創作中激發自我的潛能。」方祖燊教授跨越了語文領域，在繪畫上成績同樣亮眼；他更進一步撰寫這部《西方繪畫史》。他認爲，藝術家把短暫的美描繪下來，使其變成永恆的美；而這部繪畫史使對繪畫藝術有興趣的人，提升審美、品嘗與創作的能力。這應該是方教授激發自我潛能，所呈現的另一種成果！

（原刊於《文訊》雜誌第二三六期「書評書介」）

游於藝

沈　謙

子曰：「志於道，據於德，依於仁，游於藝。」

孔子在《論語．述而篇》第六章提出進德修業的方法，貴在立定志向，衷心嚮往人生的正道，堅定據守本心的德性，始終不違仁道的情懷，心神優游於藝術的領域，此四項略加探究，頗堪玩味。

志於道：志，心之所向；道，日常應當遵循的倫理，社會上眾人共同遵行的正路，儒家所謂君子之道、夫子之道、堯舜之道。韓愈〈原道〉：「博愛之謂仁，行而宜之之謂義，由是而之焉之謂道。」

據於德：據，堅守，固執而不失；德，朱熹所謂：「德，則行道而有得於心者也。」韓愈所謂：「正乎己，無待於外之謂德。」道行在外，德修在己；求行道於天下，必自據守己德。志於道，心存正道，衷心嚮慕，內心須固守美好的德性，此德性莫不由遵行正道而來。

依於仁：依，不違；仁，人與人相處之道，即佛家之慈悲，基督之博愛。《論語．泰伯篇》：「士不可以不弘毅，任重而道遠。仁以爲己任，不亦重乎？死而後已，不亦遠乎？」由志於道而據德，據於德而依仁。如此循序漸進，深造求全，自然可以完成獨立自主之理想人格，獲致理想人生，安心立命之所。

游於藝：游，游泳，優遊自在；藝，指禮、樂、射、御、書、數六藝，亦指人生所需。《禮記・少儀篇》：「士游於藝。」又〈學記篇〉：「不興其藝，不能樂學。故君子之於學也，藏焉，修焉，息焉，游焉。夫然，故安其學而親其師，樂其友而信其道，是以雖離師輔而不反也。」

其實，四者之中，最高的美境是「游於藝」。王熙元《論語通釋》說得好：「如果能涵養藝術，使身心獲得均衡發展，更能培養和諧的人生，完整的人格。」由此又聯想起古希臘人的名言：「一切偉大的藝術產生自優閒！」

吾師方祖燊教授自師大國文系退休以來，仍著述不輟，今年年初甫由國家出版社印行《西方繪畫史》，四月分又在師大圖書總館舉行油畫水彩個展，並發表專題演講〈談學畫、寫繪畫史及參加北京畫展的經驗〉。理論、創作與演講，三度交會，看老師精神酣暢，洋溢著自信與自得，令人心嚮神往，這正是孔子「游於藝」精神的最佳實踐！

（民國九十四年五月九日，刊於中央日報副刊「方塊」）

鄭子瑜撰寫《中國修辭學史》

方祖燊

數日前，接到上海復旦大學宗廷虎教授的來信，獲悉鄭子瑜教授於去年逝世。鄭教授是新加坡著名的中國修辭學史家；宗教授要編一本紀念集，由復旦大學出版社出版，要我寫一篇紀念或評介鄭先生學術成就的文章。

一、從鄭子瑜「中國修辭學的變遷」談起

我雖多次前往大陸參加「中國修辭學研討會」，但和鄭先生終「緣慳一面」。劉勰說：「世遠莫見其面，覘文輒見其心。」又有人說：「觀其文，知其人。」我和鄭教授是同一時代人，講授的都是「中國修辭學」；我讀他的著作也應該可以知道他的爲人與成就。我這一篇紀念文字，專從「鄭子瑜先生研究《中國修辭學史》的歷程與其內容作一簡介與論評。

鄭子瑜在《中國修辭學史稿・自序》中，說：「一九六四年四月，我應聘到日本東京，任早稻田大學語學教育研究所客座教授兼研究員，主講『中國修辭學』，參加聽講（討論）的有實藤惠秀五位教授

和大村益夫講師等，由精通中國語的松浦友久氏任通譯。我們拿陳望道的《修辭學發凡》作爲研究的對象，再加補充批評，有時比較古今修辭的異同，有時針對漢文特殊的修辭技巧，研究作者的構思。從諸位先生所提問題得到的啓示，使我立下了決心，要對『中國修辭學的變遷』，作一番研究的工作。……是年五月三十日，由全日本的漢學家組成的「中國語學研究會」在早大舉行例會。（這時）我的講題便是『中國修辭學的變遷』。」鄭子瑜先生把「變遷」講辭跟他研究修辭學幾篇論文編爲一集，第二年（一九六五）由早稻田大學研究所出版。

鄭子瑜先生把他的論文集，寄給上海復旦大學陳望道、郭紹虞兩位先生。林興仁說：這時陳望道先生是他博士學位的指導教授，將鄭子瑜的《中國修辭學的變遷》給了他，說：「這可以作你撰寫學位論文的參考。」這是鄭子瑜跟復旦大學講授修辭學的前輩學者的關係的開始。他自己也說：「變遷出版後，先後得到著名學者陳望道、郭紹虞等逾分的推許。」

不久，他從日本回到新加坡，繼續蒐集有關「修辭學史」的資料，爲撰寫《中國修辭學史稿》作準備。一九七八年，日本東京大東文化大學爲要創辦「外語學研究院」，聘請他爲「中國修辭學研究」的講座教授。他就將十幾年來蒐集的資料帶去日本，開始整理補充，並著手撰寫，至一九八〇年離職尚未完成。他回到新加坡，繼續工作，直到一九八一年九月間，才全稿完成；在復旦大學講中國文學批評史的郭紹虞教授替他寫序，《復旦學報》主編蔣學模教授幫他介紹；直到一九八四年，他的《中國修辭學史稿》，才由上海教育出版社出版。這是鄭子瑜「中國修辭學史」的著作，跟復旦大學的關係的開始。

在這前後，有一九八一年的周秉鈞《漢語修辭研究簡史》、唐啓運《漢語修辭學的過去和現在》，一九八二年的周振甫《中國修辭學簡史》，一九八六年的李維琦《古漢語修辭學簡史》等。——鄭子瑜教授說：他的《中國修辭學史稿》屬第一部「中國修辭學史」[一]。從一九六四年五月三十日，鄭教授在早稻田大學演講「中國修辭學的變遷」，到一九八四年《中國修辭學史稿》出版，經過時間長達二十年；由此，可見他「鍥而不舍」的毅力與精神，終而完成了此一專史，成爲研究「中國修辭學史」的先驅。

這年秋天，他被香港中文大學中國文化研究所，聘請爲客座高級研究員；至一九九七年改聘爲名譽高級研究員。《中國修辭學史稿》，陸續加以增訂；一九九〇年，授權臺北文史哲出版社排版印行，改名爲《中國修辭學史》。

一九八六年六月，鄭教授到上海參加學術會議，在復旦大學、華東師範大學、上海師範大學，講演他編寫《中國修辭學史稿》的體會。這時，復旦大學正在編寫《漢語修辭學史綱》，易蒲（宗廷虎）、李金苓（宗廷虎夫人），數次到招待所請教編寫問題，並請他作序。這是他跟復旦大學研究修辭學史的學者接觸的開始。

以後，撰著修辭學通史的，有李金苓、宗廷虎合著的《漢語修辭學史綱》（一九八九年由吉林教育出版社出版）。袁暉、宗廷虎主編《漢語修辭學史》（一九九〇年，安徽教育出版社）。周振甫的《中國

一 說見鄭子瑜《中國修辭學通史》序。

修辭學史》（一九九一年商務印書館）。斷代史的有宗廷虎的《中國現代修辭學史》（一九九〇年浙江教育出版社），專史有吳禮權的《中國修辭哲學史》（一九九五年臺灣商務印書館）。這些研究修辭學史的學者，大部分是畢業於復旦大學研究所或任職於陳望道建立的復旦大學文法、修辭、邏輯研究室。復旦大學是陳望道先生撰寫《修辭學發凡》的地方。

陳望道先生，早先在日本早稻田大學研究修辭學；後來在上海復旦大學教修辭學，在一九三二年寫成《修辭學發凡》，教人怎麼樣地去修飾語辭和文辭。他把修辭手法，分做「消極修辭與積極修辭」兩大分野。他說：消極修辭是抽象的概念；積極修辭是具體的體驗。也因爲是具體的體驗，所以他能夠在「積極修辭」部分，建立了三十八個「辭格」，一格中又有若干式，若把各式也算一個格，總計有六七十格，我們應當知道的辭格已經包括無餘了[二]。《修辭學發凡》是我國「第一部」有系統的、有體例的「修辭學」專著，文字精要簡明，是極好教本。

我個人認爲國文系修辭學的教學目的，在讓學生知道了修辭的方法與原則之後，能夠提高他們寫作的能力，將來教書或研究也可以用來講解或評析作家作品的佳妙與瑕疵，也可以用作批改學生作文的準則。一九六三年，我在臺灣師範大學國文系教三年級「修辭學」，根據陳望道先生《修辭學發凡》編寫講義；當時《修辭學發凡》列爲禁書，臺北買不到先生的書。

二　其說，分見陳望道先生《修辭學發凡》五五頁與七六頁。

後來，臺灣逐漸有當地學者寫的修辭學問世。我採用作教本的有：黃慶萱《修辭學》（一九七五年臺北三民書局出版）、傅隸樸、董季棠的修辭學。董季棠先生《修辭析論》（一九八一年臺灣益智書局出版），出書前請我從頭到尾看了一遍。沈謙、蔡宗陽都是我的學生，他們在修辭學研究方面也都有相當不錯的成績，沈謙有《文心雕龍與現代修辭學》（一九九〇年益智出版）、《修辭學》三冊（一九九一年臺灣空中大學出版）、《修辭方法析論》（一九九二年宏翰公司出版）。蔡宗陽有《陳騤〈文則〉新論》（一九九三年文史哲出版），這是蔡宗陽升教授的著作，全書約四十五萬字；他還有《修辭學探微》（二〇〇一年文史哲），專收他研究修辭學的論文，《應用修辭學》（二〇〇一年萬卷樓出版）。內子黃麗貞教授在師大講授修辭學，也著有《實用修辭學》（一九九九年國家出版社出版），是一本暢銷的大學用書；二〇〇四年，就再出增訂本。傅隸樸的《修辭學》（一九六九年正中出版），「錯字」、「脫字」很多；「引文」不加「引號」；「例文」都是一鈔了事，不加賞釋。

一九九一年一月，是復旦大學老校長陳望道誕生一百周年前後，宗廷虎爲發揚陳望道的修辭學，向張子瑜建議：聯合主編五卷本《中國修辭學通史》，陳光磊爲副主編。這部《中國修辭學通史》，一九九八年十一月，吉林教育出版社出版。各卷的著者：第一先秦兩漢魏晉南北朝卷爲陳光磊、王俊衡。第二隋唐五代宋金元卷爲宗廷虎、李金苓。第三明清卷爲李熙宗、劉明今、袁震宇、霍四通。第四近現代卷爲宗廷虎、李金苓。第五當代卷爲吳禮權、鄧明以：是一部集體的著作。

二〇〇七年四月，吉林教育出版社出版《中國修辭史》，鄭子瑜爲名譽主編，宗廷虎、陳光磊主編，分上中下三卷：上卷論述語音、詞彙、句法修辭的歷史演變，由陳光磊、趙毅、段曹林、張春泉合著。中卷論述辭格的歷史演變，由宗廷虎、李金苓、郭緻坤合著。下卷主要論述篇章結構修辭的歷史演變，由吳禮權、疏志強合著。三卷共一百五十萬字。

此外，還有宗廷虎主編《二十世紀中國修辭史》（二〇〇七年，北京中國人民大學出版社出版），上卷宗廷虎、吳禮權合著，下卷高萬雲著，是最新的一部修辭學史的著作。

從這許多「修辭史」與「修辭學史」的著作，可以看出鄭子瑜教授與上海復旦大學「語法、修辭研究室」關係的深厚；也可以看出鄭子瑜教授，因撰寫〈中國修辭學的變遷〉、《中國修辭學史稿》，對中國的修辭史與修辭學史的研究與撰著，發生了相當深遠的影響。

二、評介鄭子瑜《中國修辭學史》

鄭子瑜的《中國修辭學史稿》，改稱《中國修辭學史》，一九九〇年二月臺北文史哲出版社初版，二十五開本，約五十萬字。郭紹虞序說：「鄭子瑜是至今為止第一個研究修辭學的歷史的學者，研究方法更著重在講中國修辭學的歷史，不僅限於『辭格』。」

鄭教授的《中國修辭學史》共十一篇：第一篇緒論。接著，他將「中國修辭學的歷史」分做九個時代：第二篇論商周。第三篇論先秦。第四篇論兩漢。第五篇論魏晉南北朝。第六篇論隋唐五代。第七篇論宋金元。第八篇論明代。第九篇論清代。第十篇論現代。其內容主要在引述：各時代的作家、詩人、學者、文史家、批評家、修辭家談論：言文觀點，批評理論，修辭技巧，文體特質，文學演變，文章學與修辭學的著作。第十一篇結論。整體引用資料很豐富，並作概括與論述，許多看法也很得當。批評（criticize）一詞，就是「吹毛求疵」的意思，在雞蛋裏挑骨頭，令人討厭。西方人罵批評家是「蠢驢」。不過，臺灣批評文學論著的，卻往往是「固執己見的蠢驢」。我翻讀鄭教授《中國修辭學史》一過，覺得還有一些地方需要補充與討論，以使「修辭學史的研究」更加完善。

鄭子瑜在《中國修辭學史》第三篇先秦時代，說：許多人談言語，大都強調「慎言」、「謹言」，要「言之有序、有物」。但是，春秋、戰國也是極講究說話藝術的時代。春秋時各國外交來往，戰國時才士遊說國君，無不注重言辭的妥當動人；所以春秋時有「賦詩言志」，賓主在歡宴酒酣的時節，時常「引用」《詩經》的詩句來寄托情思。所以孔子說：「不學詩，無以言。」「賦詩言志」，屢見於《左傳》。戰國時縱橫家爲遊說國君，發揮其議論，寫成了鋪張恢奇藻飾雄辯的散文，散見於《戰國策》，尤其注重說話的技巧。韓非子〈說難〉就是一篇談論要如何迎合國君的心理的文章。還有虛構淺近的「寓言」，以說明繁雜的事理，如：蘇代借「鷸蚌相爭，漁翁得利」的譬喻，終止了趙惠王伐燕。江乙用「狐假虎威」的故事，對荆宣王說明北方諸侯畏懼昭奚恤的理由；現在這些寓言、這些故事都成了有名的「成語」。這可以說，在詼諧笑談中，用譬喻性故事，討論嚴肅的問題，加強了自己的論點。這在鄭教授《中國修辭學史》第三篇先秦時代中，都未見提到。

在三十七頁，鄭教授談文體修辭準則，引用《尙書・堯典》云：「詩言志，歌永言；聲依永，律和聲。」鄭玄作《詩》箋:「永,長也。」——他認爲「永言即是長言」是不妥當的解釋;他認爲「永是詠的假借字。」並引俞越《古書疑義舉例》說:「詩所以言其志,歌所以詠其言也。」來證明。——其實,這四句見於《尙書・虞書・舜典》,不見於《堯典》。後漢衛宏〈詩序〉:「詩者,志之所之也,在心爲志,發言爲詩;情動於心,而形於言;言之不足,故嗟歎之;嗟歎之不足,故詠歌之;詠歌之不足,不知手之舞之,足之蹈之也。」這是說明「詩、歌、舞蹈」產生的過程。志,情思。永、詠,都是「長」的意思。我們唱歌多半是「拖腔拉調」的唱。永作「長」解,並無不當。

第四篇論兩漢時代。這時司馬遷《史記》、班固《漢書》都是極重要極成功的史書,首創「紀傳體」,多採「紀事始末」的寫法,如:《史記》〈項羽本紀〉、〈信陵君列傳〉,《漢書》〈李陵傳〉都是這樣的寫法。在散文「記人敘事」方面,都是極成功的作品;可是未見鄭子瑜教授對《史記》、《漢書》作隻言片語的論介。

鄭教授在第五篇論魏晉南北朝「三、論文體與修辭」。頁九四—九七,他引用曹丕的《典論・論文》:說「夫文本同而末異,蓋奏議宜雅,書論宜理,銘誄尙實,詩賦欲麗。」陸機《文賦》:「詩緣情而綺靡,賦體物而瀏亮,碑披文以相質,誄纏綿而淒愴,銘博約而溫潤,箴頓挫而清壯,頌優游以彬蔚,論精微而朗暢,奏平徹以閑雅,說煒曄而譎誑。」而認爲「是」曹丕、陸機兩人提出了各類文體「修辭準則」。——我認爲這只是曹丕、陸機兩人提出:他們對寫作這幾種文體的一點意見罷了。一種文體或一類文學都是非常複雜的;豈是「一個字一句話」可以「概括盡」該文體的「形式、內容、特質、體制、作法與修辭」？

曹丕說：「詩賦欲麗。」——鍾嶸《詩品》批評魏文帝曹丕詩，說：「所計百許篇，率皆鄙質如偶語。」又說：「魏侍中應璩詩，祖襲魏文。」應璩作〈三叟詩〉，胡應麟《詩藪．內編卷二》說：「應璩〈三叟〉，殊愧雅馴。」現錄其辭：

古有行道人，陌上見三叟，年各百餘歲，相與鋤禾秀。住車問三叟，何以得此壽？上叟前致辭，內中嫗貌醜；中叟前致辭，量腹節所受；下叟前致辭，夜臥不覆首。要哉三叟言，所以能長久。

讀來俚俗質樸，不知何「麗」之有？

陸機說「誄纏綿而淒愴。」誄文，累列一個人生前的德行與功業，作擬定「謚號」，頌賜「謚號」的根據；「誄文」大多彰揚一個人的德行與功業。傅毅作〈漢明帝誄〉，全篇是四言韻文，歌頌明帝的仁惠寬恕，聰明恭敬，武功文德，倡揚儒家，慎罰薄刑，設立學校，注重禮樂，擁有天下，各國都來進貢，人民樂於納稅，永昌設郡，儋耳歸化，天下統一，八方同制。它純是一篇雍容肅穆、歌功頌德的作品。又豈有陸機所說：「誄纏綿而淒愴」的情思？

鄭子瑜教授的一些論斷之語，多失之未加詳察細考，以為古人的隻言片語，都可作為後人的「圭臬」。修辭學家當然可以專就一種文體探究其修辭的技巧。如司馬相如的〈子虛賦〉、〈上林賦〉之類，都是極盡鋪寫誇張之能事，盡力搜尋：珍禽怪獸、異花奇草、山水土石羅列了進去，從東西南北，從上下左右，加以鋪陳描繪，堆砌詞藻，排列奇詞怪字，有如字典，讀來華豔奪目，形成「漢古賦」的體制，爲後來賦家所仿效。如揚雄作〈甘泉賦〉、〈羽獵賦〉、〈長楊賦〉多模仿司馬相如。班固作〈兩都賦〉、張衡作〈東西京賦〉：走的也是司馬相如的路子。我們研究時，可以舉例、比較，再加論斷。

其他學者研究「文體」的更多，選文家像梁昭明太子蕭統編《文選》，就將文章分做三十七類。寫文學簡史的像劉勰在《文心雕龍》中，分爲〈宗經〉等二十三種文體，暢論其產生、演變、特性及寫作重點。還有專門研究各種文學作品體類的著作，如明吳訥的《文章辯體》，徐師曾的《詩體明辯》。這種現象持續到後代、到現代。如清姚鼐編《古文辭類纂》，把古文分做論辨等十三類。魯迅寫《中國小說史略》，把小說分做志怪九類。現代「文體論」專著，有胡才甫《詩體釋例》、謝无量《詩學指南》之類。我寫《小說結構》講寫作現代小說的理論與方法，把小說分做生活等十二類。黃麗貞著《中國文學概論》，論述我國詩歌、散文、楚辭、賦與駢文、小說、詞、散曲、戲劇各類文學，論述其取名意義，體裁特色、分類發展、作者成就貢獻，作品舉例欣賞與批評等。研究文體是非常複雜而費時的。

在魏晉南北朝時代，東晉時代的民歌像〈子夜歌〉、〈大子夜歌〉、〈子夜四時歌〉，已有許多「雙關語詞」。東晉田園詩人陶淵明的〈止酒詩〉：

居止次城邑，逍遙自閒止。坐止高蔭下，步止蓽門裏。好味止園葵，大懽止稚子。平生不止酒，止酒情無喜。暮止不安寢，晨止不能起。日日欲止之，營衛止不理。徒知止不樂，未知止利己。始覺止為善，今朝真止矣。從此一止去，將止扶桑涘。清顏止宿容，奚止千萬祀？

他在這二十個句子裏，都給嵌上了一個「止」字，叫做「嵌字格」，創造出一種新異的修辭形式。

「雙關語詞」和「嵌字格」，也都未見鄭教授在魏晉時代提及。

魏晉時，詩人喜歡用「對偶句」。齊永明中，我國人研究聲韻學已有相當的成果。如沈約撰有《四聲譜》。沈約和謝朓、王融等人，已將聲韻運用於寫詩寫文章，稱做「永明體」；唐代的律詩、絕句、律賦，由此而產生。沈約《宋書謝靈運傳論》說：

欲使宮羽（猶今言平、仄）相變，低昂舛節（交錯）；若前有浮聲（指輕清的平聲），則後須切響（指重濁的上去入聲）；一簡（句）之內，音韻盡殊；兩句之中。輕重悉異：妙達此旨，始可言文。

南史陸厥傳：「（沈）約等文皆用宮商，將平上去入四聲，以此制韻，有平頭、上尾、蜂腰、鶴膝。五字之中，音韻悉異；兩句之內，角徵不同；不可增減，世呼爲『永明體』」。按：平頭等就是「八病」。宋魏慶之《詩人玉屑》卷十一載沈約「八病」說、明馮惟訥《詩紀》前集二也有釋「八病」。

這種專論「四聲八病、平仄格調」的重要理論，也未曾在鄭子瑜的《中國修辭學史》南北朝時代提及。律詩絕句是唐朝最重要的詩體，他僅在第六篇論隋唐時代（頁一七三）引朱東潤《中國文學批評史大綱》第十一沈約云：「沈約八病之說，於後代詩體，影響至巨，然於約書，無可考證。舊集中論及八病者，語不詳密。」也未進一步討論到律詩絕句排律等的平仄聲調、押韻及對偶的形式問題。

略舉此數端，以見《中國修辭學史》還有一些不夠周全的地方。

（二〇〇九年三月、四月刊於臺北《中國語文》六二二期）

平心論環保與五輕

方祖燊

一、一篇忘恩負義與污染小河的故事

過去，我讀過南洋群島的一篇民間傳說，叫做〈聰明的松鼠〉。這篇故事大意說：有個男人救了大蛇，大蛇忘恩負義，反過來要吃他。大蛇認爲人類就是這樣地對待別人。這個人不認爲人類是這樣無情無義的，就跟大蛇約定去找人評評理，假使大家都認爲不對，那他就任憑大蛇處置。第一個找到椰子。椰子說：「我用樹葉給人遮蔭，用果漿給人止渴，最後這些人卻要把我連根拔掉！人就是這樣的恩將仇報！」第二個找到小河。小河說：「人渴得要死，我給他水喝，救他性命！當他喝飽，就把什麼鬼東西都扔進河裏，算是報答我給他們的恩情。」這篇小故事說明了兩點：一、人經常忘恩負義，甚至恩將仇報！二、人經常亂丟東西，污染環境。咎由自取，的確該被吃掉的！

二、應該肯定中油公司的貢獻

這次，我南下高雄後勁，參觀中國石油公司，不禁又使我記起了這篇忘恩負義的小故事。

臺灣光復的時候，政府接收了殘破不堪的日本海軍第六燃料油工廠，重經修建，在民國三十六年六月三日，設立中國石油公司。到三十八年，工廠也不過三、四座。當時，後勁居民很少，和中油都是好朋友、隨著中油發展，後勁日見繁榮，外地遷來的人口也一天比一天多了；其中有許多靠跟中油公司做生意而生存。

這四十多年來，中油的發展非常快速，現在有工廠三十多座，員工兩萬多人，對我國經濟的貢獻非常大。看看下列數字，你就可以知道中油對臺灣經濟的貢獻有多大。

1. 發電用的能源有石油、天然氣、煤炭、水力、核能等，根據「經濟部能委會能源指標季報」，從民國六十年到七十六年，用石油、天然氣爲能源，民國六十六年最多佔總能源百分之八十五。七十六年最少也達百分之五十三．八。可見中油公司對我國電力能源的供應之大。當我們使用電燈電器、工廠開動機器的時候，能夠不感謝中油公司的辛苦努力嗎？

2. 石油除了可以煉製汽油、柴油、燃料氣，成爲動力的能源外；還可以做石油化學工業（像紡織、塑膠、橡膠、化學品）原料；再加工製成跟我們生活有關的許多用品，像：衣服、鞋子、輪胎、油漆、清潔劑、飛機、輪船、電腦、電視機、錄影機、收音機、電話機、電鍋的外殼與零件，褲襪、塑膠袋、安全玻璃、唱片、樹脂、化學肥料、汽車零件、雨衣洋傘、籃球排球、水管電管、壁磚壁紙、沙發、煮飯菜的瓦斯、洗衣粉、隔熱隔音板、鋪馬路用的柏油，太空通訊器材、牙刷、原子筆，小孩兒的玩具……。它的用途真是數也數不清，舉也舉不完！

到底，有多少種東西是石油化學工業的產品？這四十多年來，中油公司及石化工業，替我們賺取了多少金錢呢？養活了多少人呢？根據經濟部統計，單民國七十六年一年，即高達新臺幣一兆一千七百九十八億九千二百萬元，佔所有製造業產值的三分之一強；提供了七十三萬七千四百人工作機會，佔所有製造業人口的百分之三十二左右，養活的人當在兩百多萬人。再加上銷售石油及石化製品的人員，就不知道有多少人靠此維生了？沒有中油公司，就沒有現在臺灣石化工業的蓬勃的發展，我們也就不會有今天的經濟成果，也就不可能有今天的富裕的生活！所以大家都應該感謝中油公司的辛勤與努力。可是現在卻有一些人抨擊中油，希望中油從後勁地區消失；這種舉動，可以說是「忘恩負義」！而且是違反了我們全國人民的利益！

三、誰污染我們生活環境？

主張環境保護的人說：「我們要一塊乾淨的土地，我們要青山綠水，我們要窗外有藍天。」「地球只有一個，臺灣只有一個，我們要珍惜我們生存的空間！」這些要求保護我們生活環境完美的理念，是非常美的，令人贊歎敬佩！值得大家支持！雖然如此，但並不是說為了環保，就可以不講理，去反對國家建設，像有些人吹冷氣看電視，一邊卻不讓興建新電廠；去妨害工業發展，像有些人時時用著石化製品，一邊卻高聲反對興建五輕、六輕；去阻止政府改善環境措施，像有些人天天要丟垃圾，卻不許政府興建垃圾焚化爐等等。現在有些最錯誤的觀念，就是以為現代工業一定是污染環境的根源。

以爲工業成長與環境保護一定是不能並存的。這種觀念是非常謬誤的！實在應該好好想想，要是電力不夠，我們靠什麼生產？要是沒有工業，我們靠什麼生存？要是沒有焚化爐，我們又靠什麼來淨化環境？

再說，污染環境最大的罪人，並不是工業，而是我們人類自己。你每天排出多少糞便與廢水？污染了河川與地下水？丟了多少垃圾，產生臭氣，污染空氣？開車放出多少毒氣，污染空氣？還有開電視音響，蓋房屋，開車震動馬路，又製造多少噪音？還有養雞養豬又排出多少廢水？去算一算，就知道了！我們全省有二千萬人，每天排出穢物臭便、洗衣廢水使河流變黑；現在每年丟棄的垃圾約七百萬噸，其中單寶特瓶一年就有兩億八千萬個，空罐子八億多個，廢輪胎一千多萬條；汽、機車快一千萬輛，臺北市空氣污染最嚴重的，就是車子放出令人頭痛的廢氣；城市街頭的噪音，常使人震耳欲聾，耳膜嗡嗡響；就拿農村養豬戶來說，就有五萬多戶，豬隻就有七百多萬頭，排泄物自然造成水源的污染。所以我們高呼環保問題，首先要從我們自己做起：增設下水道與污水、廢水處理池，截取輸送污水穢物，經過濾淨化，再放進河流大海；設置垃圾堆塡場，興建新式垃圾焚化爐，來處理垃圾問題；車子，大家都應改用無鉛汽油，以減低空氣的污染；設立堆肥廠，利用豬糞雞糞製造肥料。

四、如何改善工業污染問題

至於工業污染問題，過去各國也都不太知道，也就不成什麼爲害人類問題。到一九七〇年代，美國首先注意到由於發展工業，而弄髒了土地、空氣和水流，破壞了自然環境，認爲應該設法補救改善。我們環保意識的產生，則是近五、六年的事。於是才注意到人類對環境污染的種種問題，當然也注意到工業污染，也就是工廠的污染問題。

現代先進開發的國家，像歐美日本都是靠工業商業的發達，以維持他們高水準的生活。他們的做法，並不是不要工業工廠，只是在設立新廠的時候，嚴格提高環保的標準，如規定工廠要興建處理廠，淨化廢水，處理廢料；加高煙囪，加裝靜電處塵器，來吸收濃煙和微粒；改用天然氣爲燃料，以減低硫含量；設置隔音牆，隔絕噪音，避免妨害鄰近居民的安寧。舊工廠也要廠東加強改善環保的措施。所以歐美日本能夠一方面繼續發展工業，提高國民所得，一方面又大大改善了他們生活的環境。

五、大家應該支持中油公司興建五輕工廠

六月二十一日，我參觀了後勁地區與中油煉油廠。在那裏，我看到中油公司所做的改善環境污染種種措施：他建了一道七層樓高的隔音牆來隔絕噪音，又將二輕廢氣燃燒塔遷移到半屏山去，來減低音量；興建一座一百五十公尺高的煙囪，以控制臭氣的外洩；改燒天然氣，減少硫化物排放；採用密閉廢水處理場，除掉味和鹼質。他們爲了證明經過處理後的廢水，對動物無害，在廠裏造了一口小池，養了一些錦鯉金魚；還替後勁地區裝設自來水，解決地下水問題。不只廠裏草木茂盛，綠意盎然，還在廠區外邊開闢了一帶寬綠地，據說這樣可以把音量減到五十五分貝，這樣就能達到一般住宅區的音

量標準了。

中油公司的裴伯渝廠長說：他們所以要興建「第五輕油裂解工廠」，因爲輕油經過裂解之後，可以做各種石化工業（如紡織、塑膠、橡膠、化學）製品的原料，對我國石化工業與人民生活的關係非常大；一輕建廠已經二十年，二輕已經十三年，這兩個工廠都很老舊，對空氣、地下水、噪音，過去也的確對後勁居民造成污染不便，我們雖然不斷改善，但還是不能完全理想，所以我們認爲不如把一輕二輕舊廠拆掉，另建一座五輕新廠，這樣可以澈底解決環境污染問題，另一面也可以使我國增加新臺幣一千多億元的產值，增加許多人就業的機會。爲了興建五輕工廠，防治污染，中油已經編列防治污染的經費三百六十三億元，準備在七十八年到八十三年間，逐步實現防治計畫、圖書館、游泳池、公園、綠化社區、加鋪道路。我希望國人能夠了解，大家一起來支持國家的建設，支持五輕六輕的興建，使國民所得能年年提高，大家的生活更加完美。

看了後勁市區的繁榮的市況，新樓的興建，巍峨的明修堂和鳳屏宮，綠油油的蔬果林木，寬敞的道路，澄清的兒童游泳池。後勁也從過去荒僻的小村，變成一萬多人的市鎮。中油對後勁繁榮的帶動，實在也不容一筆抹殺。我認爲後勁的居民應該珍惜現在的生活，更應該爲造福全國人民，做一點小小的自我犧牲，跟中油合作，督促中油嚴格地把環保做好，改善居住環境，一定做到零污染，這樣房屋土地都增值，身體健康也自不會受到影響，也可以賺更多的金錢了，這才是最聰明的辦法！（民國七十九年刊於《勵進月刊》第五三五期）。

「五四運動」的影響與成就

方祖燊

行政院文建會、臺北市政府委託《文訊》及臺灣文學發展基金會，在五月四日至三十一日，在國家圖書館舉辦「五四文學人物影像展」，展出五四時代「人物的影像、作品、手稿與信札，出版的刊物與評論」。這是從各方面徵集與提供的，的確如主辦單位所說，是：「九十年來臺灣最大規模的五四文物展，極具參觀價值」。臺灣與大陸阻隔數十年，我國二十年、三十年代的作家與作品，在年輕的一代看來仍然是相當陌生的；今天，有這樣的大規模的展覽，可以使我們青年瞭解那個時代人物的風範與成就，我們應該深深感謝主辦單位的辛勞。

我因爲「癡長幾歲」，可以說是深受「五四」影響的一代，我的感受自然不同於較年輕的一輩，所以我參加這個盛會仍然覺得還有一些「美中不足」；他們尚未曾「強烈地」給我們揭示出「五四運動」使我民族覺醒的精神、深遠的影響與偉大的成就。

今天，我們大家能夠用「白話」寫文章，完全是拜胡適先生在民國五年（一九一六）十月，首先在《新青年》上提倡作「白話文」之所賜。今天，大家能夠用「新方法」寫學術論著，寫文學作品，也是拜當時學者與作家之所賜。如：胡適採用西方的科學方法，撰寫有系統的、有體例的「中國哲學史」；魯迅採用西方的小說形式，寫作「阿Q正傳」。

民國六年至七年（一九一七—一九一八），北大的陳獨秀、胡適、錢玄同、沈尹默、魯迅和在上海的劉半農等倡導、鼓吹「新文學運動」與「新文化運動」。陳獨秀特別提出民主（德謨克拉西）和科學（賽因斯）。八年（一九一九）一月，北大學生傅斯年、羅家倫、汪敬熙等受他們老師的影響，出版《新潮》月刊，除了提倡白話文，反對文言文，反對舊思想、舊倫理、舊道德。引發守舊派文人林紓與蔡元培的論爭。

新文學運動，正像歐洲的「文藝復興運動」一樣，一經發起，旋即形成一股不可阻擋的思潮，遍及全國。他們認為「文言文」已無法應付現代的需要，必須用「現代語」來表情達意，才能暢所欲言，明白清楚。白話文對思想的革新，文化的革新是一種極便利的工具，自然得到知識份子廣大的支持，所以當時各地出版了無數小報雜誌，有四百種之多；作家紛起組織社團，形成不同派別，重要的有：每周評論社、少年中國學會、文學研究會、創造社、新月社、語絲社、晨光社、淺草社、沉鐘社、大江會、狂飆社、莽原社、未名社、湖畔詩社、民眾戲劇社、戲劇協社、南國影劇社等都用白話文寫作。「白話文」取代了言文脫節的「文言文」，使「白話文學」成為現代的主流文學。

民國八年（一九一九），我國參加歐戰勝利。戰勝的協約國和戰敗的德國在巴黎訂立和約；我國是協約國的同盟，在和會中要求收回「過去德國在我國山東的權益」。這時，日本卻公開段祺瑞政府與日本簽訂讓渡的密約，因此日本繼承了這些權益。消息傳回了國內，北京各大學學生三千多人，在五月四日發動遊行示威，批評北洋政府，要求剷除這些強加於我國的不平等條約，史稱「五四運動」。

這種種運動與改革，都是以北京大學爲中心，都是在蔡元培校長支持之下發動的，使北京大學成爲我國新思潮的發源地。

在五四運動中，有一些學生被捕；蔡元培極力營救，爲北洋政府不滿。陳獨秀遭到誣衊而辭職離開。蔡元培在五月九日，留下辭職啓事，南下杭州。教育部、北大、北洋政府、輿論都催促「蔡元培打消辭意、返京」；七月九日，他重回北京大學，擔負起做一位教育家的責任。

當時，這種愛國運動的影響極其深遠，猛烈地衝擊我們的知識份子，我們的廣大民眾，於是許多青年從北方南下廣州，參加　國父孫中山先生領導的革命陣營，參加北伐軍。「五四運動」，使中國人民從睡夢中覺醒！在民國二十六年，我們面對著：日本軍閥發動「七七事變」，八一三進攻上海，南京大屠殺，欲以「屠城」逼迫我國投降，以爲三個月就可以結束侵華戰爭。我們身處那個悲歌慷慨的時代，在學校裏唱的是「冒著敵人的砲火前進」、「十萬青年十萬軍」！我們使日本的軍隊深深陷入「泥淖」，無法脫身。八年的抗日戰爭，犧牲了我們千萬人的生命；但在我們的血液裏激蕩而沸騰的，是「五四」流傳下來的愛國精神。

民國二十七年（一九三八）三月二十七日，文藝作家在漢口成立「中華全國文藝界抗敵協會」，五四時代的人物：郭沫若、茅盾、夏衍、巴金、郁達夫、田漢、老舍、何容……等都加入了抗日陣營，創辦《抗戰文藝》，於是「文藝下鄉、文章入伍」，鼓舞士氣民心，並暴露日本侵略戰爭的罪惡。

胡適之與陳獨秀的這一種劃時代的偉大的貢獻，豈只是單單採用「白話」寫詩、寫文章的所能相比擬？蔡元培支持「新文學」、「新文化」、「五四」運動，其功亦不可掩沒。他們輝煌偉大絢爛無比的成就與影響，當然不是「思想啓蒙、文學革命、政治抗議」數語所能概括得盡的，自然「對中國後來產生了翻天覆地的影響」。所以，我認爲「五四運動」最具代表性的人物，應該是：胡適、陳獨秀、蔡元培與魯迅。

這次展覽：揭幕人物像，未將「胡適、陳獨秀、蔡元培」三人擺進去，實在是「美中不足」。其次「五四文學人物」特刊，人物的照片與資料，應該按「歷史事件的順序」排列，應該把「胡適」提前，然後按各「文學團體」安排，若能再加一些「小引」說明；這特刊就可轉變成「五四運動」一本「畫史」，更具珍藏的價值。還有林紓是「反對白話文的人物」，把他放在第一頁，實在不妥當。

（刊於《中國語文月刊》六二四期）

傳記

何容這個人

方祖燊

【作者簡介】

方祖燊（一九二九—），曾任《國語日報・古今文選》主編、國立臺灣師範大學國文系所教授、中國語文學會秘書長、中國作家協會常務理事。著作有五十種，約七百多萬字，有《古今文選》、《散文理論叢集》、《小說結構》、《文學批評與評論》、《中國文化史》、《西方繪畫史》、《宋教仁傳》、《陶潛詩箋註校證論評》、《漢詩魏晉詩宋齊詩研究》、《方祖燊全集》、《方祖燊畫論與畫作》等等，參加《國音常用字典》、《成語典》、《大辭典》的編纂，爲香港現代教育研究社撰寫小學語文課本的範文，創辦《中國現代文學理論季刊》，還有散文集雜文集中短篇小說選集等等。他的水彩、油畫，曾在北平、臺北開過畫展，收入「中國藝術名家」專輯。

摘　要

何容先生是一位著名的小品文作家、語言學者、文法專家、國語運動的大師，爲臺灣國語文教育奉獻了一生的偉大教育家。

何兆熊先生（一九〇三—一九九〇），字子祥，號談易，筆名老談、老圃、何容；遂以「何容」名於世。河南省深澤縣人。國立北京大學英國文學系畢業。歷任國民革命軍連政治指導員、團政治指導員、師政治部宣傳科科長、司法部錄事、河北省立第九中學教務主任、教育部留駐北平的「國語統一籌備委員會」編輯，和白滌洲合編《國語周刊》、「國語推行委員會」兼任編輯、中學英文教員。因撰寫《政治工作大綱》，而成爲林語堂的「《論語》派」的班底，與老舍（舒慶春）、老向（王向辰），並稱「幽默三老」。在北京大學爲兼任講師，從「詞、詞組和句子的結構」，講授「中國文法」。

抗日戰爭期間，在武漢參加「中華全國文藝界抗敵協會」，並被選爲理事，和老舍、老向、趙望雲等主編《抗到底》、《人人看》等刊物，撰寫鼓兒詞、相聲等通俗文藝來宣傳抗日；又被聘爲「教育部教科用書編輯委員會」特約編輯。後隨政府前往重慶，爲「後勤政治部傷兵教育委員會」委員、代理科長，爲《協導》寫短論，主編《抗建畫刊》，以輔導傷兵。又轉入「國語推行委員會」爲專門委員，擬訂推行國語辦法，與辦國語教育訓練班，編印《民眾小報》以及其他讀物；中央政治學校設立國語訓練班，他主講國語文法；出任四川社會教育學院國語專修科主任。

抗戰勝任後，他和魏建功一起來臺，設立「臺灣省國語推行委員會」，魏爲主任委員，何爲副主任委員。臺灣在日本佔領五十一年之後，當時人只會日語日文，連閩南話、客家話、山地話都幾乎消滅，更不懂漢字國文。在這樣困難之極的背景下，初步擬訂推行國語的綱領，策畫推行國語的辦法，主張恢復臺灣方言來推行國語；但不久，魏建功西歸爲北大教授。何容繼任「國語會」主任委員，一肩扛起了推行國語的重擔，和國語會的同仁一起從各學校、各階層、各機構、各地方，積極展開推廣標準的國語與提升語文教育的工作。並糾集從事國語文教育工作者，創辦了《國語日報》，並邀請本省提倡國語教育的名流一起來參與其事，組織了「國語日報董事會」。他們出版了上千種「字字注音」的兒童讀物、各類書籍和字典辭典，對於國語文教育的普及與提昇有極大的幫助。

何容先生曾經表示：推行國語是他的職志與理想，生命的意義在此，生活的目的也在此。他爲了推行國語，什麼事都肯做，什麼苦都肯吃，什麼委屈都肯堅忍！他時常爲撰寫有關國語的文稿而忙到天亮，爲解決國語問題而通宵苦思，爲推行國語工作而奔走四方。他遇到挫折與打擊，從沒有半句怨言，也從不後悔！他像一個使徒，把標準的國語在臺灣中小學教師的心中建立起來！他像一個農夫，把國語文教育的種子深深地在臺灣這塊土地上撒播！

在何容先生領導之下，臺灣許多中小學老師、社運人士共同努力，經過了三、四十年，現在我們臺灣人大都會說國語，寫文章，讀經史子集及白話文學，理解舊文化，吸收新知識。

何容先生的著作，有《何容文集》甲乙丙編四冊；《中國文法論》、《簡明國語文法》。主編有《國語日報字典》、《國語日報破音字典》、《重編國語大辭典》等。還翻譯多本兒童讀物，如《白白的雪、亮亮的雪》等。

壹、前　言

洪炎秋等著的《何容這個人》，民八十一年七月，國語日報社出版，二十五開本，二九六頁，約二十一萬字，共收六十篇有關「何容先生事蹟」的文字。最後兩篇：〈何容傳略〉與〈何容年譜〉，從二四八—二九四頁，可能是何欣先生所寫的。其他作者，有的是他的同學、好友、同事，還有他的學生；他們從各個角度，各寫一篇與何容先生交往、相處、共事時候的印象與觀感。

「人物傳記」是歷史的一種，要有資料的根據，才能寫得真實。司馬遷撰寫《史記》的列傳，蒐集資料的方法，有三種：一、採訪，如寫「荆軻刺秦皇」，他就訪問公孫弘和董仲舒兩人，因爲他們和秦始皇時的侍醫夏無且相識，夏「目睹其事」，故寫來生動。二、尋遺，如寫〈孔子世家〉，他就到魯國參觀仲尼廟堂車服禮器，由故物遺蹟印證史料。三、讀和抄，如他寫〈管晏列傳〉的，〈晏嬰〉，就讀《晏子春秋》，從中抄了兩三則軼事構成，而且一字不改；寫〈仲尼弟子傳〉就讀《論語》，摘錄一些資料寫成的。

我寫《何容這個人》這一篇傳記，是以〈何容傳略〉與〈何容年譜〉兩篇做主幹，然後從各作者文章裏，摘下一些有關的資料作補充，然後濃縮剪裁改寫成這一篇「編年中紀事體的傳記」。其間年代有錯誤的，加以糾正。不夠的，另據其他資料補充。務求全篇文字一貫而下。有些地方，略加描述，來增加讀趣。

「傳」取名《何容這個人》是因沒有更好名稱。有特別訂正與補充的地方，才加「注腳」，其他則從略。

貳、何容先生的事蹟

一、何容的誕生與家世

何容先生，原名兆熊，字子祥，號談易。於一九〇三年農曆六月一日，生於河北省深澤縣小堡村。祖父用翔，字曉山。父親自勤，字所安，曾經營錢莊失敗，轉往石家莊煤礦及六河溝煤礦任職。母親李氏，世居東焦家莊。兄兆瑞，字玉豐，在家種田。妹嫁安平縣馬營村馬僧推，早逝。

二、何容受教育的歷程

一九〇九年，何容進入小堡村初級小學。一九一三年，到縣城讀高級小學。一九一六年，小學畢業，考入縣立師範講習所春季班；畢業後，可以做小學老師。在班上，他年齡最小，面貌白潤，學行兼優。那時，他在附屬小學實習，教導學生很有一套。次年，他出天花，發高燒，臉上留下一些麻子[一]。

一九一八年，前往天津，考上直隸省立甲種水產學校水產製造科。

一九二〇年，他十七歲，娶鄰近安國縣南鄉北馬村邢氏爲妻。

一九二一年，水產學校畢業。學校有意留他當助教；他沒有接受。一九二二年農曆三月二十日，長子何欣出生，他十九歲當上了父親。暑假，他從天津到北平，報考北京高等師範學校（國立北平師範大學的前身），住在西城宣武門內一家小公寓，猛背「納氏英文法」：I shall be loved[二]。但沒有考上。後來搬到順治門內悅賓公寓，進補習班惡補，在寒冷的冬夜裏，他披着棉被背書；苦讀了一年，到一九二三年暑假，先考取高等師範學校，又考取北京大學預科乙組B班。他選擇了北大，跟白滌洲（鎮瀛）、王向辰（煥斗，老向）和洪炎秋（槱）爲同學。

一九二四年，他讀完了預科，進入英國文學系，跟系主任陳源（西瀅）學西洋文學，劉半農學語言學、黎錦熙（劭西）學文法，林語堂學英語語音學；他也學了很多國學的課程，最感興趣的是國語跟文法研究。[三]這年，次子庚出生。

一 見《何容這個人》頁八七，司重三〈何容的一段事〉。

二 見《何容文集》甲編，頁一五五，〈公寓裏的風波〉

三 據《何容這個人》頁一六六—一六八，梁容若〈一個榮軍的故事〉及《何容文集》甲編，頁二七五，〈我的老師林語堂〉。

三、何容參加北伐與《政治工作大綱》

一九二六年七月九日，蔣中正先生率領革命軍北伐。這時，張作霖從東北入關，控制了北方政府，局勢紛亂，學校停課。何容先生讀完了二年級，和王向辰一起休學，南下湖北武昌，參加國民革命軍第十師第三十團，他爲連政治指導員，身穿二尺半，官拜上尉，自題一聯：「革命上尉成功，同志仍須努力！」[四]。一九二七年春，他隨軍北伐。當時師長爲蔡廷鍇。三十團沿平漢鐵路東側前進，進攻汝南，包圍上蔡，進抵河南開封後，回師武漢。他在作戰中，腿部中彈受傷，由勤務兵背着他離開戰場。不久，他轉往江西南昌，爲第九軍第二十七師第七十九團政治指導員，隨軍駐防臨川、吉安、永新等地。後調升爲師政治部宣傳科科長。革命軍攻下上海、南京。

一九二八年六月，北伐軍進入北京。秋天，軍中政治部，隨着軍隊縮編而解散；何容先生在南昌等候領取遣散費時候，開始撰寫《政治工作大綱》，把他在軍中做政治工作的經驗記錄了下來。十月，他前往南京。這時，王向辰在司法部當科長；因此，他進入司法部當一名錄事，月薪二十元。他白天上班，夜裏繼續寫《政治工作大綱》。第一章初稿，投到《中央日報副刊・大道》，到次年六月二十日才刊登出來[五]。

四　據《何容這個人》頁一，吳延環〈何容外傳〉補充。上尉與「尚未」諧音。

五　上據《何容文集》甲編頁一七一－一七三，〈我的政治工作大綱〉以及《何容這個人》頁二一一，金克木〈悼念何容教授〉兩篇文字濃縮寫成。

一九二九年春，何容先生的父親，因他參加革命，一年多沒音訊，積憂成疾過世。他乃離職，直奔河南六河溝，扶柩回鄉。他辦過父親喪事之後，又回到北大，繼續未完學業；但爲賺些讀書的費用，在私立中學兼課。讀書教書，比較忙碌，《政治工作大綱》時寫時停，直到一九三〇年才全部完稿。這年，他北京大學畢業，前往定縣，擔任河北省立第九中學教務主任。

《政治工作大綱》並不是一本討論政治工作的書，而是「用幽默的口吻，寫出傷心的話」。梁實秋說：胡適之曾把原稿交給他，看看新月書店能不能出版？新月書店出版的都是文學類的書，對討論政治的不感興趣就拒絕了。何容先生說：他只好交給京城印書局，自費印了一千冊。書擺滿一屋子，連轉身都轉不開，只好貼郵費送人。送了一本給周豈明（作人）先生。周先生在《駱駝草》上寫文章介紹，稱作者爲標語學（Posterology）專家。劉半農也寫了一封回信，說：「精當之論斷，洵爲佳構。」除贈送外，一部分寄給上海陶亢德，由時代書店代售。

《政治工作大綱》到底是怎麼樣的一本書？金克木說：這是記錄一九二七年北伐軍中的政治宣傳工作的，可是讀者一看這書，不由得就要笑，因此何容頓時成爲幽默作家。當日北伐軍政治部的正副主任是鄧演達、郭沫若，但後來都被通緝，鄧還被捕正法。何容怎麼寫自己經歷過的這一段史實？他只好出之「幽默」，是帶着同情的微笑，還是含着眼淚的微笑，或毋寧說是引起思考的微笑。[六]

六 據《何容文集》甲編，頁一七三，〈我的《政治工作大綱》〉補充。

四、何容進入「國語會」做編輯，開始做與國語有關工作

何容先生做河北第九中學的教務主任，只做了一年；在一九三一年，就辭職回北平，進入教育部留駐北平的「國語統一籌備委員會」當編輯，跟魏建功、白滌洲、蕭迪忱一起工作。當時，國語統一籌備委員會的領導人物，有吳稚暉、胡適之、黎錦熙、趙元任、林語堂、劉半農諸前輩。國語會設在北平市黨部街，前院種了很多樹，後院有幾間矮小屋子。何先生也在「國語大辭典編纂處」工作。他自己說：這時是住在府右街中南海的居仁堂西四所「大辭典編纂處」的宿舍，環境幽美，花木扶疏。錢玄同先生常常在下班後，跟我們幾個年輕人談天兒[七]。《國語大辭典》在一九三六年由商務印書館出版。

一九三三年，何容先生的長子何欣到北平讀書，住在王向辰的家裏。半年後，邢夫人帶着次子何庚到北平，也住進王家。何容仍住在中南海。

這時，何容同白滌洲主編《世界日報・國語周刊》，以「老談」、「老圃」筆名，寫「國語漫談」作補白，筆調很幽默，但也發表一些研究國語文法的文章[八]。黎錦熙和何容、白滌洲、王向辰，爲商務印

七　「居仁堂西四所」，據《何容文集》甲編頁二七三，〈對「卯」字號前輩的一些回憶〉定。訂正《何容這個人》頁一八二，大方〈「談何容易」何談易〉和頁二五四，《何容傳略》所作的「東四所」。

八　按《世界日報》是成舍我所創辦的；《國語周刊》是錢玄同、汪一庵、趙元任等所發起的。

書館合編《復興說話教本》，至一九三三年出版了八冊。

大方說：何容先生到「國語統一籌備委員會」當編輯，是他「從事國語推行工作的開始」；他就因這種淵源，和「國語會」結下了不解之緣，由北平而南京，由重慶而臺灣，終而成爲「推行國語教育」的領導人。他自己說：

提起我推行國語的工作，說起來，並不是我立志要推行國語，而是擔任了這種工作之後才立志的。為了工作，才盡力求知，知道得越多，就越有興趣去做了。

一九三五年五月，中央政府緊縮，裁撤「國語統一籌備委員會」。八月，成立「只做工作，不支薪給」的「國語推行委員會」，委員仍是舊人；何先生成爲無給職的兼任編輯。他只好到私立大同中學和國立中山中學教英文。大方又說：

推行國語是一件任重道遠、吃力不討好的工作，也不能混出飯來，何容既然選擇了推行國語這條路，也就注定了窮困一輩子。[九]

五、何容成為三十年代幽默小品的作家

一九三二年起，林語堂在上海，先後創辦《論語》、《人間世》、《宇宙風》等刊物，提倡「幽默」、

九 見《何容這個人》一八二頁，大方〈「談何容易」何談易〉。

「閒適」，產生了《論語》派[十]。韓慕孫在《論語》第一期「書報春秋」欄，評介何容的《政治工作大綱》，引起大家注意。於是，何容先生以「何容」的筆名，在這三個雜誌上發表小品文；發表多了，成了《論語》派的班底。陳紀瀅說：老舍、老向（王向辰）和老談（何容）三位，被稱做「幽默三老」。在抗戰以前就已騰揚全國。老舍（原名舒慶春，字舍予）的《趙子曰》、《老張的哲學》等書，早已風行一時。老向的《庶務日記》及何容的許多作品，都刊登於《論語》與《人間世》、《宇宙風》上[十一]。

李方桂說：

羅莘田（常培）說何容有一個圖章是「何容談易」，橫着唸就變成「談何容易」；他有一個別號，就叫「談易」[十二]。大方說：

何容喜歡文字遊戲，大概和他編辭典有關；因為經常查閱辭典，肚子裏記下了不少稀奇古怪的字、詞和成語，所以能出口成章，語帶幽默，諧音借意，一語雙關。例如：把「青年十二守則」中的「助人為快樂之本」改為「助人為煩惱之本」，這的確是對做好事捐錢者的一大寫照。把「服從為負責之本」加了一個字，改為「服從為不負責之本」，這又道盡了一些公務員的病根[十三]。

十　陝西人民出版社出版《新文學鑑賞文庫．散文卷第三卷》頁六一，林語堂。

十一　《何容這個人》頁三六，陳紀瀅〈記何容〉。

十二　據《何容這個人》頁六四，李方桂〈獻給何容先生〉補充。

十三　《何容這個人》頁一八二—一八三，大方〈談何容易何談易〉。

「文如其人」，何先生不只文章寫得幽默，說話也很幽默。陳紀瀅說[十四]：

> 他們三人的文章，無論立意、措辭大都以「俏皮」為主，都能說出一句話來教人「醒脾」。何容說話不須多，三五句就可以顯露「幽默感」。

其實，何容老師研究「詞組、修辭與成語」深有所得，所以能把一些「字」隨便一拼湊更改，就構成了新意，像「濫竽充數」一改就成「濫魚充數」；他許多說理的文章，隨便一引證舉例，成語、諺語、歇後語、俏皮話、譬喻和典故，就連串地脫口而出，像「昨夜燈花落地，必有喜事臨門」，「灶王爺打筋斗，——砸鍋」之類都是。現在《何容文集》甲編中，仍可讀到他發表在《論語》等雜誌上的小品。這裏摘錄一則，可見他套用「文言」的筆調：

> 友朋相聚而談女人，每以太太為主題，此大謬也。夫太太者，丈母所生也；談太太而不談丈母，豈非舍本而談末乎？丈母也者，其女人之本與！[十五]

六、何容進入北京大學教「中國文法」

所以，王炬說：何容給人的印象，好像是一個玩世不恭、舞文弄墨的作家[十六]。

十四　說見《何容這個人》頁三五—三六，陳紀瀅的〈記何容〉。

十五　〈談丈母〉，收於《何容文集》甲編頁七六，民二十二年十月一日載於《論語》第二十六期。

十六　王炬的評語，見《何容這個人》頁二一五，〈抗戰時期我在重慶所見的何容〉。

一九三四年[十七]，何容先生進入北京大學教中國文法，是由羅常培和魏建功跟胡適之先生說的；他自己說：是得力於周作人寫信給胡先生推薦的。大方說：

> 當時北京大學中國文學系的教師陣容，可說極一時之選：胡適教文學史，聞一多教詩經、楚辭，羅庸教詩詞，唐蘭教古文字，錢玄同教聲韻，沈兼士教訓詁，羅常培教語言學。這時，容肇祖、魏建功為專任講師，何容為兼任講師，講授中國文法。——何容到北大上課，倒也博得個全場爆滿。他一臉碎麻子，一付黑框大眼鏡，小平頭，穿一件皺巴巴短橛橛的藏青西服，袖子短得出奇。我們猜想：這套西服準是向別人借來的。他第一堂文法課，講了些什麼，誰也沒注意到。[十八]

「大方」是東海大學教授方師鐸的筆名。

閻崇璩是日本東京大東文化大學教授。他在〈追憶五十五年前何老師，在北京大學授課的情況〉中[十九]，說：

> 民國二十三年（一九三四年），我清華大學畢業後，考入北京大學研究院。專業論文是《探討宋元的白話語匯》，導師胡適之先生建議我選修何先生的文法說：「語匯和文法息息相關，文法可以加深對語匯的認識。」

十七　《何容這個人》頁二五五，《何容傳略》作「民二十四年」（一九三五年）。但大方與閻崇璩兩人都是北大學生；他們文章都作「在民二十三年」（一九三四年）聽何先生講授中國文法。此據二人文章「改正」。

十八　據《何容這個人》頁一八〇－一八六，大方的〈「談何容易」何談易〉濃縮。

十九　文見《何容這個人》頁二三五－二三七。這裏加以濃縮，略爲改動。

閻崇璩說他上課之後，覺得何先生講的內容，不但聞所未聞，而且一環扣一環，步步深入。後來出版的何容先生的「中國文法論」，就是他當時在北大講課時發的講義改寫成的，內容出入不大，不過更充實，更系統化了。何先生當時教學的成功，主要有三方面：

（一）理論新穎，深入淺出：他講文法，是從語言學的理論入手，主要依據美國結構學派大師 Bloomfield 的「Language」和文法理論家 Jesperson 的「The Philosophy of Grammar」，而融會貫通了這兩部書中的理論，吸取到自己的教學內容中，深入淺出地表達出來。把一門枯燥的課，講得有聲有色，娓娓動聽。

（二）批評允當，使人折服：他講課方法，是從問題上昇到理論，寓理論於批評。談的問題多出於：馬建忠的《文通》、黎錦熙的《國語文法》、劉復的《中國文法講話》。他對這些問題，有分析，有批評，有褒有貶，實事求是，做出合理的判斷，很有獨到的見解。至今仍有參考的價值。

（三）亦莊亦諧，妙趣橫生：何先生的隨筆小品輕鬆活潑，有名於當時文壇。他講文法也很瀟灑自如，毫不拘板，使學生聽起來津津有味，回味無窮。他常用幽默的口吻，討論嚴肅的問題。

一九三六年夏，何容先生應馮玉祥的邀請，去山東泰山做短期的講學。

七、何容先生在抗戰時期的事蹟

㈠何容在武漢參加抗日工作

一九三七年七月七日，日本軍閥製造蘆溝橋事變，挑起戰爭；七月二十九日，佔領北平。八月十三日，進一步攻擊上海。十一月，何容先生逃離北平，到達南京。十一月十九日，政府決定遷都；他隨政府到達了湖北漢口。

十二月十二日，日軍進入南京城，大肆燒掠姦淫，並屠殺了我國軍民至少三十萬人，被掠奪、被放火的民居約爲南京市的三分之一[二十]。

何容先生到漢口後，先住黃土坡；後來前往武昌，住進千家街馮玉祥的官邸，與吳祖緗都做了馮將軍白話文學的教習；馮玉祥時爲軍事委員會副委員長。

一九三八年三月二十七日，我國文藝作家在漢口成立「中華全國文藝界抗敵協會」，推選郭沫若、茅盾、巴金、郁達夫、老舍、何容、陳紀瀅等四十五人爲理事，老舍當選總幹事，創辦《抗戰文藝》，提出「文藝下鄉、文章入伍」。何容先生在馮玉祥將軍支持下，與老舍、老向、趙望雲等主編《抗到底》、《人人看》等刊物，響應中華文協，撰寫「鼓兒詞、相聲」等通俗文藝，暴露日本侵略戰爭的罪惡。現在從《何容文集》甲編三二二頁至三六四頁，尚可看到：當時，他所寫的〈戰壕小調〉、〈棄家從軍〉、〈抗日報國〉、〈王得勝放步哨〉、〈日皇愁〉、〈游擊隊夜取昌平〉等鼓兒詞。

九月，教育部在次長張道藩主持之下，成立「教科用書編輯委員會」，分做：中小學、青年讀物、

二十　此據「東京戰犯軍事法庭判決」，見《蔣總統秘錄》第十一冊六六—六七頁。《蔣總統秘錄》，日本「產經新聞」連載，我國「中央日報」譯印。

民眾讀物、戲劇等四組。中小學組主任由梁實秋擔任，民眾讀物組由王向辰擔任。何先生被聘為特約編輯。他最可能參加民眾讀物組。——據梁實秋《回憶抗戰時期》說：「教育部教科用書編輯委員會」遷到重慶之後，他們曾編出全套幾十本教科書。[二十一]

(二)何容到重慶為傷兵服務

一九三八年十月二十五日，國民政府撤出武漢，遷往四川重慶。重慶成為我國臨時首都。

一九三九年四月，何容先生到了重慶。後勤政治部主任段承澤（繩武）將軍，在部中成立「傷兵教育委員會」，並在各地設立「傷兵招待所」，提出「殘而不廢」的口號，為榮譽軍人服務，想提高傷兵的教育，請許多專家為傷兵撰寫讀物，聘請何容先生擔任「傷兵教育委員會」委員兼代科長。他為會刊《協導》寫短論，主編《抗建畫刊》，輔導在軍醫院的傷兵，內容有歌曲、插圖、連環漫畫、文化活動、教育實施等，協調各單位工作。至一九四〇年七月十三日，段繩武將軍因盲腸炎去世，「傷兵教育委員會」結束。到年底，辦理了結束事務，他才離開傷兵教育委員會。[二十二]

一九四二年七月十三日，他在《協導》寫了一篇〈長使英雄淚滿襟〉——紀念段繩武先生逝世二周年；一九四四年七月十三日，他在《協導》又寫一篇〈悲痛的想念〉；這兩篇文章介紹了段繩武將軍

二十一　見《雅舍散文》頁一七二—一七五。

二十二　事見《何容這個人》頁二一七，王炬〈抗戰時期我在重慶所見的何容〉。

想建立「耕者有其田」的農村；想輔導傷殘士兵，「提升其教育、訓練其職業」的一些理想。在結尾，他說：

有理想，有辦法，但是沒有成功
沒有成功而死，更令人想念而生悲

這一年，他的長子何欣逃離北平，至陝西城固讀書。

吳延環說：「抗戰之初，我們住在重慶小樑子青年會，常去隔壁『燕市酒店』小吃；每一喝多，老舍大哭，老向大笑，何容則大罵，面全向我！但罵的卻是別人。」[二十三]

㈢何容在重慶為國語會專門委員時的工作、教學、生活與寫作

一九四一年，教育部恢復「國語推行委員會」，吳稚暉為主任委員，何容先生遞補許地山的遺缺，被聘為專門委員，再度參加推行國語的工作。他常跟蕭迪忱研擬全國性國語的推行與興革，各省市與邊疆地區的推行國語教育的辦法，經常舉辦國語教育師資訓練班、編寫讀物編印《民眾小報》。

這時，教育部本部設在青木關溫泉寺，距重慶市約一百里；並在重慶市川東師範學校裏，設了一個「駐渝辦事處」。

二十三　見《何容這個人》頁二，吳延環〈何容外傳〉。

春天，中央政治學校設立國語訓練班，班址設在青木關的彭家院子，魏建功主講音韻學、國際音標，王玉川主講國語教材教法，李劍南擔任標準國語示範，王炬擔任國語分組練習，何容先生主講國語文法、詞類研究。學員由四川等八省市、教育廳局保送督學、督察及中小學教員及師範學校優秀的學生參加集訓[二十四]。

現在，美國俄亥俄大學東亞語文系主任荊允敬博士，當時就上過何容先生的課；他原是政校外交系畢業，後改學語文科學，就是受了何先生的影響[二十五]。此外，他還到設在北碚對岸的黃桷椏復旦大學中文系，教國語文法。這時，他講「文法」，是用「圖解方法」論析句子的成分與結構；所以有一個學員在學習日記中，說：「何老師講文法，在黑板上橫一條、豎一條的直『畫線』。」說的就是「圖解」。

當時，教育部在溫泉寺外石板路邊的山坡上，臨時蓋了幾排茅屋，做辦公廳和宿舍。山坡上最高的一層三間茅舍，就是國語推行委員會。何先生住在裏面的一間單身宿舍，擺了一張竹床、一張竹桌、兩個竹凳，桌上一盞油燈、一個暖水瓶，衣箱書箱都塞在床下面。吃飯要下山到教育部職員大飯廳，四人一桌，粗飯淡菜，生活非常簡單。

下班晚飯後，何先生也會到街上小茶館裏，泡一碗茶，和高教司的趙賡颺、中教司的朱匯森、歷史委員會的鄒湘喬，擺龍門陣。鄒善說歷史的人物的評論，何常談「寧漢分裂」的掌故。聊夠了，各

二十四　事詳《何容這個人》頁二二〇，王炬〈抗戰時期我在重慶所見的何容〉。
二十五　見《何容這個人》，頁十三—二〇，張席珍〈國語大師何子祥先生〉訪問記〉。

提紙燈籠，回宿舍[二十六]。

何容先生有時進城辦事，住在《新蜀報》姚蓬子處。陳紀瀅說：

> 在新蜀報的周欽岳的酒席中，何容兄與老舍扮演喝四川大麯的主角，起初是小飲，慢慢大飲，划拳、唱戲、唱歌一起來。老舍愛唱「吊金龜」，子祥愛唱民國初年軍歌：「黃族應享黃海權，亞人應種亞洲田，青年青年切莫同種自相殘。」

這時，何容先生寫了很多文章，在各種雜誌上發表。爲了加強抗戰宣傳的效能，他和老舍、老向提倡：「通俗文藝」。他們三人給在渝市唱滑稽大鼓的富少舫（藝名山藥旦）、董蓮枝編寫過鼓兒詞，有〈八仙捉妖〉[二十七]等；給歐少久、小地梨編寫相聲腳本，有〈漢奸作壽〉、〈拜年論陰陽〉等，把抗戰精神寓於詞內。[二十八]

何容先生在〈漢奸作壽〉[二十九]中，把「相聲」這種俗文學的特色，借甲、乙兩人的對話，把它闡說得很簡要明白：

甲：相聲這種玩藝兒，就是一種簡單的戲劇。

乙：不錯，簡單省事，輕而易舉。

二十六　事見《何容這個人》頁二二〇—二二四，王炬〈抗戰時期我在重慶所見的何容〉。

二十七　〈八仙捉妖〉，民二十九年五月十五日刊載於《抗戰文藝》第六卷第二期。

二十八　此段文字據《何容這個人》頁四〇—四一，陳紀瀅〈記何容〉。

二十九　〈漢奸作壽〉，民三十一年十二月十五日載於《宇宙風》第一二九期。

甲：像我們這兩個人，也不用化裝，也不用佈景，可是對話、表演，全都有了，還得讓諸位先生聽着有趣兒。

乙：不錯，滑稽有趣，是一種笑劇。

甲：好比說咱們兩個，要學甚麼人，就得像甚麼人。

何容先生認爲相聲含有「低級趣味」，也含有「高妙智慧」。他有一篇〈舊瓶釋疑〉[三十]，主張用民間原有的文藝體裁，寫通俗新文藝，通俗新讀物。像董連枝用鼓兒詞來宣傳抗戰，那就是「舊瓶裝新酒」，「舊形式寫新內容」，而不必只讓他們唱〈黛玉焚稿〉啊。

他的夫人、次子何庚逃離北平，至陝西城固。

(四) 何容為四川社會教育學院國語專修科主任

一九四四年，「中國語言文字學會」成立，在大後方的許多語文權威教育專家都到了重慶；他們建議政府設置培養國語師資的機構。八月，教育部在甘肅蘭州的西北師範學院，在四川白沙的女子師範學院，在四川璧山的社會教育學院都設立了「國語專修科」，分別由黎錦熙、魏建功、何容三人擔任科主任。璧山距離青木關，約七十華里；每星期有三天，何先生要搭車前往璧山。

三十　見《何容文集》甲編，頁二二一—二二六。

一九四五年，抗戰勝利後，這三所專修科畢業的同學，來臺灣參加推行國語工作的很多。

八、抗戰勝利後，何容先生到臺灣推行國語

一九四五年八月六日，美國的第一枚原子彈，投擲日本廣島；八日，第二枚投擲長琦。原子彈爆炸的巨型火柱，直衝上六萬英呎的同溫層，柱頂射出一個熾亮的白色菌狀物，泡沫滾滾，噴射沸騰，一瞬間這兩個城市完全燬滅，震撼了全世界。十日晚上七、八點鐘，重慶市的空襲警報臺，響起了一聲無比長的「**解除警報**」！人如潮湧入了街上，到處擠滿人，歡呼聲震天動地，爆竹聲徹夜不停。無線電不斷地廣播：「日本無條件投降」！十月二十五日，臺灣光復了，重歸祖國的懷抱！追想一八九四年（甲午年），滿清與日本一戰大敗，將臺灣割讓給了日本。臺灣的學人洪炎秋說：

日本在一八九五年佔領了臺灣，六月十八日臺灣總督府成立，次日就成立學務部，大力推行日語教育。臺灣在日本統治五十一年，所以到了一九四五年，臺灣光復的當初，臺灣少數知識份子，只會講日語，甚至三十歲以下的社會人士，連閩南話、客家話，也幾乎不會講了。臺灣光復後，臺灣省長官公署發現這個事實，認為推行國語是一件十分重要的工作，於是向教育部國語推行委員會請求派遣專家來臺協助推行國語教育。三十一

三十一　說見洪炎秋〈推行國語三十年〉。

這年九月底，教育部選派國語會常務委員魏建功、專門委員何容兩位去臺灣負責推行國語的工作。魏建功和孫培良先搭飛機走了。張宣忱有一篇〈我與何容先生同行萬里路〉[三十二]，描述他們由重慶前往臺灣的情形。他說：

一九四五年十月間，魏、何兩位邀請王潔宇，王炬、秦志學伉儷、張宣忱四位一同前往。十一月三十日，帶着國語法令、書籍、器材，從重慶出發，搭川湘公路聯運木炭車。車爬山而行，時時拋錨。何容有打油詩說：「一去二三里，拋錨四五回，下車六七次，八九十人推！」經湖南沅江至桃源，改搭汽船，有時擱淺，有時遇風。過長沙，泊岳陽，經洞庭湖，入長江。十二月二十二日晚，抵漢口。二十三日住進飯店，等候船期。所經城市都是：處處頹垣廢墟，受戰火浩劫，令人不勝唏噓！其實戰爭，無論戰勝戰敗，都是滿目瘡痍，只有「瘋子」才會挑釁起「戰爭」！十二月三十日王炬突然病了。

一九四六年一月三日，我們拿到船票。何容先生要我和王潔宇先搭輪前往上海，他一人要留下照顧王炬夫婦。四日，我們搭「大達」輪船，經九江、安慶、蕪湖，九日抵南京。十一日搭火車；十二日天亮到上海。十三日到上海廣西路來薰閣，會見魏建功先生。接着，何容先生和王炬夫婦也來到上海。（一月十六日），魏、何兩人先搭機飛臺灣[三十三]。

三十二　見《何容這個人》頁二二八—二三四。下據張文濃縮增補。

三十三　《何容這個人》頁二六四，〈何容傳略〉說：何容是在一月十六日到臺灣。「魏建功和孫培良，早在民三十四我和王炬夫婦，在三月十五日登上「海宇號」輪船；二十一日，到達基隆，搭火車至臺北市，住進泉州街二巷一號，何容的住宅。

何容先生的夫人同兩個兒子，直到這年八月七日才到達臺灣，住進泉州街二巷一號。

九、何容先生到臺灣後推行國語的事蹟

(一)設立臺灣國語推行委員會

魏建功先生跟臺灣長官公署接洽，終於在一九四六年四月二日成立「臺灣省國語推行委員會」，會址設在南海路女子專門學校（後爲國語實驗小學），魏建功爲主任委員，何容爲副主任委員，先後聘請齊鐵恨、王壽康、梁容若、洪炎秋、王玉川、李劍南、夏承楹、方師鐸爲委員，下設四組：一編審組董長志擔任；二調查研究組朱兆祥擔任；三宣傳訓練組王炬擔任；四總務組張宣忱擔任。每組下又設幹事數人，並在各縣市設立國語推行所或推行會。

一九四八年，國語會遷往對面植物園內，原日據時代的「建功神社」。魏建功是在一九四九年初，應北京大學胡適校長的聘請回去任教，後來做到北大副校長[三十四]。不久北平就被中共解放，政府派專機

年（一九四五年）底，乘飛機來臺」，與張宣忱文章有很大出入。此據張宣忱說訂定。

三十四　魏建功西歸年代訂在「一九四九年初」，係據東海大學教授王天昌（臺大國語科魏建功的學生）之說；改正《何容這個人》頁二六七〈何容傳略〉與頁二八九〈何容先生年譜〉所作「民三十六年（一九四七）」的錯誤。

接胡適先生來臺；魏建功無法回臺，這時何容先生繼任爲國語會主任委員，洪炎秋先生爲副主任委員。——直到一九五九年六月裁撤，另在教育廳內設置「國語推行委員會」，前後十三年三個月。

㈡何容先生領導國語會推行國語

當臺灣光復的時節，臺灣同胞心喜回到祖國的懷抱，見到從各省派來臺灣工作的同胞，無法用同一語言說話，也不認得漢字，非常不便痛苦。學校機關社會仍說日語用日文。臺胞都渴望着要學習國語國文。於是，舊私塾恢復；有些會說國語的人，在簷下牆角掛個小黑板，收費教幾句國語；本省的教師也是邊學邊教。當日的國語，南腔北調，沒有標準。

何容先生在這樣迫切的需求學習國語的時代背景之下，他如何帶領國語會的工作人員？如何去釐訂推行國語教育的政策？如何把國語教育推行到臺灣各學校各機構各縣市去呢？你想這是何等艱巨而困難的工作？我在〈臺灣推行國語教育的經驗〉[三十五]中，論述到臺灣省國語推行委員會的工作：

1. 用注音符號幫助大家認字讀書：學會注音符號就能讀注音書報。
2. 從恢復臺語教臺胞講國語：臺語和國語同屬漢語系的語言，語法用詞大同小異，只要把一部分發音不同之點指出，加以糾正，就很容易學會「標準的國語」。

三十五　文見《方祖燊全集》第二冊，頁二二一—二三二，〈臺灣省國語推行委員會〉一節。

3. 在一九四六年五月三十日公佈《國音標準彙編》，做教學國語的標準。

4. 訂定六條「臺灣省國語運動綱領」，作推行國語的大方針。

5. 大量訓練與培養國語的師資：設立各種國語講習班與研究會、設立國語文補習學校、協助臺灣大學、師範大學、師範學校，增設國語課程，並派員擔任教學。在一九四八年二月，在國立臺灣大學設立「國語專修科」，培育推廣國語的專業人才。第一屆科主任為魏建功。當時教務主任黃得時，兼科教務主任，他說：六月，臺大校長換人，莊長恭繼任，決定停辦，改由臺灣省立師範學院接辦。何容接科主任，大概是在魏建功西歸北平之後。第二屆在一九五〇年一月招生，科主任由王壽康先生擔任。雖只辦了兩屆就停辦，現在國語推行方面很有貢獻的人士，如林良、鍾露昇、方祖燊、王天昌、林國樑等都是該科畢業生[三十六]。從社會各方面舉辦國語文的師資講習班。像徵調全省一百三十個機關的公務員前來學習，然後回原機關傳播國語。協助省秘書、統計、人事、民政、交通等廳處，臺灣省銀行、石油、糖業、玻璃、紙業、產物保險等公司工廠，醫院、婦工、民眾、山地等，舉辦師資班或補習班。這樣一來，國語會的人員工作越來越重，幾乎每天都是午前教一班，午後教一班，晚上還要再教一班。

6. 國語會對各地方的國語教育的輔導工作：每年在各縣市舉辦國語的競賽活動，包括注音、作文、演說、朗讀等項目，有學生、教師、社會等組，何容先生為總裁判長，參加人數常在一千人以上，優

三十六　此條據《何容這個人》頁一四七，黃得時的〈妙哉！「胡適」對「何容」〉增補。

良給予獎賞。教育當局，在一九四八年三月，組織「中等學校國語文教學輔導委員會」，先後在臺北市女子師範等學校舉辦，由魏建功講國音沿革，何容講國語文法，齊鐵恨講國音標準，高鴻縉講文字學。派員前往各地舉行國語文教學的座談會與討論會。

7.出版輔導刊物：國語會在一九四六年五月二十一日，在「新生報」創辦《國語周刊》，由何容主編。《何容文集》乙編中，約有四百頁所收錄，關於「國語運動、教育、教學法、讀音語音、句式句意、寫作修辭、語法詞類」等文章，大抵都是何容先生主編《國語周刊》時所寫的。每周二，他都和西南聯大畢業的陳士駿先生一起去新生報，常工作到深夜。停刊後，國語會另出《國語通訊》，解答各種問題。

8.從廣播教學來示範讀音：國語會起先播放趙元任發音的國語留聲機片，統一「注音符號」的讀音。一九四六年五月一日開始，由國語會委員齊鐵恨先生，每天上午六點半，下午六點半，在臺灣廣播電臺教國語，先由注音符號開始，作國語讀音示範，由淺入深，然後依次教民眾國語課本、國語會話、國民學校的國語、常識、歷史各種課本；後來又播講中學國文課本和國語日報發行的《古今文選》。他並在星期六，解答聽眾提問的國語問題。臺灣大學黃得時教授說：他就是由早晚聽講廣播學會了國語。齊先生的這種廣播示範教學的工作，直到一九五四年五月才結束，前後八年，從未間斷過一天。有些僻遠地區，沒有收音設備，國語會講買留聲機片，分贈各國民學校。

9.編印國語書刊：國語會認爲要推行國語，必須有大量的國語讀物。當時由國語會編印或審查書局出版的國語書籍，總有六七十種：內容有國語辨音、國語辭典、語法文法、國語運動史、國語教學方法、比較國語臺語專著和其他等類。何容先生的著作，就有《小學課本注音問題答客問》（國語會印）、《臺語之國語運動》（與齊鐵恨、王炬合編，臺灣教育廳發行）、《國語注音符號概論》（與齊鐵恨、王玉川、朱兆祥合編（總政治部印行，用於軍中推行國語）、《識字講義》（臺北市國語會印）等。

10. 由於何容和祁致賢在中國教育學會上的建議，從一九五四年起，國民小學一年級第一學期前十二週，先教「注音符號及說話」，奠定了學生拼音的基礎。以後，各年級各種課本都採用「注音國字」編印。

11. 國語會在一九四六年八月，設立「國語實驗小學」，實驗改進語文的教學法。國語會，在一九五五年搬到木柵馬明潭，在一九五九年六月併入教育廳，廳長兼任主任委員，何容先生被聘爲沒有薪給的副主任委員。

(三)創辦「國語日報」推行國語文教育

一九四八年一月，教育部部長朱家驊來臺灣視察，看到當時臺灣同胞熱心學習國語的情況，想把北平的三日刊的「國語小報」移來臺灣，改爲「國語日報」，出版一份標準的注音報紙，供臺灣學習國語文的人士閱讀，幫助小學生認識新字，讀出正確字音，來加強國語的推行。命令魏建功與何容負責籌辦，並答應給一筆開辦的經費。在籌備初期，由魏建功擔任社長，聘請北平「國語小報」社長王壽康先生爲副社長、北平「平明日報」總主筆梁容若先生爲總編輯。他們在六月間，討論過經營「國語日報」的方針：

1. 國語的、教育的、現代的、平民化的。
2. 取小型，求精鍊，以便讀者保存。
3. 不刊誕妄不實的新聞，不登誇張失實的廣告。
4. 全報教材化，深入淺出，向純教育性報發展。
5. 初以學齡兒童爲主要對象，逐漸增加成人閱讀資料與學術性程度。

至七月二十八日，魏社長在他北平朝陽門內大街路北83號的家裏，宴請梁、王二人。不意，這時政局惡化，北平國語小報，不肯把所有設備交出，只給了一架破舊的四開印刷機，交給王壽康帶來臺灣，向教育部借來一副殘缺不全的五號注音國字銅模。在植物園國語推行委員會內的一邊小廂房內，勉強拼湊，準備出版。

總編輯梁容若先生在十月六日由北平起程來臺。他們在這樣人力與物力均極艱難的情況下，《國語日報》終於在一九四八年十月二十五日光復節，印出了「創刊號」；因器材不足，至十一月十三日，才出第二號。

梁容若在〈南海路雜記〉[三十七]中說：這時，魏建功以個人友誼，在臺灣當地作家中，請求義務主編《國語日報》的周刊。十月二十八日，與予聯名宴請各副刊主編，共七人：黃得時主編「鄉土」，夏德儀主編「史地」，張雪門主編「兒童」，曹瑞群主編「家常」，齊鐵恨主編「國語研究周刊」，朱兆祥主編「臺語研究」，何容主編「周末」。

一九四九年，大陸情勢大變，戰局失利，金元券貶值，教育部答應支援的經費都成泡影。《國語日報》只好艱苦支撐，但又打不開銷路，報紙時出時停。這年初，魏建功回北平；國語會繼任的主任委員何容先生，決定由國語會的工作人員支援報社出報，報社以注音報紙幫助國語會推行國語。政府幫不了國語日報的忙。吳稚暉先生對何容等人，說：「你們應該把辦報當做一種服務社會的事業來做。」也就是要結合社會力量，自力更生。

一九四九年三月十二日，國語日報成立董事會，羅致了許多從事國語教育的工作者和臺灣提倡國語教育的名流來當董事，國語會有何容、齊鐵恨、梁容若、王壽康、洪炎秋、方師鐸、王玉川、李劍南、祁致賢、汪怡、陳懋治，社會人士有臺灣大學校長傅斯年、臺灣文獻會主任委員黃純青、臺灣省教育會會長游彌堅、公論報社長李萬居、臺大醫學院院長杜聰明都加入國語日報的董事會，推選吳稚暉爲名譽董事長，傅斯年爲董事長，何容爲副董事長，洪炎秋爲社長。第二年，傅斯年因校務太忙辭

三十七　文見梁容若的《藍天白雲集》頁一九〇—一九八。

職，推選游彌堅爲董事長。後來又增聘羅家倫、田培林、黃啓瑞、夏承楹、黃得時爲董事。游彌堅在一九七一年心臟病突發逝世，何容繼任爲國語日報社董事長。

國語日報正處難以維持之際，臺灣省政府委託報社翻印有關「三民主義」的注音讀物三十萬冊，這才解救了國語日報的財務危機。

梁容若先生請夏承楹（何凡）爲副總編輯，負責新聞、繪畫兩版。他自己專辦副刊，請國語會魏廉、魏訥兩位主編「少年版」，王玉川主編「看圖識字」和三百字「故事」，這一版面是天天出的。另外一版，分做七個周刊，略爲調整，「家常」改爲「科學」，由臺大教授林朝棨主編，「國語研究周刊」和「臺語研究」改稱「國語甲刊」和「國語乙刊」，仍分別齊鐵恨和朱兆祥主編；其他「鄉土」、「史地」、「兒童」、「周末」各版及主編者，照舊不變。一個四開小報，得到這麼多人的義務支持，沒有編輯費、車馬費，稿費也少到不能再少。他們都是基於傳播國語教育的理想，無條件貢獻精力與時間。終使日報能夠在穩定中，日益進步。當然六十年來，版面也有許多改變，取消一些舊刊，增加一些新刊。

一九五一年九月二十六日，國語會爲提高讀者語文程度，幫助讀者自修，在國語日報社編印《古今文選》，每星期一出版，隨報免費附送。後來，更自高中選至大專教材。專門選注古今名家的傑作，給予題解、分段、標點、注音、解釋與語譯，介紹作者事蹟與文章背景，附錄其他參考比較資料。當時由梁容若、齊鐵恨爲主編。一九五二年二月，聘鍾露昇、方祖燊爲專任編輯。這個刊物對臺灣國語文教育的普及與提升有極大的影響，而且風行海外各國漢學界。

這年，文化教育界毛子水、劉真、趙友培、丁治磐、何容等為普及語文教育，促進語文統一，發起組織「中國語文學會」，何容先生也積極參加各項活動，並為《中國語文月刊》撰寫不少文章。

國語日報在穩定中增加報份。一九五五年七月四日，遷往臺北市長沙街二段一一三號。八月二十九日，設立「國語日報社股份有限公司」。一九六〇年二月十七日，成為財團法人國語日報。一九六三年遷入福州街十號新建大樓。一九六四年設立出版部，編印各種注音讀物，至今將近一千種，包括《國語辭典》、《古今文選》、《書和人》、論著、會話、語文教材、歷史、藝術、家庭、兒童各種書籍。其中以兒童讀物最多，約七百種左右。對臺灣國語的推行，學生和民眾各種知識的充實，寫作能力的提高，都有極大的貢獻。

國語日報社，在一九七三年三月一日，設立語文中心，有成人國語正音班、兒童班、兒童文學創作班，華語班、華語師資訓練班等。還有演說、美術、舞蹈、科學各班。對兒童教育也有相當的影響。由於受國語日報出版注音讀物的影響，其他出版社和書局也出版許多注音的書籍，當在一萬種以上。三十八

三十八　此據《方祖燊全集》第十二冊頁二七五—二七七，〈梁容若老師傳〉；國立臺灣師範大學國語教學中心編印的《燃燈錄》頁一〇四—一〇五，方祖燊〈我所知道的王茀青（壽康）老師〉；《方祖燊全集》第二冊頁二三二—二三四，〈臺灣推行國語教育的經驗〉以及《國語日報的故事》頁十五—四八，洪炎秋〈國語日報的簡介〉等資料寫成。

㈣何容在臺灣推行國語，愈挫愈勇愈努力

何容先生在臺灣推行國語，他曾遇到許多困難與打擊；但爲着要實現他的理想，——要把國語教育推行到臺灣的每一角落！所以，他不管遇到甚麼嚴重的挫折，他都能堅忍地面對，毫不退縮地去工作，去解決所遭遇到的重重問題。他的辦公桌上有一個竹筆筒，上刻「堅忍」兩個字。現將他所遭遇重大的挫折，略介如下：

1.**二二八事件**：一九四七年，公賣局專員葉得根緝煙，拿手槍敲傷女販林江邁的頭的小事，惹動民怨引發了請願，發生二月二十八日排外打人的動亂，進而在野心家策動下演成武裝奪權，引致了武裝鎮壓。於是，有外省人和本省人在這事件中無辜地冤死。當然，也有許多本省同胞救護外省同胞的感人故事發生。何容先生有一篇〈呼冤〉[三十九]的文章，說：

> 我並不是要為我自己呼冤：就是我被人打了，我也不呼冤；儘管冤，我也不呼；誰叫我出生在臺灣以外的任何一省，而又要來臺灣做事呢！我同我周圍的朋友，不是像有些報紙說的到臺灣「挖金」，我們是來「賣命」的！真的，我們的夥伴已經（為國語文教育）累死了四個。

〈呼冤〉這篇文章，是寫在「二二八事件」之後。他在幽默中隱隱含着沉痛的眼淚。——當時國

三十九　文見《何容文集》甲編頁一一八—一二三，民三十六年四月十六日載於《論語》第一二七期。

語會人員少，每個人都頂兩三個人，投注於「國語文教育」的工作，甚至犧牲了生命。何容在〈哭陳君天齊〉[四十]中，提到：「幾個月以來（累死的），就有龔書熾、陳士駿，陳天齊三位先生；還有吳永元、吳永亨兩位同學。」——陳天齊出身於四川社會教育學院，是何容的學生，在颱風雨天，去士林教國語，在外頭隨便吃點東西，感染了傷寒而病逝。陳士駿，西南聯大畢業，幫忙何容先生編《國語周刊》，白天工作很忙，深夜還要去「新生報」校對審稿，終而過勞死。其他三人無資料可查。[四十一]——他在「哭陳天齊」的結尾說：

> 你的生命用盡了，我們的生命還沒有盡！我們一定能把臺灣的「祖國語文」的幼苗培植得繁榮茂盛。你在大直山麓等着看吧！我們決不會使你失望！

魏建功回北大之後就寄來一長信，勸他回北大教文法、研究文法。校長胡適之和系主任羅常培也都來函攉他回北大。傅斯年校長也請他到臺大教書。但他爲了推行國語都沒有答應。

2. 國語會的裁撤：一九五九年六月，教育廳命令國語會併入教育廳，主任委員由廳長兼任，何容先生被聘爲沒有薪給的副主任委員；對那些爲推行國語工作的人員是一打擊，對推行國語工作本身也是重大的挫折。但何容先生卻無怨無慍地辦理移交，並爲同仁安置工作，有一部分到國語日報工作，繼續推行國語。——這年八月，由梁實秋推薦，他自己到臺灣師範大學爲專任教授，拿一份糊口養家

四十　見《何容文集》甲編頁二九〇—二九一。

四十一　「傷寒」這種傳染病，是桿狀菌侵入腸部潰瘍、腸出血穿孔而死亡。

的菲薄的薪水。到一九七三年，七十歲，才從師大退休。——這時，何容先生對推行國語文教育的工作，並未因此停止，而是更加忙碌。洪炎秋說：

何容雖然做不了大官，卻在臺灣做了打定國語教育的基礎的這件大事。咱們中華民國出了一個不在其位而謀其政的、一天到晚在國語園地中、孜孜矻矻埋頭苦幹、而發生了莫大的影響力的「私設教育部國語推行委員會主任委員」的何容。何容做了國語官，從中央降到地方，從實缺降到虛銜，從有俸給降到無俸給，從汽車（三輪車）階級降到步行階級。他的官越做越小，而他的事卻越做越多。他在國語界已經成了一個箭垛子，只要有關國語的事情，都集中到他身上來。教育部修訂《國語辭典》要找他商量，（擔任總編輯，做總校對）；國防部發給士兵看的書籍，要找他淺白化；教育廳編給國小學生看的「中華兒童叢書」，要找他審定注音、修改文字；書商出版的字典、辭書，要找他校閱。除了這些，他還要僕僕風塵，定期到霧峰出席教育廳國語指導委員的工作會議。其他凡是有關國語教育的雞零狗碎的事情，本來不必找他，只因他好央求，也都找到他身上來。例如國語教法的研究，要找他參加；國語學力的測驗，要找他設計；在職教師的再教育，要找他講演；甚至於稍為大規模的國語文比賽，也要找他主評，聘請評判委員，他都親自負責，並主持開幕閉幕頒獎。凡是有關國語教育的活動，都找到他們上來。幾乎是有求必應，一年到頭忙得他團團轉。何容在國語推行上的建樹的功績，比起吳稚暉來，我認為有過之而無不及。吳老先生是黨國大老，推行國語工作，只能分他一部分心，所以草創擘

> 畫，奠定了基礎，建有大功。何容雖只是教育界的一個小兵，他對於國語教育，不為名，不為利，不管是官家的，民間的，只要找上他，他無不全力以赴，方面很多，效果很大。[四十二]

此外，在一九六二年一月，何先生應中國廣播公司「早晨公園」之請，每天五分鐘，播講中國字的用法，持續了三年。後來，中廣把他講過的字，印成一本小冊子，叫做「每日一字」。一九六三年十二月三日起，每周二去教育廣播電臺，講授「國語文」，也持續了一年。一九七三年，國立編譯館，請他主持高中、初中的國文和小學的國語教科書的編輯工作。當時，中學國文教科書備受各界批評。他還是一肩扛下這個工作，約人編纂。編譯館成立「中國語文補充讀物編輯委員會」，要編輯一套專供外國學生的中文讀物，又請他擔任主任委員。一九七六年，教育部要重編《國語大辭典》，又請何先生爲總編輯，參與審核工作。

他爲朋友、學生出書寫序的也很多，都是逐句詳讀。還有他每天校對國語日報各個副刊，並且把出現的錯字錯音、用詞不當的都抄了下來，再寫出正確的，甚至說明爲什麼這樣的改動，再交給編者。他重新標點《兒女英雄傳》、《儒林外史》、《紅樓夢》、《水滸傳》等幾部舊小說，還用紅筆勾出許多詞句。

總而言之，國語會雖遭到裁撤，何容先生仍繼續做着推行國語的各種工作，爲臺灣地區的「國語

四十二　上面的這些文字，是從《何容這個人》洪炎秋〈序〉與頁3-4，洪炎秋〈不在其位而謀其政的何容〉節錄下來，並略加補充。

運動」與「國語文教育」奉獻了他的一生，對臺灣語文教育散播下無數的種子，在新生一代開花結果。

十、何容先生的晚景與過世

一九六三年，何容先生的邢夫人腦溢血，病逝於福州街郵政醫院。何欣的媳婦也病逝。他父子兩人帶着兩個小孩子過日子。

一九七六年二月二十日，國語日報爲慶祝何容先生，來臺推行國語三十周年舉辦盛大茶會，有政府首長、文化界人士、語文專家五百多人參加。

一九七七年，何先生的次子庚病逝於蘇州。一九四六年夏，國立社會教育學院，由四川璧山遷到蘇州拙政園；這年，何庚也在社會教育學院攻讀，曾隨母親邢夫人來臺渡暑假，後又回蘇州。

一九八〇年三月十四日，何先生的好友洪炎秋病逝。

一九八一年，何先生八十華誕，國語日報在七月二日假「自由之家」，爲他舉行祝壽茶會。

從一九八四至一九八八年，何容先生的體力與記憶力，逐年衰退，出門開始迷路，耳朵重聽至聽不見聲音，眼患白內障動了手術割除，攝護腺腫大而排尿困難，逐漸出現癡呆症狀，脊椎骨痛臥床時多。一九八九年，脊椎痛到無法躺床，徹夜不眠，坐待天亮，精神更加萎靡。

一九九〇年二月八日，兩天無尿，肚子發脹，住進中華醫院。四月十一日、六月十八日，又兩度住進醫院，檢查爲血管硬化，尿道萎縮。至七月五日清晨五時五十五分，病逝於中華醫院，享年八十七歲。長子何欣政治大學教授，孫兒去非、長孫女穎、次孫女怡，隨侍在側。他沒有留下一坪房屋，一張股票，他一生忙碌受氣的工作成績，都留在臺灣許多人的嘴上筆下與心裏。

參、何容先生的為人與成就

一、早期，何容是一位有理想的有原則的陶淵明

老舍說：人可以分為兩類：第一類是為掙錢養家，生兒養女而生存；第二類是為追求夢想、實現理想而生存。何容先生屬於後者[四十三]。為什麼這樣說呢？從何先生的一生事蹟和朋友的紀念文字，可以歸結出來。何容在〈我的老師林語堂〉中說：

林先生早年那「嫉惡如仇」的態度，令人敬佩。如某人的「意見」是他「看不起」的，他甚至不願意跟他打招呼。到了《論語》時代，林先生好像是很能容忍了，但是「不罵我們看不起的人」。到了老年，他已經做到「不理那些罵我的人」。[四十四]

四十三　此取意於《何容這個人》頁一五七，老舍〈何容何許人也〉。

四十四　見《何容文集》甲編，頁二七五—二七七。

他在〈悲痛的想念〉中，懷念段繩武將軍，在抗戰期間爲救濟難民，辦過新農村；爲服務傷兵，成立「傷兵教育委員會」；終過勞而病逝。他說：

有理想，有辦法，沒有成功，更令人想念而生悲！四十五

何老師在臺灣推行國語，堅持理想；待人做事，堅持容忍；我認爲這應該是受段繩武和林語堂兩先生的影響吧。老舍說：

何容兄在革命期間吃過槍彈，打在腿上所以還能活着。他的見解永遠不落在時代後面，行為卻比提倡尊孔的還更古樸。他沒有一點新氣，更提不到洋氣。說衛生比誰都曉；但生活最沒規律，能和友人一談談到天亮。可有一點，他要是看不順眼，連一分鐘也不肯花費。他的古道，使他柔順像個羊，同時使他硬如鐵。當硬的時候，不要說巴結人，就是敷衍一下也不肯。他承認怎樣的人？第一要光明磊落，能捨己從人，不為什麼利益與必期效果。光明磊落，不能低三下四求人，使他窮，使他不能多寫文章——非改到極滿意不肯寄走。做什麼都出全力，為是對得起人。他思索時候，心細如髮；他喝酒就是喝酒，不管什麼。他的心思，忽細忽粗，正如其人，忽柔忽硬。這種矛盾的現象使他「闊」不起來。對自己物質的享受，甚麼都能將就；對於擇業擇友，一點也不將就。他用安貧去平衡他所不屑的發展。他所以幽默是含有這種苦味。他只交

四十五　語見《何容文集》甲編，頁二八二—二八四。

幾個好朋友，大家一塊兒，有的說便說，沒的說愣着也好。他也教書，也編書，月進幾十塊錢就可以過，不講究穿吃住，外表平靜沉默，心裏大概老有些人看不見的風浪，真喝醉了，也會放聲的哭，也許是哭自己，也許是哭別人！他對好朋友，才肯說出自己的毛病：「起居無時，飲食無節，衣冠不整，禮貌不周，思而不學，好求甚解，而不讀書。」他的態度老是安安穩穩，不慌不忙，不多說話，但說出來就讓聽者想那麼一會兒。香煙不離口，酒不常喝，喝多了在兩天之後才有醉象。[四十六]

老舍這一篇文字活生生地描寫出三十多歲的何容先生。他自己說：他原來的脾氣並不很好，後來逐漸改變，改名爲「容」，意思就是要有容人之量，要有忍辱的耐力。[四十七]

二、何容是一位「樂於幫助人、卻不願人知」的古君子

一九二八年，何容先生的朋友送給他一個瓷匾，上有「和藹可親」四字。在他的同學白滌洲的孩子白川的心目中，他也是一位「和藹可親」的父執。白滌洲是他北平大學的同學、國語會的同事。一九三四年六月，白滌洲跟劉半農去綏遠調查方音，傳染了斑疹傷寒，回北平後過逝，留下老母和幼兒；何容爲辦理後事，爲籌募教育基金。白川說：「父親去世時，我只四歲，家裏一切事情都是由何伯父安

四十六　節自《何容這個人》頁一五七—一六一，老舍〈何容何許人也〉（原載一九三五年十二月《人間世》第四十一期。

四十七　見《何容這個人》頁一二〇，陳炳麟〈何容先生的寫真〉。

排的。[四十八]」

何容先生對錢財看得很淡，常拿錢接濟親友與部屬，自己生活卻過得十分儉樸。他把歷年擔任國語日報的社長、發行人、副董事長、董事長的一些待遇，及其他的審查費、稿費、開會出席費，一律記在一項「暫收款」內。這不是做私房儲蓄，而是做貸款金庫。同事婚喪、生病及購屋，都可以由這筆存款免息借貸；還不了也可以不還。我在結婚的前夕，就由他這筆存款裏暫借了二千元。師大的噴泉詩社與語文學社，在藝術館舉辦大規模的詩歌朗誦會，經費不大夠，我去找何先生，他津貼了一千元，就由這「暫收款」內撥出。何凡說：

他的長子夏祖焯留學，也就是這樣「融資」一番，才能成行。洪炎秋沒錢，要冷手抓熱饅頭，競選立法委員，但是印宣傳單不能不花錢；何容的這一筆「專款」就派上用場。這是「為人者多」的具體表現。[四十九]

政大教授祁致賢在〈從我與何容之間的事看何容〉中說：

一九五〇年，調查局破了一個間諜案，于非逃走，但被牽連的有一百多人。于非在國語日報編過副刊，國語日報被牽連進去有三個人。祁致賢說：他是其中之一，因為他擔任過一段國語日報副社長，因此在九月八日，被逮捕偵訊，雖認為他毫無罪嫌，但要等全案結束，才能釋放。

四十八　事見《何容這個人》頁四九，李劍南〈我所認識的何容〉與頁一六四，白川〈「和藹可親」的何伯父〉。
四十九　見《何容這個人》頁一三六，何凡的〈「何所不容」的人〉。「何凡」是夏承楹的筆名。

到一九五一年四月十九日，他才重獲自由。在這段拘留期間，祁致賢依法停職，他一家四口的生活陷入困境。誰也不知道審判的結果？這時，只有何容這個人，挺身而出，不怕「近火燒身」，按月把他自己在夜間教課的鐘點費，送給祁夫人。他在文章裏說：「我的妻子兒女，才得免於餓死！」出來後，何先生又為他的復職，向各方面奔走，尋求「公平合理」；經過六次努力，到八月三十一日，他才獲准復職。

還有爲推行國語，印刷與國語有關的書，公家沒有錢，也一律由何容的暫收款開支。祁致賢又說：他奉命選出小學生《李愛梅的日記》；他編寫《國語課本》，要作為國語教材革新實驗的課本；還有他要把幾年來，大家致力「改進國語教育的經驗與建議」寫出來。後來他才知道：這些書的印刷費，也都是由何容先生的「暫收款」支付。何容先生把他應得的錢，都用之於推行國語。何先生的兒子何欣只好多做工作、多兼課來維持家計。何欣告訴祁致賢說：「這是他老人家的心願，千萬不要去勸他，不要惹他傷心！」又說：「我發現了這個事實之後，不知是由於敬佩，還是感激，還是由於自愧不如，不由自主地流出了兩行清淚！」五十

一九七七年七月十五日，齊鐵恨先生病逝；卒後，大家想設置「齊鐵恨先生獎學金」。當時，大家待遇低，湊不出甚麼錢。後來何容先生從教育部拿到「重編《國語辭典》」一筆四十萬元的總編輯費，

五十　上述兩段文字，均節自《何容這個人》頁八二—八六，祁致賢的〈從我與何容之間的事看何容〉。

他就悉數繳還教育部，作為設置「齊鐵恨先生獎學金」之用。[五十一]

三、何容在大家心目中的畫像

何容先生，寬額頭，八字眉，大耳朵，長方形臉上，密布着一些淺淡的痳子，戴着一副黑框的深度眼鏡，蓬髮短髭，眼細長，皺紋深，神情嚴謹卻含蘊着一絲和藹的笑影。平日多半穿中山裝，或藍布長袍，黑皮鞋。平日上班，總是步行或趕公車，手提着一個小袋子。夏天在辦公室裏，常穿直條紋的襯衫。主持會議，上課教書，接見嘉賓，偶而也繫領帶穿西裝，質料普普通通；從新穿到舊到破，皮鞋從來不擦。何欣替他準備新西裝，他也不穿。吃的方面，從不挑剔，有什麼吃什麼；弄到了營養不良。他工作餘暇，除抽香煙、喝兩口酒外，沒有任何的娛樂消遣，不看電影，不打麻將，也很少看電視，甚至連帶小孫子去植物園散散步也都沒有過。他像清教徒一樣的過活！他惟一活動，是旁晚到院子裏拔拔草、撿撿枯葉。晚上又開始工作。平日在家，圓領短袖衫，無拘無束；偶而朋友來，小酌兩三杯，微醺說笑話，意趣盎然。屈萬里說他：「才足以成其幽默，學足以濟其風趣。」[五十二]他處事冷靜，宅心寬厚，對人誠懇，從無疾言厲色。梁容若說：

五十一　事見劉真珍存、方祖燊編注《當代名人書札》（正中書局出版），頁二二七—二二八，所收何容在民六十八年（1979 年）六月二十八日〈致劉白如〉的一封信。

五十二　見《何容這個人》頁七一，屈萬里〈何容這個人〉。屈萬里，臺灣大學教授。

要學何容也談何容易。他除了工作，不懂得私生活，已經超脫了名利的關，能不繫心於世俗毀譽，人間是非。

一九五六年四月十八日，他到新竹替軍方設計推行國語的方案，回程發生車禍，吉普車翻進一條枯乾的大水溝裏，摔得遍體鱗傷，第二天住進臺大醫院。出院之後，又馬上去上班了。

何容不可救藥的毛病是：無所不容。他把一切人估計太高，以為自己可以忍受的環境，可以過的生活，旁人一定也可以忍受。他過慣了枯槁的墨家生活，其生也勤，其養也薄，其為人者多，其為己者少，使人憂，使人悲，其行難為。他有權可不會調一個工人到私宅去服務。他做過一個報社的副董事長，朋友託他印一盒注音名片，他是要代付印費的。他希望他的朋友，永遠寫不拿稿費的文章，作沒有旅費的出差。誰和他交誼深，他多給誰無代價的工作。[五十三]

趙友培說：

何容是最沒有架子的老闆，嚴謹方正，平易近人，練達人情，洞明世事，協調肆應，穩健沉著，毋固毋必，能屈能伸，不矜不伐，任勞任怨：這些優點是別人所不及的。[五十四]

吳延環說：

五十三　節自《何容這個人》頁七五，梁容若〈作了甚麼，該作甚麼〉及頁一六六—一六八，梁容若〈一個榮軍的故事〉。梁容若，曾任臺灣師範大學國文系教授、東海大學中文系主任。

五十四　見《何容這個人》頁一〇四，趙友培〈於人「何」所不「容」〉。趙友培，師大教授、國大代表。

何容先生是夜貓子，常在夜裏寫稿，每至凌晨四點半，才上床睡覺。他自己也說：「非更深人靜，便寫不出稿來。」他的生活雖晨昏顛倒，身體卻很健康。他樂天知命，能隨遇而安，性情修養已到佛家《法華經．提婆品上》：所說「了達」境地，所以能「老而彌建」！五十五

劉真說：

何容先生工作時，態度嚴肅認真，絲毫不苟；在各種會議，他對問題的討論，都能堅持原則，明辨是非；為人是非常方正的，但與人相處卻又表現出瀟脫風趣，言談幽默。五十六

羊汝德說：

何先生有為有守，無欲無求，只知道做他他應該做的事，至於個人的榮辱得失，從不考慮。他堅守國語運動的陣營，凡是與語文教育有關的工作，總是那麼有堅定不移的信心和興趣。此外，他把名位權利，視同天外浮雲；這正代表何先生做人處世的態度。他在臺灣推行國語，就是在困難中堅忍力行而成功的。五十七

高明說：

被日本佔領五十年的臺灣，到處都是說日本話，自從何容帶來了國語，大力推行，現在除少數

五十五　見《何容這個人》頁二，吳延環〈何容外傳〉。吳延環，為何容先生鄰居。

五十六　見《何容這個人》頁二一—二二，劉真〈向「國語老兵致敬」〉。劉真，曾任師大校長、臺灣省教育廳長、政大教育研究所所長、總統府資政等職。

五十七　見《何容這個人》頁八九—九〇，羊汝德〈何容先生桌上的筆筒〉。羊汝德，曾任國語日報董事長。

老年人以外，人人都會說國語，由青年和兒童說得十分標準。這要歸功於這些推行國語人員的集體努力，而最重要的則應歸功於何子祥嚴肅的領導。[五十八]

肆、何容先生的著作

在林語堂辦《論語》時代，何容先生寫過不少小品雜文，和老舍、老向並稱為「幽默三老」。可惜何容先生在大陸時期，有一些作品已經佚亡。國語日報社為他蒐集而出版的主要著作，有《何容文集》甲編、乙編、丙編上下共四冊（二十五開本）。甲編，民八十一年出版，三九七頁；乙編，民八十二年，五一七頁；丙編上下，民八十五年，一二五九頁；共約一百五十萬字。

甲編大部分收錄何先生來臺之前所寫的小品、鼓兒詞和相聲之類，大都發表於《國語周刊》、《論語》、《人間世》、《宇宙風》、《文藝月刊》、《抗戰文藝》、《抗到底》、《協導》、《婦女新運》等刊物。少數刊於來臺之後，《時與潮副刊》與《傳記文學》。他在〈語言的創造者〉[五十九]中說：

> 文學家是語言的創造者。創造豐富的語言，要採取實際語言、各種「方言」，還有別種語言，

五十八　見《何容這個人》頁七，高明〈子祥，這個人！〉。高明，曾任師大、政大國文系主任。

五十九　文見《何容文集》甲編頁一—三。

古語也不應完全屏棄。

何容先生的幽默小品，就是這樣的構成的，有極俚俗洗鍊的北平話，又有賣弄改造的古語。例如：

貧居鬧市「有」人問。誰問？不用說，一定是比你更貧的，至少在他來問的那一會兒，他自己覺得比你更貧。問甚麼呢？問孝？問仁？問政？……不。第一是問你借錢，第二是求你找事，第三是又借錢又找事。[六十]

他在文章中偶而還攙進些外國的新詞兒，如「漂亮密司」；有時「洋文」、「文言」和「口語」混用一通，如〈談丈母〉：

陸克有影片焉，其名為Hot Water，華譯「為婿難」，亦有譯「丈母娘」者。竊以為音義兼顧，應譯為「好泰水」焉。那位丈母，好傢伙！真夠難伺候的。怪不得《詩經》上說：「娶妻如之何？必無丈母！」……故鄉諺云：「修下個好丈母，吃個好菜碟兒」。[六十一]

他幽默的他諷世的小品雜文，大概就是用這樣的筆調寫成的。

何容先生來臺之後，吳稚暉向他說：「文藝不死，大禍不止！要作國語運動的健將，不要作幽默作家的尾巴！」以後，他就不寫雜文了。《何容文集》乙編所收的，都是跟國語運動與國語，語言文字與教育，讀音語法與教學，修辭詞句與寫作，書序與評介之類有關的文章，說理清晰，文字平白。

六十　見《何容文集》甲編頁一四四。

六十一　見《何容文集》甲編頁七六。

四十年以來，何容先生未嘗一日或忘研究文法，一有空就寫「結合詞式的四字成語」。《何容文集》丙編上下兩冊所收錄的，就是他研究文法的論著。上冊談「字、詞和詞組」，談論「詞」的分類、含義、構成、用法與變化，比喻，特殊字的用例，讀音、又讀與變調，別字，查字典等等。下冊談「四字成語」、「國字用例」、「詞與詞組」；這三部分都是從「結構學」去分析的，跟何容先生所研究的，給學生講授的「圖解文法」、「中國文法」的理論是一致的。——研究「詞彙構成」、「詞組與句型」，屬於現代「實用文法學」的範疇。我在這方面也寫過一些論著。

何容先生的著作，還有《簡明國語文法》（正中書局出版），他說這是根據黎錦熙的《國語文法》編成的一本更簡明的書，一以「簡」馭繁，概括黎作的全書內容。二把各部類劃分「明」白，絕不含混。《中國文法論》（有一九四二年重慶獨立出版社初版；一九五四年臺北開明書店重印；一九五七年大陸新知識出版社重印等版本），他說：這本著作是把他所知道的文法學常識寫出來，再引《馬氏文通》以來的各家文法的理論，舉些例子作檢討與比較。這本書是他在北大教文法學的一部分講義，刪去他認為見解還不大成熟的部分，文字則全部改寫過。《從頭談起》（國語日報社一九五八年出版），也是屬國語文法的專論。

翻譯的作品，有兒童讀物《白白的雪·亮亮的雪》、《老鼠變老虎》、《愛幻想的珊珊》、《皮杜妮學唱歌》，這些譯作都已絕版。

主編的辭書有《國語日報破音字典》、《國語日報字典》（普及本）。

一九七四年，他校閱的《國語日報辭典》完成，歷時四年又十一個月。此外校閱的還有《古今文選》第六、九、十、十一集，還有《古今文選附刊》第一、第二兩集。

一九五一年與鄭嬰先生，爲開明書店合編《開明初中國文》八冊。

伍、結語

何容先生在〈通俗文藝的用語問題〉中[六十二]，問：爲甚麼方言作品那麼少？他解釋其因是：方言的許多語詞「有音無字」，沒法寫下來。

我進一步推論，假使我們創造「新字」去配合方言。電腦能打出來嗎？打出來，有誰認得？寫出來，又給誰讀呢？清韓邦慶用純粹的「蘇州話」，寫過一部方言小說：《海上花列傳》，描寫上海花場妓家的生活。許多人讀不懂，終無法盛行；像「故歇阿是來請倪哉」，你讀了知道他寫的是甚麼？

何容先生認爲：日本人佔據臺灣後強制大家學日語日文；光復之初，本省人幾乎都不會講臺灣話，讀國文了。所以他認爲我們要推行國語國文，首先要恢復臺語（閩南話、客家話、山地話）。因爲閩南

六十二　見《何容文集》甲編頁二七—二八。

話、客家話和國語都是「漢語系」的語言，雖有一部分「字」的發音跟國語不同，稍加糾正，就很容易學會標準的國語。所以，他強調臺灣同胞要學標準的國語，在家裏說臺語；在國語會工作的人員也要學臺語。國語教育是教人學習國語與國文的。

語言能夠相通，文字能夠統一，才能團結國民，才能推行政令，才能辦理各種事情。星加坡是多種族的小國家，華人佔百分之七十六，主要是來自福建與廣東，但講的方言卻有七八種之多，就拿軍隊的訓練來說，就非常不方便。李光耀總理認爲應該統一，所以在一九八〇年初，開始推行華語（國語），聘請臺灣師範大學張孝裕教授前往，爲他們策畫推行華語的政策與培訓師資的辦法。美國、加拿大、澳洲、菲律賓、印度都是從英國脫離出來的國家，但他們仍然用英語英文，因爲英語是世界上最通行的語言之一種。現在，全世界都在學中國話的時候，我們島內卻用語言來撕裂族群，來分化人民，實在是極不理性的做法。

本土與外來的鬥爭，在東晉、在南宋，也發生過，結果力量分散，終致衰亡。

我們讀歷史，可以知道「大一統」的思想，在中國是非常深濃的，從春秋戰國至民國兩千幾百年，都是爲着「統一」而打仗。我看過二次大戰，沒有勝利者，戰爭就是毀滅。現在「洲際飛彈、衛星核彈」的時代，戰火破壞之慘烈，可想而知。所以我認爲「統獨問題」應該擺下，讓後代子孫去解決吧。

何容先生在〈國語運動的意義和目標〉中，說：

國語運動跟其他的文化運動一樣，是由於時代的需要而產生的。從國語運動的產生和發展，我

們可以得到四點：一推行全國通用的標準語。二提倡言文一致的白話文。三實行國字注音解決國字難學的問題。四要在臺灣恢復我國的語言與文字，要使本省同胞都能說、聽、讀、寫國語國文，都能用我國的語言文字表情達意，吸取知識，消除兩岸隔離五十年來所造成的隔閡。我們要以「愚公移山」的精神，向這個理想的目標前進，總有達到的一天。教育工作是要「止於至善」。

何容先生在臺灣三、四十年都是爲着這個理想而奮鬥、而努力、而工作，直到他病倒、死亡才停止！有人說：臺灣光復之後，各方面都有極神速的進步，但進步最大的是民主政治與國語教育。沒幾年，大部分的人民都會說標準的國語，讀我國的文學，用漢字寫流暢有內容的文章。這種成果就是何先生所領導的國語專家，各縣市及國語推行人員，各地國民學校的語文教師的貢獻，學生及人民努力學習國語文的成果。

我們臺灣人應該共同珍惜、維護與堅持：這一份經過無數人心血、幾十年努力，才獲得的臺灣國語運動的成果！這自不是大陸所推行的「普通話」，所能夠相比的！

【民國九十六（二〇〇七）年九月刊於國立教育資料館主編《教育愛——臺灣教育人物誌II》】。

燊按：「何容這個人」這篇文字，比起「國立教育資料館編《教育愛——臺灣教育人物誌II．何容這個人》要長一些，因爲稿約有字數限制，我寫好後重加刪削潤澤，故有一些出入。

蔡孑民先生傳

方祖燊

蔡元培，號鶴廎、孑民、鶴卿，化名蔡振、周子餘，清同治六年（一八六七）農曆十二月十七日，生於浙江山陰縣（今紹興）。他六歲進私塾，十二歲跟叔父銘恩讀書，十三歲師事王懋修，在經史小學理學奠下一些基礎。

清光緒九年（一八八三）補秀才，專治經學小學，並作駢體文。十年（一八八四），他十八歲，設塾授徒一年；這是他從事教育工作的開始。十二年（一八八六）奉父母之命，媒妁之言，娶了王夫人。十五年（一八八九）到杭州參加鄉試，和張元濟（字菊生）一同考中舉人。十六年（一八九〇）參加北京禮部會試及第，被聘爲上虞縣志局總纂。十七年（一八九一），前往北京，在同鄉李慈銘家做了很短的一段家庭教師。十八年（一八九二）春，參加保和殿殿試，他和張元濟一同考中二甲進士，一同被點爲翰林院庶吉士，遂成好友。二十年（一八九四），蔡元培留在翰林院爲編修；張元濟分發刑部爲主事，考取總理各國事務衙門的章京（猶今外交部祕書）。他們加緊學習外文，蔡元培請日人教他日文，張元濟開始學英文。

光緒二十四年（戊戌、一八九八）四月二十三日，光緒帝頒布「變法維新」。八月初六，慈禧太后發動政變，軟禁光緒帝，捕殺譚嗣同等六人，通緝康有爲、梁啓超。張元濟也被革職。蔡元培和張元濟兩人認爲變法之失敗，是未先培養人才，風氣未開，所以力弱勢黜。他目睹變法的發展與失敗，認識到清廷政治的改革，無可希望；要改造社會與政治的根本，要從革新教育、發展文化開始。所以他決心終身從事教育與文化的工作。當時，他就拋棄了官職，於九月初一，離開北京。十月，回到紹興，任中西學堂的監督（猶今校長）。

光緒二十五年（一八九九），蔡元培元配王夫人產後病逝。他喪妻以後，做媒的不斷上門。他提出五點：一不纏足。二須識字。三男不娶妾。四男死後，女可再嫁。五意見不合，可以離婚。這在當時，真是聞所未聞。二十六年（一九〇〇），終找到理想的結婚對象：黃世振（仲玉），天足孝親，好學工書畫；他們結婚後，唱和之作頗多，感情深濃。

光緒二十七年（一九〇一），蔡元培在臨安縣（杭州市西）創設一所小學。這時，聽到張元濟在上海，爲南洋公學譯書院院長。三月，他前往上海，由張元濟引薦，認識了劉葆良。劉請他代理澄衷蒙學堂監督，又介紹他擔任南洋公學特班總教習；邵力子、蔣夢麟、謝无量和李叔同都是他的學生。他向譯書院借了許多日文、西文書籍及譯稿來讀。這年九月初，他們創辦旬刊《開先報》，以翻譯外國對我國的報導爲主，所以十月改名爲《外交報》，張爲編輯，蔡作論說。

光緒二十八年（一九〇二）十月，南洋公學第五班學生，受到老師不合理管教，激起學生退學的風潮；蔡元培爲學生請命，無效，憤而辭職。他與中國教育會同人設法募款，設立「愛國學社」，收容這些退學的學生。這時，「商務印書館」是一家小小的手工印刷店，請張元濟創設編譯所，編印專著及教科書；當時張還不能擺脫南洋公學譯書院的工作，請蔡元培兼任該館編譯所所長，開始約人編寫國文、歷史、地理三門教科書。

光緒二十九年（一九〇三），蔡元培因清廷腐敗，和章太炎、吳稚暉、鄒容等，在上海組織「光復會」，藉《蘇報》倡革命。鄒容撰寫〈革命軍〉入獄，章太炎連帶下獄。蔡元培離開上海，去青島學習德語。張元濟接任商務印書館編譯所所長，後升經理、監理，而至董事長，他與同人一起努力經營，終使商務印書館成爲「對中國文化教育」有重大貢獻的出版企業。

光緒三十年（一九〇四），蔡元培爲上海愛國女學校管理。三十一年（一九〇五），章太炎出獄。他和太炎到東京，加入孫中山先生領導的「同盟會」，爲上海分會會長。

光緒三十三年（一九〇七），蔡元培隨駐德國公使孫寶琦，前往柏林，進入來比錫大學研究文學、哲學、人類學、文化史、實驗心理學、美學。張元濟請他爲商務印書館編書拿稿酬，幫貼蔡元培的學費與家用。蔡元培著譯了《中國倫理學史》（民國六年商務出版，題蔡振著，分緒論、先秦創始、漢唐繼承、宋明理學四大部分，附錄清戴東原、黃梨洲、俞理切三家學說，是我國第一部倫理學史）、《中學修身教科書》（分上下兩篇共十一章）、《哲學大綱》（分通論、認識論、本體論、價值論四編，大多引用德國哲學家之言，惟宗教思想一節，純爲蔡元培自創之說），《倫理學原理》（譯德國泡爾生

Paulsen 原著，緒論除外，本論分九章。宣統元年商務版〕、《哲學要領》〔譯法國考貝爾原著，民國五年商務出版〕、《賴斐爾》〔Raffaello di Santi 通譯拉斐爾，意大利文藝復興時期翡冷翠的畫家。這是蔡元培準備編著的《歐洲美術小史》的第一章。商務印書館將它編入《東方文庫》書名《藝術談概》〕等書，交商務印書館出版。他另外也替商務印書館做了一些事情，如代爲蒐集資料，介紹人提供書稿。

清宣統三年（一九一一）十月，武昌革命成功，蔡元培由德國返國。

民國元年（一九一二）元旦， 國父孫中山先生在南京就任臨時大總統，組織臨時政府，任命蔡元培爲教育總長。他發表的教育方針是：軍國民教育、實利主義、公民道德、世界觀、美育五項，在各級學校設立體育、音樂、美術等課程。四月初，袁世凱繼任大總統，唐紹儀組織新內閣，仍請他爲教育總長。六月，唐紹儀辭職；他認爲同盟會的政綱很難實行，就跟著辭職。這年秋天，他第二度前往德國，在來比錫大學聽課，在「世界文明史研究所」研究比較文明史。第二年轉往法國，在里昂創辦中法大學。

民國五年（一九一六）春，蔡元培在巴黎，和李石曾〔煜瀛〕、吳稚暉、汪精衛〔兆銘〕等，聯同法國名流歐樂、穆岱等組織「中法教育會」，以交流兩國的教育知識，經濟科學之發展。蔡被選爲中方會長，歐樂爲法方會長。六月六日，袁世凱稱帝失敗，羞憤病死。黎元洪繼任爲大總統，請蔡爲北京大學校長。冬天，蔡元培由歐洲回國，決定就任北京大學校長。

北京大學的前身爲「京師大學堂」，創立於清光緒二十四年（一八九八），民國元年改稱「北京大學」。至蔡元培爲校長時，這所大學已有十八年的歷史，是一所腐化的大學。多數朋友勸他不要接受。

但他卻抱著整頓北大的心理，在民國六年（一九一七）一月四日，就任北京大學校長；並兼任「中法教育會」在北京創辦的孔德學校的校長。

蔡元培先生首先聘請許多思想新進、學有專長的教授，來充實北京大學的教師陣營，並且倡導學術研究自由的風氣，增設外國語學系，以及准許女生報考北大。他自己說：

「北大」的整頓，自文科起：舊教員中如沈尹默、沈兼士、錢玄同諸君，本已啟革新的端緒；自陳獨秀君來任學長，胡適之、劉半農、周豫才（魯迅）、周豈明（周作人）諸君來任教員，而文學革命，自由思想的風氣，遂流行。理科自李仲揆、丁巽甫（丁西林）、王撫五（星拱）諸君來任教後，內容始漸充實。直至王雪艇、周鯁生諸君來任教授後，始組成正式的法科。學生亦漸去獵官的陋見，引起求學的興會。我對於各家學說，依各國大學通例，循思想自由原則，兼容並包，無論何種學派，苟其言之有理，持之有故，即使彼此相反，也聽他們自由發展，各行其是。對於外國語，也力矯偏重英語的舊習，增設法、德、俄諸國文學系，即世界語亦列為選科。北大首先兼收女生，各大學仿行，教育部也就默許了。

北京大學，後來能成爲全國極負聲譽的最高學府，這可以說是全出於蔡元培的精心擘畫，全力以赴的成果。

民國六年至七年（一九一七—一九一八）陳獨秀、胡適、錢玄同、沈尹默、魯迅、劉半農等人，發動「新文學運動」，提倡白話文；倡導「新文化運動」，主張思想革新，強調民主和科學。

民國八年（一九一九），我國參加歐戰勝利。戰勝的協約國和戰敗的德國在巴黎訂立和約；我國是協約國的同盟，在和會中要求收回「過去德國在我國山東的權益」，非常合理；這時，日本卻公開段祺瑞政府與日本簽訂讓渡的密約，因此日本繼承了這些權益。消息傳回了國內，北京各大學學生三千多人，在五月四日發動遊行示威，批評政府，要求剷除這些強加於我國的不平等條約：史稱「五四運動」。這種種運動與改革都是以北京大學爲中心，都是在蔡元培校長領導與支持之下發動的，遂使北京大學成爲我國新思潮的發源地。——在五四運動中，有一些學生被捕；蔡元培極力營救，深爲北洋政府不滿，學校中舊派處處掣手，陳獨秀又遭誣衊而辭職；他在五月九日，留下辭職的啓事。當他回到杭州之後，教育部北大教員及學生都派出代表南下勸駕，北洋政府來電催他返京，輿論希望他打消辭意。——但由蔡元培的學生傅斯年給他的一封信，知道當時北大有名教授大都是兩個以上學校的專任教授，理法科教授多是固位的人沒有進取心，學生也不太用功。他認爲蔡元培回來要好好整頓一下，要在半年之內招聘十個以上好教授，教務長及文理法三科院長最好都要換新人，要跟名教授相約逐漸減少兼職以至於零，也要學生相約不要胡亂管事要好好用功。

蔡元培經過詳細思考，遷延到七月九日，終於決定回北京大學，擔負起做一位教育家的責任。因爲蔡元培與張元濟的關係，北京大學與商務印書館的合作，可說相當融洽，彼此有利。《北京大學月刊》由商務印刷館出資發行。北大教授的專著及教育叢書，也約定多由商務出版，如胡適的《中國古代哲學史大綱》、陳大齊的《心理學大綱》、徐寶璜的《新聞學大意》、陶孟和的《社會與教育》、胡鈞的《中國財政史講義》、陳映璜的《人類學》、劉半農的《中國文法通論》、王君述的《法文讀本》、蔡元培的《石頭記索隱》（後附孟蓴孫所著《董小宛考》）等都是。使北大的學術研究的工作有了出版便利，自然會鼓勵老師從事研究與撰著；商務印書館也因獲得最高學府權威學者的支持，而提高了出版品的水準，增強它在國內外出版界的地位與聲譽。

蔡元培重視社會教育，爲教育部總長時，創設社會教育司，通令全國推行社會教育。主持北大校務之後，除創設平民學校、校役夜間班與平民講演團外，還與胡適、沈尹默、馬裕藻、丁緒賢、秦汾等發起編印「常識叢書」，分做普通特別兩類：普通，專供一般人所用，包括語典、國語文選、古書今譯、中外地理歷史、中外風俗記、歐戰記事及各種科學。特別，專提供給海外僑工所用，包括僑工常識、僑工衛生、僑工歷史、僑工組織、僑工小說、工會組織、工人經濟等。每冊五十頁至一百頁，約兩萬字至四萬字，用新式標點，配插圖，並酌注「注音符號」。完稿之後，拿稿費或版稅，由作者自己跟商務印書館訂立出版的契約。

蔡元培爲促進當時中小學新教育的實驗，聘請陳獨秀、錢玄同、朱希祖、陳大齊、蔣夢麟、徐悲鴻等評估商務出版的各科教科書；他們認爲文理過深，材料枯燥，言文不一，不合學生心理，中小學的程度不能銜接。商務印書館就請北大教授及兼任教授爲之修改。北大委託商務印書館代購外文圖書，以充實新知識的典藏。這種種措施都使北京大學逐漸改變革新。

還有蔡元培在離開北大，到杭州西湖之濱住了兩個多月；當時，李璧臣將他的叔父李慈銘的遺著

《越縵堂日記》五十一冊幾百萬字，交託蔡元培整理出版。當時估價一千部印刷費需銀元二萬多元，一部成本要二十多元。蔡元培和張元濟幾經磋商，以及一些發起人墊付印刷費，並積極爲推銷預售，終使這一部學術巨著在民國九年（一九二〇）由北京浙江公會石印出版。

民國十年（一九二一）一月三日，蔡元培的夫人黃世振去世。八日，他從巴黎去瑞士時，才接到黃夫人逝世電報，不勝悲傷，留下一些哀悼之辭。

民國十二年（一九二三）初，教育總長彭允彝投靠軍閥政客，蹂躪人權，破壞司法獨立，搞政治鬥爭，要求非法逮捕財政總長羅文幹。蔡元培認爲彭允彝行徑無恥，不願與之爲伍，遂辭去北大校長的職務，回到了杭州。請從前愛國女學校舍監何墨君爲他說媒，跟從前的女弟子周峻（養浩）來往；七月十日在蘇州留園結婚。周峻年齡較大，熟諳英語，爲安徽女子師範學校教員。蔡元培晚年的生活與事業，多賴周峻料理與幫助。二十日，他帶著新婚的妻子周峻及長女威廉，三子柏齡，搭輪前往比利時首都布魯塞爾。這期間，他在沙洛王勞工大學講演《中國之文藝復興》，寄給《東方雜誌》發表，完成《簡易哲學綱要》（商務民國十三年（一九二四）八月出版）。——他兒子柏齡留在勞工大學研究工藝。周峻和威廉也進了美術學校。

民國十四年（一九二五）春，蔡元培到巴黎，周峻轉入巴黎美專，威廉轉入里昂美專。秋，蔡元培又到德國，進入漢堡大學研究民族學；這時，他已經五十九歲。

民國十五年（一九二六）二月，他由歐洲回到上海，參加皖蘇浙三省聯合會，爲響應國民革命軍北伐進行工作。十六年（一九二七），革命軍攻下上海、南京。四月至八月，國民黨與共產黨因路線不同，造成寧漢分裂；寧指南京，漢指武漢。十月，蔡元培任最高學術與教育行政機關的大學院院長。

民國十七年（一九二八）四月十日，大學院中央研究院，改稱「國立中央研究院」，二十三日特任蔡元培先生爲院長。他相繼成立了「歷史語言研究所」、「社會研究所」、「物理研究所」……，網羅全國最有名的專門學者如胡適爲評議員，如丁燮林爲研究員，從事狹而深的研究，終使「中央研究院」成爲我國現代學術研究的代表機構。八月，他辭去大學院院長及其他兼職，專任中央研究院院長，並移居上海，離開南京。

民國十八年（一九二九）三月間，爆發蔣介石與馮玉祥的戰爭。十九日，張元濟反對內戰，寫了一封信給蔡元培說：

寧漢衝突，吾兄奔走調停，孤詣苦心，世人共見。觀今日報紙，戰禍殆恐難免。吾兄去寧來滬，杜門謝客，殆因此故。國勢頽敝如此，民生困苦如此，在位者猶欲從事戰爭？……吾兄亟宜發表正論，痛斥兩造之非，布告國民，速謀制止之策；並即日辭職，庶無負「監察」二字之責。

這時，蔡元培一再堅辭監察院院長。前後兩事，蔡元培奔走調停均無效果，可見文人對政治之影響力是極其微弱的。他在三月二十二日，覆張元濟信說：

菊哥大鑒：讀惠書甚佩正論，惟目前曲突負薪之工未竣，投鼠忌器之點尚有，不得不以沉默對之。忉在知愛，想荷鑒諒，諸俟晤詳，敬祝

著祺

寥寥數語，寫出他無能爲力，只得以「沉默對之」。

民國二十三年（一九三四）四月，蔡元培被商務印書館股東會選爲董事，參與復興與經營的規畫；因爲商務印書館在民國二十年（一九三二）一月二十八日，日本侵略軍進攻上海時所破壞，所有印刷設備及圖書館藏書均化爲灰燼。蔡元培事後才知道：這是張元濟將他持有的股份十股，置於蔡元培名下，因此才被選爲董事。

民國二十六年（一九三七）七月七日發生蘆溝橋事變，抗日戰爭爆發；十二月，上海南京，相繼淪陷。二十九日，蔡元培先生全家移居香港。二十七年（一九三八）一月底，遷往九龍；八、九月間，患了腦貧血病。他憂傷國事，至民國二十九年（一九四〇）陽曆三月五日病逝，享年七十四歲，葬於香港仔華人墓場。

蔡元培先生的著作，還有《文變》三卷（光緒二十年商務出版）、《蔡子民先生言行錄》（民國九年新潮社出版）、翻譯《妖怪學講義》（日本井上圓了著，民國六年商務出版）。

現在北京大學樹立了蔡元培先生的銅像，紀念他對中國的教育與文化的貢獻。羅家倫在〈偉大與崇高〉紀念先師蔡子民先生的一篇文章裡，說：

> 先生是當代文化的導師，人格的典型。先生感召的力量是無形的，給後輩的德化，有如長江之流永遠不會枯竭！（刊於《中國人物》）

我編輯《古今文選》十六年

方祖燊

國語日報社的《古今文選》原爲週刊，創刊於民國四十年（西元一九五一）九月二十六日，至今民國八十九年（二〇〇〇）十一月四日，已經五十年，有正編四百期，續編一千期，論介歷代的作家將近一千人，選註語譯的作品超過數千篇。在選註的工作來說，應當是空前絕後的了，過去的《昭明文選》與《古文辭類纂》都遠在其下，將來也不可能再有來者。它是我們主編人持續的生命的結晶，也是數以百計的學者們詮釋的一個總集。

《古今文選》是一種很特殊的副刊，專門選註語譯古今名家的傑作，起先由梁容若、齊鐵恨、何容、方師鐸四人負責，並邀約一些學者註稿，但因各有專業，工作又忙碌，稿件時感緊迫。民國四十一年二月一日，報社遂決定改由梁容若、齊鐵恨兩位主編，並羅致我和鍾露昇爲《古今文選》的專任編輯。

當時，國語日報是在臺北市南海路植物園建功神社內。後來國語日報搬走，由中央圖書館改建成中國宮殿式的紅欄杆綠釉瓦的建築，現在是教育資料館。當時，神社院子的兩廂爲排字房和印刷房，正殿五廳爲國語推行委員會、報社副社長室和新聞副刊編輯室，殿右側的小廣場有一列員工宿舍，殿後是廚房浴廁。破舊簡陋，又不夠用，報社在前面加蓋了一間鋁屋做經理部，後小半做文選編輯室。植物園的整個大環境則是非常優美的。

當我進入國語日報工作的時候，才二十二歲。當時編註《古今文選》是採取分工的作業方式。我們根據梁老師選定的篇目，翻查各種辭典類書注本參考書，作題解，分段落，加標點，並標出讀音語音破音輕聲調與入聲字，再一字一詞寫出恰當的解釋，再緊扣本文句斟字酌的作語譯或寫大意，並蒐集有關資料提供梁老師寫作者生平及附錄文字。剛開始時，因能力的局限，做來十分辛苦，注一期常要十天半個月，遇到難以解決問題，更要花更多時間。幸好，梁老師是非常博識的學者，我們作的初稿送到他那裏審閱，無不迎刃而解。他爲我們改正錯誤，刪削拖沓。他寫好了作者傳記及附錄文字，就交給排字房撿字排版。當日，撿排文選的技工都是頂尖的好手。經馮作民先生初校，我們再校過兩三次，再送梁老師校改一遍，最後的清樣送齊老師校閱。儘量求錯誤減到最少。讀音由齊老師作最後的決定。在兩位老師指導之下，我的文字日趨凝鍊，能力日漸提高，學識素養也一天比一天高明，逐漸能獨立負責編務。

我前後編輯《古今文選》十六年零一個月。回顧這一段的日子歡樂居多。最感到快樂的，是我編註《古今文選》的工作就是讀書，讀書就是工作；在這不斷的讀書與工作之中，培養了我喜歡讀書的習慣，再枯燥乏味的也都能讀得入迷，也因此造就了我的駁雜的學識，所以在我辭去文選編務之後，能夠應人所約寫作各種各樣的作品。

美麗的植物園也給我許多甜美的幻夢。工作累了，我看看窗外的小池塘裏嫣紅的、蠟黃的、紫藍的睡蓮，疲困即爲之消失。多少個黃昏，多少個月夜，曾在園裏散步，看翠綠荷葉，聽盈耳蟬聲，賞潔白荷花，聞襲人清香。在那裏還留下一段傷心的往事。

編輯文選艱困的地方亦不少。如不停的看辭典註本的小字，眼睛的近視度，不到十年就戴上了一千度的深度眼鏡。當然，努力還是有收穫的；沒幾年，《古今文選》就成爲聞名中外的暢銷刊物，活頁成了許多大學大一國文的教本，後來也成了編中學國文教本及專科文學選本主要的抄掇藍本。民國五十五年五月，美國印第安那大學研究東亞語言與文學的 Gary P. Tipton 和 James R. Landers 兩位先生，特別編輯一冊《古今文選索引》（INDEX TO KU-CHIN WEN-HSUAN）。當日各國研究漢學的大學圖書館，也幾乎都收購有《古今文選》精裝本。

梁老師在民國四十六年，前往東海大學任教，作好稿件要遠寄臺中，聯繫不方便，文選就改爲雙週刊。五十年秋，鍾露昇兄赴美進修，只剩我一人，我在師大教書的課業也日見繁重。第二年二月一日，印出了四百期。梁老師主持文選編務十年，花費許多心力，不免產生倦怠感。文選因此曾停刊了三個月。報社諸公幾經磋商，請我負責續編的主編任務。這時，由我而起，主編才月支八百元主編費，並應我要求採用外稿，無論何人撰稿，都支付稿費。於是我在民國五十一年六月，主持續編編務。這時我三十三歲，從選稿、約稿、看稿到校稿，一人負責，工作當然很吃力。有時來稿不繼，自己撰稿的也有，作補充，寫附錄的也有。爲著不脫期，常常麻煩內子黃麗貞充當義務的助手，像謄稿校對，兩個人常常工作到深夜，甚至天亮。民國五十三年九月，露昇兄從美國回來，請他加入主編，這才稍減我緊迫的工作。

在我主編時，也是《古今文選》最暢銷的時期，先總統蔣公辦公室幾乎每半年就要我們注釋一篇蔣公文章。有一次，一出刊就售出四十萬份。能夠主編這樣一種刊物，自然也感到快意驕傲，可是卻幾乎花費我所有教學之餘的時間，無法撰寫我的研究，創作我的文章。終於在民國五十七年三月，我辭去主編職務，俾能空出時間寫愛寫的文章。我大部分的著作，都是在我辭去編務之後寫成的。接我主編的是臺灣大學林文月教授。民國六十一年三月，由曾永義、黃啓方兩位教授主編。現在由王基倫、洪淑苓兩位教授主編。

創辦《古今文選》的主編都已過世。當日，齊鐵恨老師每天清晨、中午、晚間三次，前往中央廣播電臺播講國音國語國文，持續了十四年，這一種努力推行國語的毅力與精神，令人欽佩至極。梁容若老師是一位博學多識的學者與作家，讀書豐富，見解卓越，文章寫得光怪陸離，凝練明白，著作非常多；他爲人做事嚴謹認真，對我的督促與指導，就像父親期望子女那樣的殷切。他是我畢生難以忘懷的一位老師。他們爲推行國語而努力貢獻一己之力，使我深深感受到：如果我們沒有理想也就無法推動一種不朽的文化事業。《古今文選》續編能夠發行一千期，當也是前人這一種精神的賡續吧！

（原刊於民國八十九年十一月四日，國語日報歡慶《古今文選》一千期特刊）

方祖燊的一些小逸事

——寫在《方祖燊畫論與畫作》前

黃麗貞

我從認識方祖燊、嫁給他，到現在整整五十年；我對他的認識，自然極深切。這裏僅介紹他的一些小事，也可以當做「祖燊小傳」來看待。

祖燊一九二九年，生於福建福州。一九四八年，他從福建省農學院附屬高級農業學校畢業後，就前往臺灣謀生，在基隆造船廠、花蓮吉安牧場、高雄肥料供應站都做過極短暫的工作。不久，考進臺灣省立師範學院，只靠一份公費生活，缺乏零用錢，開始向報刊投稿，都刊登了出來。這時，他讀了許多中譯的西方文學，文字有一點兒歐化；他寫過一篇〈威尼斯的商船〉，寄去《中學生》；編者卻以爲它是譯作，要他寄原文去。因在校內，頗有文名；一九五二年，師院畢業，就被國語日報羅致爲《古今文選》編輯。

《國語日報》是「專爲在臺灣推行國語與國文教育的」一份報紙。臺灣光復之初，本省人只會日語日文，漢字漢文都幾乎被消滅；於是，臺灣推行國語的人士爲推行國語，創辦了「國語日報」。《古今文選》是國語日報一份極特殊的副刊，每星期一出版，隨報附送，專門選注古今名家的傑作，給予題解標點注音解釋與語譯，介紹作者事迹與文章背景，是當日提升臺灣國語與國文教育一份極有貢獻的刊物。

我認爲祖燊一畢業，就獲得注譯《古今文選》的工作，可以說是非常幸運的「讀書人」；因爲，他的工作就是讀書，讀書就是工作。主編梁容若老師規定他，每選注一家作品，就要把作者的集子及注本翻過一遍；譬如選注蘇軾的一篇〈赤壁賦〉，他就要把《東坡七集》看過一遍；選注王維詩，就要把《王右丞集》及附錄讀過一遍。他也時常利用這些可貴的資料寫文章，像利用《王右丞集》附錄的「畫錄」，寫了一篇〈南宗畫祖王維〉，在雜誌上刊登了出來；有一些國畫家以爲他對國畫有極深入研究。他寫過一篇〈中國茶葉〉，在國語日報上連載八天；有一位茶農特地寄了一罐極品「凍頂茶」給他，並問他在種茶製茶方面，還有什麼妙法可以傳授給他。

他在不斷讀書與工作中，造就了做學問的篤實基礎，提升了他鈎玄提要的能力，所以他尋找資料極其快速。他因編注《古今文選》，他的「大名」時常在文選上出現，早就成「知名」人士。一九五六年，他回師大擔任助教，仍兼任《古今文選》編輯。回師大後，他開始撰寫學術性論文。

他的父親方毅先生，在福州寫信給香港的一位朋友，拜託這位老友在臺北的侄子尋找他的小兒子。這位晚輩接到信，真不知道從何下手？在茫茫的人海中找人，比海底撈針還難！但看信上寫著「方祖燊」這一個姓名，好像很熟！突然，他想起了這個大名常常見於國語日報的《古今文選》；他就打電話到報社去試試看。報社證實了「方祖燊是福州人；但現在師大工作」。他又打電話到師大人事室查問。因此，祖燊終於和他的父母透過香港聯絡上了。

這時，兩岸不能直接通信寄錢；要寄信、寄錢都要托人帶到香港轉寄。祖燊在國文系工作，所以能夠拜託香港僑生替他轉信寄錢。我是香港僑生，在大二的那一年認識了祖燊；由於，我長期替他轉信寄錢，終成了朋友。一九六一年，他升爲講師。一九六二年他升爲《古今文選》的主編；我因成績優異，留系爲助教。我們就在這一年十月在臺北結婚。一九六三年八月三十一日，我們的雙生兒誕生。從這幾樁小事，可以看出《古今文選》給祖燊帶來了「幸運的守護神」！

一九六五年，他升爲副教授。之後，他的工作最忙碌，每周任教時數多達二十三小時，教過大一國文、修辭學、中國文學史、學庸、陶淵明詩、新文藝（包括新詩、散文、小說、戲劇）、荀子。兼任教育電視臺「大學國文科」主講人兼製作人，專講古典詩。播講時配合詩情的插圖，都是由他自己拼湊繪製，字幕的文字，是我用楷書幫他寫在配圖上或白紙上，然後貼在硬紙板上，好讓他在播講時一張一張地翻。有一次攝影棚內冷氣壞了，熱度極高的水銀燈，灼得他「如坐針氈」；這一種經驗也自不是一般人所能體驗得到的。

一九七一年，祖燊升爲教授，在大學部又開了文學批評、謝靈運詩、文學概論；在研究所，他教過散文特論、小說專題研究和比較文學。

祖燊的許多專門著作大都跟他的教學與工作有關。他教陶淵明詩，是因他寫了《陶潛詩箋注校證論評》；他教新文藝、散文特論，小說專題研究，促使他寫《散文理論叢集》、《小說結構》等寫作理論；他教文學批評促使撰寫《文學批評與理論》，此外還有《西方文藝思潮》等著作，也因此能夠在研究所開比較文學。他潛研語法，所以有複音詞、片語詞組、句型的著作。爲推行國語，他有《臺灣推行國語的經驗》：使他成爲文藝理論家、語文學者。

祖燊注譯《古今文選》十六年，有精裝本六集，約四百八十萬字；其中一百六十萬字是他所寫的。一九六八年三月，他辭去《古今文選》主編，大衆、民衆和青年等報紙副刊都約他寫方塊文章；臺灣其他的報紙大都刊過他的散文、小說、雜文。雜誌總有二十家刊載過他的論著。因此認識了許多詩人、作家、畫家與主編，多次當選爲中國作家協會常務理事。書局也爭相請他寫專書，因此編纂過《國音常用字典》、《成語典》、《大辭典》。《陶淵明》、《六十年來之國語運動簡史》、《中國少年》、《宋教仁傳》、《中國文化的內涵》、《散文的創作鑒賞與批評》、《談詩錄》、《生活藝術》、《唐朝的詩》等也都是在這樣的情況下產生的著作。總計至今，共有二十五家書店、出版社與圖書公司發行過祖燊的著作，約七百多萬字。

其間最值得一提的，是香港現代教育研究社有限公司，派總編輯到臺北請他撰寫《現代中國語文》（小學語文課本）的範文。許多朋友都認爲：他可以靠稿費維持生活。他說：「有一次，我拿了一本小書的稿費；兒子盲腸炎開刀，也僅僅夠付手術與醫藥的費用。臺灣沒有一個作家可以靠寫稿維生的。」

一九九〇年八月，祖燊應中國語文學會理事長劉真先生的邀聘，出任學會秘書長。第二年，就罷患第三期直腸癌，經過手術切除，化學治療。他在一九九五年，創辦並主編有史以來的第一本《中國現代文學理論》季刊，他邀請臺灣自北到南的十四所大學三十位專門學者組成編輯委員會，參與其事，支撐了五年（一九九九）停刊，刊載了兩百幾十篇論文。其最大的影響是引發許多大學中文研究所研究生，從事現代文學的研究。

他認爲每個人都只有這短短的幾十年；大病之後，他更緊握這珍貴的餘光。首先，他整理舊作讓文史哲出版社出版《方祖燊全集》十三冊，但仍有許多集子沒法收進去。祖燊最重要的一部文學理論《小說結構》，是他在一九六四年教新文藝，開始陸續撰寫的小說理論，一篇一篇發表於報刊雜誌，這時已累積有三十幾萬字，在治療直腸癌後，特別想把鑽研了三十年的小說研究完成。他又增補了三十萬字，真的是無日無夜地工作；我半夜醒來，隔壁房間仍亮著燈，操作電腦輕微的聲音，依稀可聞；我故稱之爲「生命之書」。在這以後，他寫成的有《中國寓言故事》，是供給外國人士學習中國語文的教材。《西方繪畫史》，論介西方四〇二位著名畫家暨其作品。與我合撰的還有《最實用的應用文》。

最後，我要說的是有關祖燊的繪畫的故事。一般人學畫只是打發時間。祖燊無論做什麼事情，都是全神投入，瘋狂著迷！畫畫也是這樣，他畫水彩就同時畫三、四幅，時常廢寢忘食。他畫了許多爛畫，我說他畫的馬像羊，畫的玫瑰不像花。他卻辯說現代畫不一定要像。話雖如是說，他還是不斷改進。他喜歡畫油畫，因爲油畫可以照自己的意思，試驗隨便改，可以改了又改，直到自覺和諧才停止。有時，他整幅畫改到跟初稿完全兩樣。他的油畫可以說：是由模索、試驗來的，逐漸走向成熟而精煉。

他說一個成熟的畫家畫出來的畫，都是在他個人主觀的意識控制下畫成的。現代有一些畫家提倡「無意識畫法」，美國「行動繪畫派」，將顏料隨意地潑灑畫布上；畫家帕勒克的畫就是這樣完成的。祖燊卻說你看帕勒克的《大教堂》的灰黃色彩、黑色筆觸，以及他最後的一些線條的鈎勒，豈是「無意識」構成的？你再看看他鈎畫出來的「骷髏、鬼臉、少年臉」，又豈是從頭到尾完全在沒有意識的狀態下畫成的？康丁斯基的《圓之舞》、德爾沃的「夢中的裸女」，達利的《內戰的預感》更是主觀意識嚴格構想出來的產物。

祖燊這部著作，主要分做兩部分：前面一部分是他探討畫國畫與畫油畫的理論。論畫國畫部分，是他從古往今來國畫家的畫論裏、挖掘出來的精髓與結晶寫成的，並舉許多名家的作品做範例。論畫油畫部分，蓋從他所著的《西方繪畫史》以及他所讀過的各種畫集畫論，歸納出來的技法包括：構圖、筆觸與用色。

在「論畫油畫」中，他雖已談過油畫顏料的名稱與特質；但他認爲「這還不夠」，又寫了一節「論色彩與繪畫」，蓋從「純學理」進一步去論介「顏色」的產生、色相、明度、彩度、寒暖色、混色、配色、對比與烘托等小專題，務使我們學畫者對色彩的應用有透澈的認識與理解。因爲西畫的色彩的運用，比筆觸、比構圖更重要，抽象畫有許多只靠色彩去表現。色彩的應用，不但畫西畫非常重要；國畫家也多採用西方的顏料來作畫的。尤其，今天作廣告畫、工藝畫、圖案畫、裝飾畫、電視畫，插圖畫、封面畫，都非常著重色彩的對比映襯與調和。

其次，他介紹自己的畫作，包括素描、水彩和油畫；祖燊是一位善於用筆的作家，所以他能夠把他畫某一幅畫的過程，包括構圖、技法、塗色的特點與效果，好像爐邊絮語，娓娓道來，讀來十分輕鬆，蠻有趣味。

【黃麗貞序，原刊於中國廣州暨南大學出版社出版《方祖燊畫論與畫作》（二〇〇九年六月第一版，十六開彩色本，連序目前言本文共二六三頁）】。

教育家劉眞先生一些小事

方祖燊

劉真先生（字白如），是我在一九五〇年（民國三十九年），在臺灣省立師範學院國語科讀書時候的院長。我記得：他每天清晨六點五十分就到操場陪我們學生升旗，做體操。他幾乎認得每一個同學。他常以「誠正勤樸」四字，訓勉我們做人要真誠，處事要公正，工作要勤勞，生活要儉樸。我時常以此自勉，不敢或忘，所以終我一生都能甘於過著儉樸而平淡的生活，努力讀書，不停寫作，我和麗貞的著作至今已超過一千萬字，大概是由於勤能補拙吧。程發軔師母俞文蘊女士要將她和程老師的大部分遺產，捐贈給慈善機構及學校；她在死前留下一封信給麗貞，囑咐幫她處理這些後事；這實在是因爲她看中麗貞和我做人的真誠正直，可以完全信賴，故以咐託。從這兩件小事，可以想見劉真先生的言教與身教，對我們做學生的沐化與影響。

一九五六年（民國四十五年）八月，我因文學院梁實秋院長、國文系梁容若教授，向省立臺灣師範大學劉真校長的推薦，我回到母校擔任文學院助教，但仍兼任國語日報《古今文選》的編輯。我回師大工作可說是破格破例的任命。根據法規：專修科畢業只能先擔任助理助教兩年，然後才能升爲助教；現在卻直接聘我爲助教；我爲師大的專任助教，卻又可以在師大編註《古今文選》。當然這是因爲我編了五年的《古今文選》，學問的修養當已超過博碩士。我回師大後開始撰寫許多學術性的論文，也因此這小小的一起點，徹底改變了我生命的軌道，而走上「學術與創作」兩棲的道路。每念及此，最讓我感懷不已的是劉校長的用人唯才之道，而不惜破例與破格。第二年劉真校長就出任臺灣省教育廳廳長。

一九九〇年（民國七十九年）夏，中國語文學會理事長、《中國語文月刊》發行人劉真先生，聘請我爲學會的祕書長。現將我在學會十年期間（一九九〇—二〇〇〇）所做的幾件重要的事，分述如下：

第一、原在學會工作的陸錦堂先生要回大陸，何本良先生因爲年老，兩人都想退休。劉真先生想到他們在學會工作的辛勤，遂依勞保辦法辦理；我們在學會極其有限的基金內撥付了兩人的退休金。我並請蔡宗陽教授爲副祕書長，協助我處理會務與社務。

第二、我到會後覺得《中國語文月刊》的內容應該加強，版面應該改變；從民國七十九年九月第三九九期開始，我們以中小學校的老師與學生爲讀者的對象，推出「我們的話、語文論述、語文知識、兒童文學、生活與勵志、軼事與札記、文學欣賞、國語文教學、青少年園地、修辭講話、名著選介」各種專欄，請蔡文恂小姐採用名畫，設計封面，並約請語文專家及作家撰稿，將稿費從一千字二百元提高到五百元，並逐年提高社內工作人員的薪水，增加月刊的主編費。但學會的經費困難，巧婦難爲無米之炊；我決定提高月刊的訂費，從二十五元調整爲七十元，期使收支平衡。改版後內容符合讀者的需求，有一些學校的班級都訂閱月刊。終使《中國語文月刊》走上一條新路。這時，沈謙教授爲月刊的主編。他說：「劉真先生特別聘請方祖燊教授代理發行人，執掌社務。方先生雖未主持實際編務，然對本刊之籌畫革新，殫精竭智，鼎力支持，本刊始能以嶄新面目出現！」姚榮松教授稱譽革新版《中國語文》，像「飛上枝頭的鳳凰」。後來又增聘黃錦鋐、邱燮友教授加入主編陣營。其實，《中國語文月刊》，數十年來早已累積了許許多多有益於語文教育的寶藏。

第三、創辦全國性「中小學校學生寫作獎」。我們爲鼓勵青少年寫作的興趣，提高青少年作文的能力。一九九一年起，我們以學會名義向教育部等文教機構申請到一些補助經費。於是，我們致函全臺灣每一所小學、初級中學、高級中學、高級職業學校，請求每一所學校精選並推薦一篇學生最好的作品，給中國語文學會。學會聘請教育學者、文藝作家來評審。我們從各地各校寄來幾千篇優秀的作品中，經過初選，複選及決選，末附評選意見，最後選出六十五篇最傑出的作品，編印一部三六〇多頁的《中小學學生寫作獎專輯》。入選的給予獎金和獎狀；其作品分別先刊登於臺灣《新生報》、《國語日報》與《中國語文月刊》。每一屆「專輯」都印了六千本，免費寄贈全臺灣各中小學校與有關的教育機構。至一九九八年舉辦了八屆，出版了八冊專輯，收錄了五二〇位青少年五二〇篇作品。這些學生的作品都極精彩，內容健康，文字活潑，不但有物，而且有序。「浙江少年兒童出版社」從這八冊《中小學學生寫作獎專輯》中挑選一部分作品，編成兩冊選集：一冊《臺灣小學生八年獲獎作文精選》、一冊《臺灣中學生八年獲獎作文精選》，在中國大陸地區發行，作爲學生的作文的經典模範。

第四、在一九九六年三月，我們在中國語文學會下面創辦《中國現代文學理論季刊》。我們糾集了從北到南十四所大學，三十位研究現代文學的學者與作家組織了編輯委員會，專門刊載「現代中國文學史，寫作詩歌、散文、小說、戲劇的技巧與原理，文學批評的理論，中國現代文學作家與作品的評論，修辭學，語法與文學，兒童文學，中國戲曲專論，西方文學思潮和現代文學的教學實驗」等等專論，發行了二十期，刊載了海內外三百多篇專門論文，約兩百多萬字。二〇〇〇年十二月停刊。影響最大的是促發了臺灣各大學中文所的研究生，去研究現代文學的意趣與熱潮。

以上這些工作，都得到劉真先生大力的支持，所以才能放手去做才能把事情做得完美。

我在中國語文學會工作，跟劉真先生時常接觸，到過植物園教育資料館他的辦公室或福州街他的公館，商量一些重要的事務；他非常客氣，好像接待朋友，而不把我當學生看待；在他府上，見到師母石裕清，也非常親切。

劉真先生的著作有《劉真先生文集》等十多種；我從他的著作中選輯一些有益於青少年的精粹言語，在《中國語文》上刊出，並在一九九五年（民國八十四年）編成一冊《教育家的智慧》（遠流出版社出版，二十五開本，二九三頁）。另外，我又整理他所珍存的臺灣各界名人與他來往的書信；我替他們各作小傳以及說明，也在《中國語文月刊》上刊載，以作爲現代寫作書信的範文，前後介紹了八十人。一九九九年（民國八十八年），從中選編了包括陳大齊、羅家倫、溥儒、王雲五、梁實秋、朱家驊、蔣經國等五十人，輯爲《當代名人書札》（正中書局出版，精印十八開本，二五七頁）。

我由於在中國語文學會做事，時常親沐他風範，讀他著作而摘他言語，由他與人的往還書信，商討事情，更進一步瞭解到劉真先生如何處理師大的校務？爲教育廳長時的如何施政？與朋友相交的深厚的情誼。

他任師大校長時，爲提高師大的學術水準及教學實效，聘請了許多著名的學者（如楊亮功、梁實秋）爲系主任、教授，帶動學生的學習與研究的風氣。又如他爲師大向民間募款興建一座巍峨的圖書館；現在圖書館雖已拆掉，但從所保存下來的希臘式巨柱，仍可想見其往昔的風貌。

他爲教育廳廳長時，募款興建日月潭與臺中市的教師會館，使當日收入微薄的教師也可以到名勝地區旅遊渡假。他興建國民學校的許多校舍。又如他增加了國小、國中教師的職務津貼，使教師能安心於教學工作。他和退除役官兵就業輔導委員會合作，在臺灣師範大學國文系舉辦國文專修科，專收需要轉業的軍官，並輔導他們就業。

但最令我感動的是石裕清師母中風，長期住在醫院裏，已經沒有意識，已經不能說話，已經不能自己進食，要靠機器由食道灌進軟體食物，要靠打氧氣進去維持生命。劉校長每天都去醫院看她，握握她的手。我有時也陪他去看師母，看見師母這樣的辛苦地活著，覺得非常難過，就勸說：「讓師母去吧！」劉校長說：「我握她的手，她還有感覺！我怎能放棄！我不能這麼做！」梁實秋院長過世時，他的後事是劉真先生一手辦理。他們兩人友情的深摯，彼此關切，彼此讚許，讀他們來往的許多書信就可以深深地感受得到的！

劉真先生是我所見過的唯一能教我崇拜仰慕的、才幹極卓傑而富理想的一位偉大的教育家。

讀史雜感

赤壁之戰

方祖燊

漢建安十三年（西元二〇八年）發生「赤壁之戰」；其起因在於曹操想要統一天下，這一戰的結果，卻使東漢統一帝國分裂，形成曹魏、孫吳、蜀漢三國紛爭的局面。所以「赤壁之戰」在歷史上是一次極重要的戰役。

一、天下大亂的原因

東漢後半葉，因為皇帝年幼，造成外戚與宦官的爭權。靈帝時，天下大權旁落宦官手裏。當時凡反對宦官的，都被戴上「黨人」的帽子，「圖謀不軌」的罪名，加以殺害。靈帝中平年間，政治尤其腐敗黑暗，百姓有苦，無處告訴。人民鋌而走險，盜賊蠭起，發展成黃巾賊等亂事。靈帝崩，少帝即位，宦官外戚，政爭尤烈。何太后兄大將軍何進於進宮奏事時，被宦官所殺；何進部下攻兩宮，盡殺宦官。河東太守董卓乘亂入京，廢弒少帝，鴆殺太后，更立陳留王劉協為漢獻帝做傀儡，弄權專制，凶逆無道。次年（一九〇），山東州郡起兵，聲討董卓。董卓被逼自洛陽遷都長安。後董卓被王允所誅。不久，董卓部將李傕、郭汜、張濟等攻破長安，爲卓報仇。李傕、郭汜又相疑爭戰，一劫皇帝，一質公卿。經張濟調解，才由楊奉、韓暹、董承於建安元年（一九六）奉獻帝回到殘破的洛陽。因缺糧食宮室，百官餓死或爲亂兵所殺者極多。山東州牧郡守，雖舉義兵之旗，實爲擁兵割據，互相吞併，人人想逐鹿天下，稱王稱帝。洛陽朝廷貧困，各地委輸不至。後來曹操入京迎獻帝駕幸許昌，朝廷才解決了食住問題，有安定的駐處。

二、群雄割據與曹操統一計畫

當時，群雄割據四方。袁術據壽春，於建安二年，僭號稱帝。袁紹於建安四年消滅公孫瓚，雄據幽、冀、幷、青四州。呂布於建安元年偷襲劉備，佔據徐州。劉表據荆州。孫策、孫權兄弟據揚州。劉璋據益州。張魯據漢中。馬騰、韓遂據涼州。士燮兄弟據交州。正如司馬光所說：「建安之初，四方蕩亂，尺土一民，皆非漢有。」

曹操以孝廉崛起，有雄才，多權謀，在當時確是非常的領袖，定亂的能臣。他一面舉賢用能，足食足兵；一面決機定策，征討四方，決心統一天下。有人說他專權擅制，當是事實。因爲獻帝在建安初年，不過是十五歲的小孩子。曹操要建非常的功績，便不得不用非常的權力。在當時大概還沒有篡漢的野心。他在建安十五年十二月乙亥日，公布「讓縣自明本志令」，說自己志欲「爲國討賊立功」，「無不遜之志」，是可以相信的。

曹操統一天下的計畫，以他自己的兗州、豫州，及司隸校尉郡（京畿之地）爲根據。他先安定內部，然後出擊。於建安三年打敗呂布，收拾了徐州。四年使劉備消滅袁術部隊，袁術嘔血而死。五年於官渡大破袁紹。後來又陸續解決了袁紹三個兒子譚、熙、尙及外甥高幹，收復青、幽、冀、并四州。十二年，又大破烏桓，斬蹋頓單于，平定遼西邊境異族。

許昌朝廷的勢力日強，所以到建安十三年，益州劉璋已經接受朝廷命令。涼州方面，李傕在建安三年夏，已被曹操派的裴茂所鏟除；馬騰被曹操留質在許昌做衛尉，剩下韓遂、馬超一些力量，一時卻也不敢爲患。至於交州士燮兄弟已接受朝廷的命令，以「綏南中郎將」的名義「董督七郡」。當時在全國十三州部中，只剩下劉表的荆州，與孫權的揚州，未服朝廷統治。曹操統一天下計畫，可說只差一步，尙未完成。

三、赤壁之戰的成敗

建安十三年七月，曹操南征荆州。八月，兵還沒到，劉表已被嚇死。九月，曹操兵臨荆州新野，劉表小兒子劉琮束手投降。劉備自樊城帶殘軍退往當陽長坂。劉表大兒子劉琦駐防江夏，也不過萬把人軍隊，實在不堪一擊。荆州的土地，大半已淪入曹操之手。這時曹操順江東下，只待蕩平孫權，天下就要統一了。

以曹操當時的兵力，實在不難一鼓摧敗孫權；所以在江東方面，孫權部屬震於北軍的聲勢與力量，多主張投降。像張昭的「投降論」，實在足以代表東吳士大夫的心理。然而孫權——這位年僅二十七歲的青年領袖，實早懷爭天下的雄心；所以魯肅的聯劉主張，諸葛亮激將式的遊說，周瑜對敵虛實的分析，在在都加強了他作戰的決心。於是赤壁的戰爭就這樣發生了。

結果，這一戰是孫、劉以數萬的聯合軍隊，擊敗曹操數十萬的大軍。孫、劉的聯合，避免了被曹操各個擊破的危險。孫、劉的同心協力，發揮了最大的作戰力。諸葛亮、周瑜分析曹軍的弱點，是曹操失敗的部分原因。但使曹操失敗最大的一點，卻是曹操自己的驕傲與自滿。古人說：「驕兵必敗」，確是這樣。因此他才會相信黃蓋投降，爲當然的事，而不加戒備，以致中了詐降計策，遭到火攻突襲，結果是大敗逃回。曹操統一天下計畫，也因此粉碎了。

四、三分天下

赤壁戰後，曹操北還，荆、吳勢強。荆州刺史一職，由劉備、孫權二人共推劉琦繼任。但沒多久，劉琦病卒，孫權推劉備爲荆州牧。劉備佔領荆州的長沙、零陵、桂陽、武陵四郡；孫權佔領江夏、南郡二郡；只有南陽郡（包括襄陽在內）仍在曹操手裏。劉備做荆州牧後，又於建安十六年入蜀，十七年與劉璋衝突，到十九年佔領全部益州。

孫權於赤壁戰後，卻意外得了交州。交州士燮兄弟看到孫權戰敗曹操，勢力日強，於是將交州七郡（今兩廣、越南）歸附於孫權。後來孫權就佔有荆、揚、交三州之地。

曹操赤壁敗後，於建安十六年打敗馬超、韓遂等十個西涼部曲，取得涼州（今陝西、甘肅），恢復一些威望。然而這時劉備、孫權已經坐大，沒有削平的希望，於是聽信董昭等讒臣的慫恿，一舉割了十個郡自肥，由武平侯而自晉爵為魏公，加九錫。二十一年，又自晉封為魏王；作子孫後來篡位的準備，這大概是曹操自己所預料不到的。而天下三分的局面，因此造成。

赤壁一戰，粉碎了曹操統一天下計畫，而漢朝復興的機運也因此破滅了。晉史學家習鑿齒說得好：「昔齊桓一矜其功，而叛者九國。曹操暫自驕伐，而天下三分。皆勤之於數十年之內，而棄之於俯仰之頃，豈不惜乎！」

（民國四十六年十二月十六日，刊於《國語日報・古今文選》第三一六期。方祖燊，時年二十八歲）

淝水之戰

方祖燊

一、西晉的建國與滅亡

(一)三國盡歸司馬氏

魏王曹操時，司馬懿是太子丕的中庶子。丕十分信任懿。曹丕篡漢為魏文帝後，司馬懿屢次率兵和蜀相諸葛亮對抗。魏明帝即位，曹爽累遷都督中外諸軍事，錄尚書事。明帝崩（二三九），遺詔曹爽與太尉司馬懿，一同輔佐少主齊王。魏齊王芳即位（二四〇），加爽侍中。何晏等勸曹爽伐蜀，無功而還。當時，魏室與司馬懿的政爭已極烈。正始八年（二四七），懿稱疾，不參與政事。十年（二四九，即嘉平元年）正月，懿突然發動政變，大將軍曹爽、尚書丁謐、鄧颺、何晏、司隸校尉畢軌、荆州刺史李勝、大司農桓範等，都被懿加上圖謀反逆的罪名，夷滅三族，於是軍政大權悉歸司馬氏，魏室的政治勢力一時瓦解。

魏齊王嘉平三年（二五一），司馬懿卒，長子師續掌大權；五年（二五三），師廢帝，改立魏高貴鄉公（二五四）。師卒，弟昭繼爲大將軍，專國政，封晉王，賜天子禮樂。至魏常道鄉公景元四年（二六三），滅蜀漢。第二年（咸熙元年、公元二六四年），司馬昭卒，長子炎嗣爲晉王。不久，炎受禪稱帝，改元太始（二六五），是爲晉武帝，都河南洛陽；至咸寧五年（二七九）滅孫吳。——東漢末分裂數十年，至此天下統一，所謂「三國盡歸司馬氏」。

晉武帝司馬炎認爲：從魏文帝丕開始，就疑忌弟曹植，曹彪；由於疏離宗親，孤立無援，所以他能夠輕易篡魏；所以，他在滅吳後就大封叔父兄弟子姪，授與兵權，分鎮各要地，做朝廷屏藩，以爲可傳之「千秋萬世」，萬萬沒想到他死後不過二十幾年之間，即因「八王之亂」，爲爭奪權力發生極慘烈的內戰，國家幾至於滅亡，子嗣幾至於斷絕！

㈡八王之亂

晉武帝司馬炎在位二十六年（二八九）崩，由次子衷繼位，是爲惠帝，改元永熙（二九〇）。武帝遺詔叔父汝南王亮，和楊皇后的父親楊駿，共同輔佐惠帝，處理政事。楊駿在武帝病重的時候，侍疾左右，藏起了遺詔，自爲太傅、大都督專政，並矯令亮出鎮許昌（今河南許昌）。

惠帝蠢呆無能，怕老婆。皇后賈南風，忌妒多權詐，愛干預朝政，因被楊駿抑制，滿心怨恨。元康元年（二九一）三月，賈后誣陷楊駿謀反而殺了他，並且廢楊太后爲庶人（平民）。朝廷徵召汝南王亮入京爲太傅，衛瓘爲太保。這時，惠帝弟楚王瑋在京裏爲衛將軍，凶狠好殺。亮、瓘建議惠帝，讓瑋返鎮。過去，衛瓘因爲惠帝愚笨，曾勸武帝不要立他爲嗣。因此，賈后素來不喜歡衛瓘，現在又妒忌汝南王亮執掌大政。六月，瑋向賈后誣告二人陰謀廢帝。賈后派瑋拿著惠帝的詔令，將亮、瓘免職。瑋卻挾怨，殺了亮、瓘。賈后採取張華的意見，以擅殺大臣罪，誅殺瑋。因此，賈后更加恣肆，第二年（二九二）二月，下令不供給食物，活活地餓死楊太后。惠帝元康九年（二九九）十二月，賈后故意賜酒給太子遹（遹，惠帝長子，是淑媛謝玖所出），趁他爛醉，教他寫下一些「犯上話」做證據，向惠帝告發，太子遂被廢爲庶人。

起先，趙王倫結交賈后姊姊的兒子賈謐，以奉事賈后。倫，是晉惠帝的叔祖，時爲車騎將軍、太子太傅。太子遹被廢後，倫反而領右將軍，執兵柄。這時，太子的門下司馬雅、許超等謀復太子，遊說趙王的倖臣孫秀去勸倫廢后。孫秀認爲太子很聰明，回宮對趙王倫沒什麼好處，又怕他還會猜疑趙王倫，認爲不如等賈后殺了太子才再廢后。因此，孫秀反過來勸賈謐，說：「應該早早除掉太子，以絕眾望。」永康元年（三〇〇）三月，賈后派遣黃門孫慮殺害了太子。孫秀向趙王倫說：「太子之廢，人疑公：『實際參與。』現在，宜廢賈后，以雪此聲。」四月，倫聲稱替太子報仇，和惠帝從弟齊王冏，率兵入宮，廢賈后，幽禁金墉城。金墉城，在洛陽東，專爲幽囚王室貴族之所。不久，送金屑酒，賜賈后死；並殺宰相張華，夷滅三族。

趙王倫自爲相國、侍中，都督中外諸軍事；孫秀爲中書令，貪財昧利，陷害忠良。惠帝弟淮南王允、叔父吳王晏討秀；允敗死，晏被廢；孫秀藉勢大報私怨，並誣石崇、潘岳、歐陽建……等，謀奉淮南王允爲亂，被夷滅三族者數千人。孫秀等持勢肆暴，齊王冏心懷不平。秀感覺到，出冏鎮守許昌。

晉惠帝永寧元年（三〇一）正月，趙王倫僭位稱帝，尊惠帝爲太上皇，遷於金墉城。三月，齊王冏及惠帝叔祖河間王顒（時爲平西將軍，鎮守陝西長安）、惠帝弟成都王穎（時爲征北將軍，鎮守鄴中【河南臨漳】），共同起兵數十萬，討伐趙王倫。倫拒戰六十多天兵敗；他的部將王輿，廢倫斬秀，迎帝復位；倫尋被賜死。——這一次戰爭，雙方戰死約十萬人，坐倫黨滅族斥職，更無法計數。

這年六月，穎回鄴中；冏入洛陽，拜大司馬，掌軍政，加九錫，如司馬懿之輔魏明帝。冏大權在握，沉湎酒色，不入朝覲見天子，南面坐召見百官，奏議政事，驕擅僭越。晉惠帝太安元年（三〇二）十二月，翊軍校尉李含，原爲顒長史，到長安見河間王顒，詐稱奉帝密詔討冏；於是顒上表請廢冏，以成都王穎輔政，並檄惠帝弟長沙王乂爲內應。乂時爲驃騎將軍。顒表到後，朝議請冏讓位；冏不肯，並派兵襲乂。乂進入宮中，奉惠帝討冏。冏兵敗被殺，同黨都被夷滅三族。這次死了二千多人。

顒本來以爲乂弱冏強，希望乂被冏所殺，又以殺乂之罪討冏，並借此廢掉蠢呆無能的惠帝，而擁立穎爲帝，自己當宰相；這都是李含對顒提出的如意算盤；萬沒想到乂先殺了冏，其計不遂。李含內調爲河南（洛陽）尹。顒使含與侍中馮蓀、中書令卞粹等密謀殺乂；又沒想到事洩，反被乂所誅。惠帝太安二年（三〇三），河間王顒聽到李含等被殺，就藉口長沙王乂殺害忠良，派遣張方率兵七萬；成都王穎因爲乂在內，不得執政，也派遣前軍都督陸機率軍二十多萬討乂。惠帝詔乂爲大都督。乂先破穎軍，斬獲六七萬人；陸機因兵敗，爲穎所殺。乂又擊殺張方軍五千多人。可是，乂軍也因久戰、缺糧而疲敗。永興元年（三〇四）正月，惠帝從叔東海王越，在京爲司空，怕事不行，和殿中將收乂送金墉城。張方聽到了消息，進入金墉城，收乂燒炙至死（乂時年二十八歲）。

成都王穎進入洛京，不久還鄴。顒上表請：「以穎爲皇太弟爲儲君，進位相國。」穎將惠帝用的乘輿冠服及皇宮宿衛，通通搬到鄴中，朝政都由他自己主持，並廢惠帝的太子覃（惠帝姪）。七月，左衛將軍陳眕不平，奉帝討穎，傳檄四方，有眾十餘萬。穎遣奮武將軍石超率兵五萬，在湯陰（今河南湯陰）擊敗惠帝軍。這一戰役，帝眾潰散，帝傷頰，中三矢，被俘入鄴；侍中嵇紹，以身保護惠帝被殺，血濺於帝衣。十月至十一月，鎭守幽州（今河北涿縣）的平北將軍王浚，引鮮卑、烏桓外族兵討穎，擊敗了石超；穎僅帶了數十騎，擁帝奔洛陽。時顒遣張方救穎，逼帝及穎西幸長安。十二月，顒廢穎爲成都王，改立惠帝弟豫章王熾爲皇太弟。

永興二年（三〇五）七月，東海王越自徐州下邳（江蘇邳縣）起兵迎惠帝，傳檄討穎，王浚也舉兵。光熙元年（三〇六）四月，顒眾還有十幾萬，命穎總統樓褒、王闡等據河橋（在河南孟縣南富平津上）拒越。闡戰死，褒敗西走，死者甚眾。越兵遂入潼關，至長安，奉惠帝還洛陽。穎兵敗，經武關，奔新野；十月，爲劉輿縊殺，死年二十八歲。顒亦單騎，逃到陝西郿縣南太白山中，離長安三百里；顒的舊部馬瞻等，殺越所留守將，迎顒回長安。十一月，惠帝食，中毒崩，一說爲越所弒。——晉惠帝有親兄弟二十五人，互相殘殺之後，僅存熾及吳王晏二人。十二月，太弟熾即位，是爲晉懷帝，改元永嘉（三〇七）。越以詔書徵召顒入京，爲司徒。顒就徵；越遣惠帝從兄弟南陽王模，伏兵於途，扼殺於車上，並殺他的三個兒子。

從上面這一段歷史，可見諸王「對付異己政敵」，都採取非常嚴酷殘暴的手法，不只殺之以爲快，還要夷滅他三族，牽連誅殺如牽瓜抄蔓，毫無一點點寬容之心，原爲彼此相親相助而構想的政策，卻變成不斷地相殘相殺的結局，留下一些殘破的城邑與傷殘的婦孺。

㈢西晉滅亡——五胡亂華的開始

晉惠帝的愚呆無能，引發諸王的窺伺大位，造成了十幾年極慘烈的內戰，骨肉互相殘殺，前後夷滅三族者數十百家，名王大臣勁將才士誅殺殆盡，兵士人民死亡了幾十萬人，以致「五胡」乘隙入侵。

晉惠帝永興元年（三〇四），匈奴族劉淵將兵在鄴。因爲戰亂不停，劉淵跟成都王穎，說：「要回去招集部曲，以赴國難。」他回到左國城（山西離石縣東北）後，被擁爲大單于。晉懷帝永嘉二年（三〇八）十月，劉淵見晉惠帝已死，天下大亂，就自立稱帝，國號「漢」，遷都到平陽（今山西臨汾縣）。四年（三一〇），劉淵卒，子和嗣立，被弟聰所弒。劉聰派遣族弟曜攻晉京洛陽。十一月，晉東海王越率軍出戰。五年（三一一）三月，越卒於項（河南項城）。曜將石勒（羯族）乘喪大破晉軍，殺死十幾萬人。六月，劉聰進入洛陽，虜晉懷帝北去，尋被毒殺。——這是「五胡亂華」的開始。

晉武帝孫秦王鄴，入駐陝西長安。懷帝被擄、殺害的消息，傳到了長安，秦王鄴即位，爲「晉愍帝」，改元建興（三一三），下詔瑯琊王睿爲左丞相，都督陝東諸軍事，並令率所領二十萬精兵規復洛京。這時，司馬睿在江東，實無心北上，拯救國家。建興四年（三一六），劉聰又遣曜攻陷了長安；愍帝出降，第二年（三一七）亦死於胡人之手。——西晉遂告滅亡。

晉自武帝篡魏（二六五），至此（三一七）滅亡，前後「五十二年」。

二、東晉偏安江東的局勢

晉愍帝派人送遺詔，令司馬睿嗣立；愍帝崩，睿在吳建業（今江蘇南京）即位，改稱「建康」，改元建武（三一七），是爲晉元帝，史稱「東晉」。

東晉局勢也並不安定，先有杜弢亂，王敦討平。王敦爲征南大將軍、侍中，仍欲進一步掌握朝政；元帝引用劉隗、周顗等主持內政，遂構嫌隙；王敦自武昌起兵，進入石頭城，殺周顗、戴淵後，還駐武昌。元帝在位六年（三二二）崩，太子紹繼位，爲晉明帝（三二三），王導輔政。王敦又欲專制。明帝親征，擊破敦軍；王敦病死，亂始平定。

明帝在位三年（三二五）崩，子衍年幼，繼位爲成帝（三二六），庾太后臨朝稱制，又有蘇峻犯闕，宮室灰燼。曹據抱帝，奔溫嶠船。陶侃、溫嶠等起兵，亂始平。成帝在位十七年（三四二）崩，二子皆在襁褓，庾冰請以成帝弟岳繼位（三四三），是爲晉康帝。

康帝在位二年（三四四）崩，子聃繼位（三四五），爲晉穆帝，年才二歲；庾太后臨朝稱制十二年。穆帝永和三年（三四七），桓溫滅成漢，威震朝廷。穆帝聽說中原大亂，以殷浩督揚、豫等州軍事，向中原進取。殷浩出戰屢敗，遂被免職。由是，內外大權，統歸於桓溫。穆帝在位十七年（三六一）崩，沒有子嗣；第二年（三六二），庾太后立成帝的長子丕，是爲晉哀帝。哀帝相信方士，斷穀吃藥，結果中毒，不能料理國事，又由庾太后攝政。哀帝在位四年（三六五）崩，由母弟奕繼位（三六六）。桓溫北伐慕容垂，在枋頭（在河南濬縣西南八十里）吃敗仗，威名頓挫，乃想建立威權，反而進入建康，強逼庾太后廢帝，爲東海王。晉廢帝在位五年（三七〇），迎立丞相會稽王昱爲帝（三七一）。昱爲晉元帝少子，史稱「晉簡文帝」。桓溫廢帝，威震內外。昱雖處帝位，拱默而已，在位二年（三七二）崩。晉簡文帝第三子曜繼位（三七三），是爲晉孝武帝。孝武帝太元八年（三八三），秦王苻堅大舉入寇；這時，謝安爲宰相；帝詔謝石、謝玄等拒敵，大破秦兵於淝水，東晉的局勢才暫時穩定下來。

東晉時代，君主的名義雖然存在，但治權早已旁落。像東晉初，王導、王敦翼戴晉元帝，時人就說：「王與馬，共天下。」後來，皇帝大多數「年幼短祚」，由庾太后「臨朝稱制」，實際是權臣「擅專朝政」，因此窺伺帝位，稱兵爲亂，逕行廢立，則時時發生。從上面記述的歷史就可以知道。現在將「淝水之戰」的始末，描述如下：

三、淝水之戰

㈠在淝水之戰前，五胡的興起與衰亡的情況

五胡，指匈奴、羯、鮮卑、氐、羌五種胡人。匈奴族有劉氏、沮渠氏、赫連氏；羯族有石氏；鮮

卑族有慕容氏、禿髮氏、乞伏氏；氐族有苻氏、呂氏；羌族有姚氏。——各族胡人，分據中原，相繼僭立，稱王稱帝，彼此爭戰不停，史稱「五胡亂華」；起於晉惠帝永興初（三〇四），迄宋文帝元嘉十六年（四三九），前後經過一百三十五年。

晉惠帝太安元年（三〇二），氐族李雄，在四川成都稱帝，國號「成」，史稱「成漢」，歷四十六年，爲東晉桓溫所滅。

匈奴人漢劉聰滅了西晉之後，驕奢淫暴。聰歿，太子粲立，耽酒色；大將軍靳準殺粲，自稱「漢天王」。晉元帝太興初（三一八），劉曜誅靳準，遷都長安，改國號「趙」，史稱「前趙」。

晉成帝咸和四年（三二九），羯族石勒殺劉曜稱帝，進據襄國（今河北邢臺縣西南），是爲「後趙」，盡併冀幷幽司豫兗青徐雍秦十州之地。晉康帝建元二年（三四四），石勒卒，子弘立。晉穆帝永和元年（三四五），勒從子石虎廢弘，遷都鄴（今河南臨漳縣西）稱帝；石虎僭位後，發動民眾數十萬，興建宮室，征伐不息，在位十五年（三五九）卒。石虎幾個兒子，互相殘殺，被冉閔先後所滅。冉閔僭位，國號「魏」。冉閔被前燕慕容恪所滅。

晉成帝咸康三年（三三七），鮮卑族慕容皝，自稱燕王，都龍城（今熱河朝陽縣），史稱「前燕」。

晉元帝太興三年（三二〇），張茂爲梁州牧，稱涼王，都姑臧（今甘肅武威縣），史稱「前涼」，佔有今甘肅蘭山道以西地。

(二)苻堅統一北方

「前秦」是氐族苻健建立的國家。苻堅時，定都長安（陝西長安西北十三里），以王猛輔政，東滅前燕（鮮卑族慕容暐，慕容皝孫子，時都鄴【在今河南臨漳縣西南四十里】，奄有奉天、河北、河南、山東、山西等地）。西取氐族仇池（在今甘肅成縣），攻陷東晉的梁、益二州，取四川成都，克前涼張天錫（涼王張茂的姪孫），取代地（什翼犍，鮮卑族拓跋氏的酋長，時為代王，都盛樂【今綏遠和林格爾縣】），兵強糧足，政治修明，在五胡中最為強盛。

(三)淝水之戰

晉孝武帝寧康三年（三七五），秦丞相王猛病危，秦王苻堅前往探視。王猛說：「臣死後，願陛下勿再圖晉；惟鮮卑（指慕容垂）、西羌（指姚萇），是我們仇敵，應該逐漸剪除！」這時，前秦聲威遠播，各國入貢，外使盈廷。秦王苻堅只想「統一天下」，加緊造船艦，鑄兵器，決定南征東晉。

晉孝武帝太元三年（三七八）二月，苻堅派遣征南大將軍苻丕等攻陷東晉襄陽（今湖北襄陽縣），俘虜了梁州刺史朱序，拜為度支尚書。——所以，苻堅認定晉軍微弱；有一些將領認為「長江天險，不易進攻。」苻堅說：「夫差、孫皓，都保據江湖，亦終歸覆滅。憑我百萬兵馬，投鞭江中，足可斷流！還怕什麼天險？」苻融說：「我國屢經征討，兵力已疲，勢轉怯鬥。」堅說：「乘我累勝，擊他垂危，何患不克？」苻融說：「陛下寵養鮮卑、羌、羯（指石氏），布滿京畿近甸；這統是蕭牆大患。如陛下率師南征，太子獨與弱卒留守京師，一旦變生肘腋，怎麼應付？」苻堅仍堅執己意，不聽大家意見。

晉孝武帝太元八年（三八三）七月，秦王堅下令，徵召良家子弟二十歲以下有材勇的，拜爲羽林郎，做皇帝禁衛軍，大舉南侵，並聲稱：平定東晉之後，「要以晉孝武帝司馬曜爲尙書左僕射、謝安爲吏部尙書，桓沖爲侍中。」

這時，太子和多數大臣都不要苻堅南行，只有降將鮮卑族前燕慕容垂、羌族姚萇，及良家子弟勸他。苻堅弟陽平公融又勸他，說：「鮮卑、羌虜是我們的仇敵，時想趁著戰爭變亂的時機，達到他們的復國想法。他們的話怎麼能採信？良家子弟都是有錢人的孩子，不懂軍事，喜歡說一些好聽話，迎合您。現在，陛下相信他們，大事輕舉。臣怕『功既不成，仍有後患』！」

八月二日，苻堅派苻融、張蚝、慕容垂等率領步騎二十五萬人做先鋒，並派兗州刺史姚萇都督益、梁二州軍事。慕容楷、慕容紹對慕容垂說：「主上驕矜已甚，叔父復國中興的事業，在此一行。」

八日，苻堅從長安出發，向全國徵召軍隊，共計步卒六十多萬，騎兵二十七萬。九月，堅到項城（今河南項城東北的槐店），從涼州（今甘肅）一帶來的軍隊才到達陝西咸陽，蜀、漢（今四川、陝西）一帶來的軍隊才順著長江下來，幽、冀（今遼寧、河北、河南）一帶來的軍隊也才來到彭城（今江蘇銅山縣），東西萬里，水陸並進，有一萬艘船運送糧草武器。苻融等率領近三十萬的前鋒部隊，已到達潁口（今安徽潁上縣正陽關）。

秦軍來勢洶洶，快速而強大，震動了建康。晉武帝下詔，派尚書僕射謝石爲征虜將軍、征討大都督；派徐、兗二州刺史謝玄爲前鋒都督，和輔國將軍謝琰、西中郎將桓伊等，率領八萬軍隊對抗，並派龍驤將軍胡彬率領水兵五千人前援壽陽（今安徽壽縣）。琰，是東晉宰相謝安的兒子。

謝玄進入宰相府，想向叔父謝安討教抗秦的計畫。謝安坦然說：「已另下了命令。」就不再說什麼。謝玄不敢再問，回營後再派張玄去請示。謝安卻叫人駕車到山中的別墅，去渡假遊玩。親戚朋友，都來參加。謝安卻要謝玄跟他下圍棋賭勝。平日，謝安下棋，常常輸給謝玄。這一天，謝玄因憂懼戰局，兩個人便成了「棋力相當」的對手，直玩到晚上才回到京城。

桓沖深以京都根本爲憂，要派遣三千精銳部隊保衛建康。謝安堅決地拒絕，說：「京城處分已定，兵力不缺，宜留下防守西疆。」桓沖對幕僚嘆氣說：「謝安石有當宰相的肚量，只是不懂戰爭謀略。今天大敵將到，還忙著游山閒談，派一些沒打過仗的少年去對敵，兵力既少又弱，勝敗已可知道，我們恐怕都要做『亡國奴』呢！」

十月，秦苻融等進攻壽陽；十八日攻下，俘虜了晉平虜將軍徐元喜等；苻融任命他的參軍郭褒做淮南太守。慕容垂也攻下鄖城（今湖北安陸縣）。

東晉龍驤將軍胡彬聽說壽陽淪陷，退保硤石（在壽陽東北）。——「淝水」源出安徽合肥縣西南紫蓬山，向北流二十里，分成兩支：一支向東流過合肥縣，東南流入巢湖；一支向西北流，到壽陽後流進淮河。「淝水之戰」發生在西北流的一支。

洛澗，在淝水的南岸。秦衛將軍梁成等率軍五萬，駐紮洛澗，並沿著淮河邊編豎木柵欄，攔阻晉兵進攻過來。謝石、謝玄等距離洛澗二十五里駐紮下來，心裏害怕，而不敢進兵。

胡彬駐守硤石，暗中派使送信給謝石，說：「現在，賊寇很強盛，我軍糧將盡，恐怕不能再看到大軍！」這信被秦人截獲，送給了苻融。苻融派使快馬向秦王堅報告，說：「敵少易擒，只怕逃去，應該快速攻擊他們。」苻堅乃把大軍留在項城，自己帶著八千輕裝的騎兵，加速趕路，到壽陽和苻融會合，並派朱序去勸說謝石：「兩軍強弱，相差很遠，不如快快投降。」但朱序私下卻對謝石等說：「如果秦百萬大軍都到了，實在很難跟他對抗。現在，趁他各路兵馬，還未全部來到，儘速攻擊他。若能挫敗前鋒，先聲奪人，就可以打敗他們了！」謝石聽說苻堅到了壽陽，憂懼極，想堅守，不打仗，消耗秦軍的鬥志士氣。謝琰勸石聽從朱序的話。

十一月，謝玄派遣廣陵相劉牢之，率精兵五千向洛澗推進；還有十里，秦將梁成在對岸擺好了陣勢等著阻擋；劉牢之往前直衝，渡過淝水攻擊，大破秦軍，殺了梁成及弋陽太守王詠，又分兵截斷他們的退路。秦兵像山崩堤潰一樣地跳進淮水逃命，結果死了一萬五千人，被俘的還有秦揚州刺史王顯等，盡收他們的兵械軍糧。

於是，謝石等從水陸繼續前進。秦王苻堅和陽平公苻融，登上壽陽城遠遠望去，看到晉軍的隊伍陣勢，嚴肅而整齊，又看到八公山上的草木，都懷疑是晉兵，對苻融說：「這是強敵！為什麼說他弱啊？」

秦兵緊逼著淝水設陣，晉兵沒法子強渡過來。謝玄派使者對苻融說：「君孤軍深入，卻緊靠淝水設陣，這是作持久戰的打算，並不是要『速戰速決』。假使你軍能夠『移陣稍退』，我軍能夠『渡水過來』；好讓你我一決勝負！不是很好嗎？」秦諸將都說：「我眾彼寡，不如阻遏；使他沒法上岸，以保萬全。」苻堅說：「但引兵稍稍後退，讓他們渡到一半，我們出動鐵甲騎兵逼迫攻殺，沒有不贏的！」苻融也認為這一條計很對，於是就指揮前頭的軍隊後退。沒想到秦軍一退，沒法停止；謝玄、謝琰、桓伊等率兵渡過水來奮擊秦軍。苻融騎馬在陣前巡視，想親自率領軍隊，再後退一點；沒想到晉兵像潮水一般的衝了過來，坐馬被衝倒了，苻融被晉兵殺死了，因此秦軍崩潰。謝玄等乘勝追擊，直追殺到壽陽西北三十里的青崗。秦兵互相殘踏，屍橫遍野，水為堵塞！在逃命的途中，聽到風聲鶴唳，都以為晉兵追來！晝夜奔走，他們都不敢停下休息；為怕被追兵發現，他們專從草叢中走，在露天下過夜；再加上饑餓寒凍，他們又死了十之七八。起初，秦兵稍稍退卻，朱序在陣後叫說：「秦兵打敗了！」朱序、張天錫和徐元喜都趁亂投奔回來。

謝安收到驛馬快遞送來的軍報，知道秦兵已經潰敗。這時，他方跟客人下圍棋，隨手收起了軍報，放在牀榻上，了無喜色，下棋如舊。客人問他，慢慢答說：「小兒輩終於打敗了賊寇。」下完棋，回內室，跨過門限，不覺撞斷了木屐底的横齒。

這一役，晉軍鹵獲了秦王堅所坐的雲母車，收復了壽陽，逮捕秦淮南太守郭褒。苻堅中了流矢，逃到淮水以北，收拾了殘部，經洛陽，回長安去了。

淝水之戰，東晉打了一場勝仗，局勢暫時又安定了下來。

四、淝水之戰的結局

㈠前秦的滅亡

孫子說：「兵者，國之大事，死生之地，存亡之道，不可不察也。」「大規模的戰爭」，關係著人民的生死，國家的存亡，所以不可以不慎重地觀察考慮！蓋「兵凶戰危」，歷來軍事家都認爲不可以輕易發動戰爭，戰敗國家因此滅亡，戰勝也沒什麼好處。我們回顧第二次世界大戰，戰勝國與戰敗國一樣的滿目瘡痍，戰爭造成離散傷亡，家庭毀滅，田園荒蕪，城市廢墟，工廠關門，產業停頓，製造了許多嚴重問題，只有少數蠢蛋與瘋子才不知道戰爭的毀滅性！

晉孝武帝太元八年（三八三）十一月，肥水一戰，在東晉來說，可以說是「僥倖獲勝」；但在苻堅來說，卻是促使前秦國的土崩瓦解的一次戰爭，過去被苻堅征服的許多部落與國家都紛紛叛離獨立。十二月，丁零人在翟斌領導下首先叛秦。苻堅派鮮卑人慕容垂征討。慕容垂是前燕主皝的兒子，想趁機復國，反而聯合翟斌。慕容垂，後來定都中山（今河北定縣），自稱皇帝，史稱「後燕」。

太元九年（三八四）三月，慕容泓聽到慕容垂叛秦，也聚集鮮卑人反秦。四月，苻堅派西羌人姚萇領兵討伐，吃了敗仗，害怕被處分，自稱秦王，後來據長安稱皇帝，史稱「後秦」。

慕容泓不久被部下殺死，慕容沖繼立爲主，佔據阿房城（今陝西咸陽），史稱「西燕」。苻堅親自征討慕容沖。十年（三八五）六月，慕容沖攻進長安，苻堅逃走。八月，苻堅被姚萇俘虜殺害；他的太子苻宏投奔東晉，另一個兒子苻丕據晉陽（今山西太原），稱皇帝。先前，苻堅同族的大將呂光，奉命征討西域，這時從龜茲回來，九月到姑臧（今甘肅威縣），聽到苻堅被害的消息，就割據涼州，史稱「後涼」。

鮮卑人乞伏國仁也乘著苻堅之死，據勇士川（在今甘肅榆中縣東北），稱大單于，史稱「西秦」；死後，他的弟弟乞伏乾歸，遷都金城（今甘肅皋蘭縣西南）。

鮮卑人拓拔珪，原是代王什翼犍的嫡孫，也趁著苻堅死了，召集舊部復國，定都盛樂（今綏遠和林格爾縣北），自稱代王，不久改國號「魏」，史稱「後魏」。

十一年（三八六）二月後，西燕人互相殘殺，更換了好幾位君主；直到十月，慕容永據長子（今山西長子縣），擊敗了苻丕，才稍告安定。

苻丕逃到東垣（今河南新安縣東），被東晉將領馮該攻殺。苻堅的孫子苻登又在隴東（今陝西隴縣東南）稱帝。太元十八年（三九三）十二月，後秦主姚萇病死，子興繼位。十九年（三九四）苻登乘喪進兵；七月，被姚興殺死；登子苻崇逃奔湟中（青海東南），十月被西秦主乞伏乾歸的部眾殺死。——前秦至此滅亡。

(二)東晉的偉勝與滅亡

晉孝武帝太元八年（三八三）淝水戰後，北方胡人分裂成許多小國，互相攻戰殘殺，實在是東晉人北伐中原、光復失土的大好機會；可是終無甚作爲，這跟當日東晉兵力不足與政局不安有關係。不過，九年（三八四）八月後，晉軍進攻淮北，收復了許多土地，河南城堡，陸續歸晉。

太元十年（三八五）八月，謝安病卒。孝武帝眈於酒色，不理朝政，任用弟會稽王道子總掌軍政。道子位居宰相，用王國寶做中書令，貪污賣官，只要送錢就可以做官，一些飯桶酒囊都當上郡守長吏。又加役苛稅重，百姓生活貧困。

晉孝武帝想罷黜會稽王，可是大權已經旁落。他怕自己死後國家傾危，就選任時望，來抑制會稽王，如太元十五年（三九〇）任王恭做兗州刺史，鎭守京口（今江蘇鎭江縣）；十七年（三九二）任殷仲堪做荊州刺史，鎭守江陵（今湖北江陵縣）；王珣做僕射，王雅做太子少傅。不幸，因此引發了兩派的政爭。

太元二十一年（三九六）九月，孝武帝突然被張貴人所弒。太子德宗繼位（三九七），爲晉安帝，是一個低能兒，口不能言，飲食起居，都依賴母弟瑯琊王德文照顧。道子爲太傅，掌握大權，於是兩派猜隙更深，暗鬥更烈。

晉安帝隆安元年（三九七）四月，王國寶計畫削弱方鎭的勢力，王恭、殷仲堪起兵聲討，道子一害怕收捕王國寶賜死。可是，謀削籓鎭的計畫仍在進行；於是，二年（三九八）七月，兗州刺史王恭、豫州刺史庾楷、荊州刺史殷仲堪、廣州刺史桓玄、南蠻校尉楊佺期等聯合起兵，進逼建康。王恭派劉牢之率「北府」的精銳爲前鋒，卻被朝廷收買，倒戈叛變；王恭因此兵敗，被捕處死；劉牢之取代王恭爲前將軍。桓玄、楊佺期等軍推進到石頭城下，殷仲堪大軍也到了蕪湖（今安徽蕪湖縣）。會稽王道子又採取「分化政策」，許桓玄升爲江州刺史，楊佺期升爲雍州（今湖北襄陽縣）刺史；再加王恭已死，群龍無首，各路兵馬就各自退回。

晉安帝隆安三年到元興元年（三九九—四〇二），海賊孫恩作亂，被劉裕（字寄奴）討平。劉裕以軍功爲下邳（今江蘇邳縣）郡守。

隆安三年（三九九）十二月，江州刺史桓玄殺害了殷仲堪、楊佺期，吞併了荆、雍，擁有三州土地，佔有全國三分之二的土地。桓玄，是桓溫兒子，時常想趁國家危亂，篡奪君位。安帝元興元年（四〇二）正月，朝廷決定「先發制人」，桓玄亦起兵東下，遂引發一場內戰。桓玄擊敗朝廷的軍隊，劉牢之投降。桓玄進入建康，自爲丞相、揚州牧，總領軍政大權，殺害會稽王的兒子司馬元顯等人，解除了劉牢之的兵權。劉牢之反悔，想北奔廣陵（今江蘇江都縣），據長江以北對抗桓玄，派兒子劉敬宣回京口接家眷，到期未返以爲事洩自殺。桓玄鴆殺會稽王道子，在元興二年（四〇三）十二月三日，篡位稱帝，改國號「楚」，廢晉安帝爲平固王，幽禁於潯陽柴桑城。

東晉的首都在建康（今南京），軍府的設置多在建康以北，像京口、廣陵，以防備北虜，武力最強，人物最盛，稱做「北府」，首領劉牢之自殺，其他重要將領如高素等亦被殺。建武將軍劉裕和弟道規，劉毅、何無忌、孟昶、諸葛長民……等，組成反抗桓玄的集團。三年（四〇四）二月，各地反對桓玄的將領紛紛起義。三月初，劉裕進入建康，大破桓玄。玄坐船逃走，挾帝到江陵。五月二十六日，馮遷誅玄。

到晉安帝義熙元年（四〇五）三月，桓玄之亂，才完全平定。晉安帝回京復位，分賞功臣。四月，劉裕還鎮京口，改授都督荆、司等十六州諸軍事，權重一時。

義熙六年（四一〇）二月，劉裕北伐，攻破廣固（今山東益都縣西北），滅了南燕。這時，海盜盧循從廣東番禺，乘虛進佔豫章（今江西南昌）、潯陽（今九江），順長江東下，進逼建康。劉裕從廣固趕了回來。十二月，大敗盧循。七年（四一一）四月，盧循投水自殺。八年（四一二）九月，劉裕開始鏟除同輩的朋友，收殺劉毅弟藩及尚書左僕射謝混，並親領大軍進擊江陵，劉毅戰敗自殺。九年（四一三）三月，殺害諸葛長民。十一年（四一五）五月，晉宗室司馬休之等北奔姚秦。十二年（四一六）八月，劉裕北伐。十三年（四一七）八月，陷長安滅了後秦。十四年（四一八）安帝被弒。劉裕稱遺詔，立安帝弟德文，是爲晉恭帝；但在位不到一年，元熙初（四一九）禪位給劉裕，是爲宋武帝。

晉孝武帝太元八年（三八三）十一月，在淝水戰勝了苻堅，至晉恭帝元熙元年（四一九），劉裕篡晉，前後不過三十六年。

東晉的滅亡：由於皇帝年幼，政柄旁落；代有權臣，專制稱亂，如王敦之後有蘇峻，蘇峻之後有桓溫，桓溫之後又有桓玄，桓玄之後又有劉裕。東晉終爲劉裕所篡代而滅亡。在政治不安、戰爭動亂的時代，皇帝時常爲權臣梟雄所控制，而走上篡代禪讓的路子，司馬炎的篡魏，劉裕的篡晉，都只是歷史的「翻版」罷了，就是今人所說的：「槍桿子出政權」。

「淝水之戰」的勝利，無法長保東晉，內戰匪亂，貪腐賣官，民生困苦，也是促使東晉滅亡的重要因素。

五、魏、晉時才士與文人的遭遇

朱自清說：「中國人很早就講究說話，《左傳》、《國策》、《世說》是我們三部說話的經典。」袁褧在刻南朝宋劉義慶撰《世說新語・序》中說：「晉人話言，簡約玄澹，爾雅有韻。」從前人認為晉朝的滅亡，由於時人的「清談」；由上面的歷史分析，可以知道這一種說法，並不妥貼正確。

其實，在魏、晉政爭激烈，戰亂不停的時代裏，文人與才士怎麼樣立身處世？這值得我們進一步探索。

㈠參與政治的大多被殺夷族，如何晏，張華、陸機、潘岳、石崇都慘遭殺害。

1. 何晏形貌絕美，爲魏金鄉公主的駙馬，好言《老》、《莊》，辭理巧妙，魏、晉玄風，因之而起。劉勰說：「迄至正始，何晏之徒，始盛玄論，於是聃、周當路，與尼父爭途矣。」（見《文心雕龍・論說篇》）。魏齊王正始元年（二四〇），爲侍中、吏部尚書，與曹爽謀削司馬懿的權力；嘉平元年（二四九）正月，司馬懿發動政變，被懿所殺。何晏著有《論語集解》、《老子道德論》、《集》等。何晏有重望，又是魏姻親，內雖憂懼，實無退路。正始九年（二四八）作〈鴻鵠比翼遊〉云：「鴻鵠比翼遊，群飛戲太清。常畏大網羅，憂禍一旦幷。」描寫他無所避禍的心境。

2.張華，博識多通，辭藻溫麗，阮籍以爲有王佐之才，著有《博物志》四百卷今存十卷，《集》十卷今存詩七十六首。官至司空，趙王倫之變被害，死時家無餘財，只有文書滿筴。

3.陸機，爲東吳名將遜的孫子，所著《文賦》是我國第一篇重要的文學理論，開拓了劉勰《文心雕龍》、鍾嶸《詩品》的基礎。晉武帝太康十年（二八九），被徵召入洛京。惠帝即位（二九〇），爲太子遹洗馬、轉著作郎。元康四年（二九四），爲吳王晏郎中令，前往淮南（安徽當塗縣）。永康元年（三〇〇）三月，賈后殺太子遹，機作〈愍懷太子誄〉。四月，趙王倫爲太子報仇，引陸機爲相國參軍、又疑倫受禪文，出機之手下獄，賴成都王穎、吳王晏救免；機遂委身成都王穎。太安二年（三〇三）八爲中書侍郎。永寧元年（三〇一）正月，倫篡位。三月，齊王冏、成都王穎、河間王顒起兵滅倫；冏月，穎與顒聯兵討伐長沙王乂，重用陸機爲大都督，率領大軍攻洛陽。機爲吳人，晉將不聽他指揮，以致大敗。乂給穎箋，虛言離間；機與弟雲、耽，被穎所殺，夷三族。機臨刑時說：「華亭鶴唳，可復聞乎？」死時年四十三。孫惠說：「不意三陸，相攜闇朝，一旦湮滅，道業淪喪。痛酷之深，荼毒難言，國喪儁望，悲豈一人？！」

4.潘岳，字安仁，聰慧富辯才，姿容極優美，才名冠世，爲眾所疾，詩賦都極有名，「隋志」有集十卷。晉惠帝永康元年（三〇〇），趙王倫專政，孫秀爲中書令；秀誣岳謀奉淮南王允、齊王冏爲亂，被誅，夷三族。岳詩詞豔情深，如其〈悼念亡妻李氏詩〉有：「望廬思其人，入室想所歷。」「流芳未及歇，遺掛猶在壁。」「如彼游川魚，比目中路折。」謝混說：「潘詩爛若舒錦，無處不佳。」

5.石崇，官至衛尉，在洛陽西北，置金谷園，富麗甲一時，又有妓名「綠珠」，非常美豔；孫秀求割愛不遂，藉石崇奉事賈謐而殺崇，綠珠也跳樓死。石崇長於詩，有文集五卷，以〈王明君辭〉聞世，詠「王昭君和番故事」。

6.周顗，字伯仁，爲尙書左僕射，望重朝野。王敦作亂，敦弟王導待罪，周顗上表救導，王導不知。王導奉詔，到石頭城見敦；敦問：「周顗何如？」導不答，敦遂殺周顗。後來，王導看到顗申救之表，泣說：「我雖不殺伯仁；伯仁由我而死！」

㈡想置身於魏、晉黨爭之外：如竹林七賢，有的仍遭殺害如嵇康，有的屈服保身如向秀，有的佯狂苟全如阮籍，有的縱情於酒如劉伶、阮咸。王戎、山濤出仕新朝，做了大官。

1.王戎，聰穎貪吝，神彩秀徹，裴楷說他「目光爛爛如巖下閃電。」晉惠帝時官至司徒，無所作爲。他在各州遍購田園，親自計算租金。

2.山濤，性好老莊，隱身自晦。晉武帝受禪，命守大鴻臚，後爲吏部尙書。惠帝時，累官至右僕射。子山簡，爲征南將軍，鎭襄陽。

3.嵇康因和魏宗室有姻親的關係，爲避禍遠害，引退山林；康在魏齊王嘉平中（二四九—二五三）和阮籍、山濤、劉伶、阮咸、向秀、王戎，住在山陽（河南修武），常遊竹林，酣飲暢談，世稱「竹林七賢」。嵇康身處亂世，只求苟全性命，和向秀一起鍛鐵，和呂安一起灌園。魏常道鄉公景元二年（二六一），山濤爲吏部郎中，遷散騎常侍，推薦嵇康自代，可能是奉司馬昭的意思網羅他；他卻寫了一封長信，跟山濤絕交，說：「今但願守陋巷，教養子孫，時與親舊，敘離闊，陳生平，濁酒一盃，彈琴一曲，志願畢矣。」因不想選邊站；第二年，卻被借故下獄，以「言論放蕩，非毀典謨」，被處死刑；事在魏末（二六三），康年四十歲。可見在帝制時代，連「置身事外」的一點自由都被剝奪殆盡！

4. 向秀因嵇康被殺死，只得應歲舉，到京師，歸附司馬昭。昭說：「聽說君有箕山之志，何以來此？」向秀說：「許由狷介之士，不足嚮慕！」

5. 阮籍，好讀書，愛山水，精劍術，能長嘯，善彈琴。他原懷有濟世之猛志，但任性不羈，傲然自得，鄙視禮法之士，說是「群蝨之處褌襠中」。用白眼看重禮的俗士，用青眼看知心的朋友。魏齊王正始中（二四二—二四九）太尉蔣濟聽說他很有才幹，舉爲掾屬；他上書懇辭。蔣濟大怒，同鄉都來勸他，才勉強就職；不久，告病回鄉。大將軍曹爽要他爲參軍，又辭官回鄉；過了一年多，曹爽被司馬懿所殺，倖免牽連。懿爲太傅，命他做從事中郎。爲步兵校衛時，不理公事，每天跟劉伶喝酒。何曾在司馬昭的面前，說他：「不停地飲酒食肉。」當面說他：「恣情任性，敗壞風俗。」司馬昭要替兒子司馬炎向阮籍女求婚，他卻故意酣醉了六十天，使司馬昭沒有機會開口，只好算了。他在朝非常謹慎，從不評論人物與時事。他一生可說「佯狂避世，苟合於時」。阮籍文采豔逸，著作有集十卷，今存《詠懷詩》八十五首，歌二首。這些詩篇，大都用比興象徵的言語來表現，神祕隱晦難懂。李善說：「阮籍身仕亂朝，常恐罹謗遇禍，因茲發詠，雖志在刺譏，而文多隱避。」他第一首詠懷詩說：

夜中不能寐，起坐彈鳴琴。薄帷鑑明月，清風吹我衿。孤鴻號外野，朔鳥鳴北林。徘徊將何見？

憂思獨傷心！

寫的正是他處身惡劣的環境與深憂的心態。又如第三首：

嘉樹下成蹊，東園桃與李，秋風吹飛藿，零落從此始。繁華有憔悴，堂上生荊杞。驅馬舍之去，去上西山趾。一身不自保，何況戀妻子！凝霜被野草，歲暮亦云已！（藿，草）

這首象徵詩，說魏室全盛時，才士都願入仕，好像東園桃李，春玩其花，夏取其實，來來往往，嘉樹下自然了蹊徑。到了權奸篡竊，賢者退散，好像秋風一吹，草木零落，於是繁華憔悴，荊杞生堂。到時，我只有遠上西山，跟伯夷、叔齊一起隱居，還怕不能自保，何況妻子？篇末「嚴霜披草，歲暮云已」，蓋見陰凝愈盛，國運垂危，終將改朝換代，無可避免啊！所以情促詞絕，不自知歎息之深！

阮籍跟嵇康一樣的有名，同處身魏、晉交替之際，但嵇康含冤身死；籍卻受籠絡籠禮。蓋當時政爭激烈，魏帝尚且被廢被弒，名士更是動輒得咎，生在命賤如狗而不如狗的專制動亂的時代，嵇康與阮籍的際遇，都令人同情而浩嘆！

6. 劉伶，縱情於酒，有時脫衣裸體，說：「我以天地做棟宇，屋室做衣褌。」常坐著鹿車，帶著一壺酒，叫人帶著一個鍤子，說：「我死了，就地埋葬我！」著有〈酒德頌〉，壽終於家。

7. 阮咸，當時和從叔阮籍住在路南，諸阮住在路北；大家都喜歡喝酒，常用大盆裝酒，圍坐大酌；這時，有一群豬也來喝他們酒；阮咸來了，便跟豬一起喝。

㈢在晉惠帝時，有一些才士文人看到諸王爭權動亂，就辭官歸隱，如張載官至中書侍郎，稱病告歸，有集七卷，詩今存十四首，如〈七哀詩〉，寫洛陽北芒山，多東漢皇帝陵墓，多被人盜掘破壞，說：「珠柙離玉體，珍寶見剽虜，園寢化爲墟，周墉無遺堵。」（墉，小城。堵，牆）。載的弟弟張協，官至河間內史，也就辭官，隱居草澤，有集三卷，今存詩十二首半，寫景很生動，如「房櫳無行跡，庭草萋以綠，青苔依空牆，蜘蛛網四屋」，描寫回鄉家中淒清冷落的情況。（櫳，窗門）。又如：「騰雲似湧煙，密雨如散絲，寒花發黃采，秋草含綠滋。」寫煙雲、細雨、黃花、秋草的形色，都是文采俊逸，絕妙好句。

㈣西晉衰沒前後，有一些豪傑志士，或欲救亡圖存，或欲光復中原：如劉琨、祖狄等。

1. 劉琨，晉懷帝永嘉元年（三〇七）爲幷州（治晉陽，今山西太原）刺史、領匈奴中郎將。烏丸反，琨親自出禦；匈奴劉聰乘虛攻襲晉陽。晉愍帝建興三年（三一五）爲司空，都督幷、冀、幽三州軍事，與石勒對抗遇伏兵敗，從飛狐口（在河北蔚縣東南六十里），往薊（河北大興縣西南）依靠幽州刺史鮮卑人段匹磾，立誓擁護晉室。西晉滅亡，劉琨率河朔征鎭夷夏一百八十人連名，派遣長史溫嶠奉表，前往建康勸進。晉元帝即位（三一七），進琨爲侍中、太尉；末波與從兄段匹磾不和，謀以琨取代匹磾爲幽州刺史；致段匹磾猜疑，劉琨終被縊死，時年四十八。有集九卷，今存詩三首，敘述喪亂，詞多悽戾。他從洛陽前往幷州，擔任刺史的途中上表說：

> 九月末得發，道嶮山峻，胡寇塞路，輒以少擊眾，冒險而進，頓伏艱危，辛苦備嘗，即日達壺口關。

由此已可見：西晉末，天下動亂、胡寇四起的情況。他的〈扶風歌〉，描寫當時的心境，「去家日已遠，安知存與亡！慷慨窮林中，抱膝獨摧藏。」他在〈重贈盧諶詩〉中說：

功業未及建，夕陽忽西流！時哉不吾與，去矣如雲浮！朱實隕勁風，繁英落素秋；狹路傾華蓋，駭駟摧雙輈。何意百鍊鋼？化為繞指柔！（輈，車轅）

這是他臨死前的作品，既悲傷自己的身死，再無法建立功業，又感慨好友猜疑，自致摧敗，所以「狹路傾華蓋，駭駟摧雙輈」，那更不必說收復國土了。果然，勢分力弱，段匹磾被石勒擊敗，被殺。

2. 祖逖，晉元帝時爲豫州（大概在今安徽）刺史，在渡過長江時，擊槳誓言說：「不掃清中原，而復濟者有如大江，一去不回！」他率所部，跟石勒對抗，大破之，由是黃河以南，盡爲晉土。後王敦與劉隗不和，憂慮內難，將無法成就大功，感激病卒。

（五）東晉初，胡母輔之、謝鯤、阮放、畢卓、羊曼、桓彝、阮孚，關門酣飲。光逸，將推門進去，門房不肯；他便伸頭狗洞中大叫。輔之說：「一定是光逸。」趕緊叫他進去喝酒。這種生活反應了動亂時代一些人頹廢的人生觀。胡母輔之，元帝時官至湘州刺史。謝鯤，明帝時官至豫章太守。阮放，歷官太學博士、吏部郎，成帝時爲交州刺史。阮孚，時爲安東參軍、黃門常侍，成帝時爲廣州刺史。畢卓，時爲吏部郎。羊曼，爲丞相主薄。桓彝，爲尙書吏部郎。光逸爲軍諮祭酒。

（六）東晉時隱居避世的特別多，如田園詩人陶淵明，原是「猛志逸四海」的青年，在他未出仕前看到的是政治黑暗，黨爭內戰；出任鎭軍參軍後，看到的是毒賦苛役，盜賊蜂起。晉安帝元興元年

（四〇二）初，發生朝廷與桓玄的內戰。二年（四〇三）十二月，桓玄篡位稱帝。安帝義熙元年（四〇五）桓玄之亂，才完全平定，造成農村殘破，百姓生活困苦極了。這年初，他奉使入京，原以爲有舉國團結、政治革新的新氣象，那知換一些新貴，仍然是爭權奪利，黨同毀異，彼此傾軋。八月，陶淵明就任彭澤縣縣令；十一月，郡裏派一個督郵到縣裏視察，他就以「不爲五斗米折腰」，而辭職回鄉。寫了一篇〈歸去來兮〉，說：「田園將蕪胡不歸！」從此過著「隱居」的生活。《晉書》有〈隱逸傳〉，收有孫登、劉驎之、陶潛等四十人。不知名的隱者，還不知有多少呢？

陶淵明最有名的作品，是〈桃花源記〉與〈桃花源詩〉，描寫一個遠離世亂的烏托邦，來寄託他心目中的理想世界，一個完全與人世隔絕而非常完美的世界。這裏沒有暴政徭役，沒有改朝換代，沒有動亂和戰爭，甚至連政府與稅收都沒有。在這樂土中年輕力壯的男女努力耕田種地，採桑養蠶，日出而作，日入而息，家家豐衣足食，人人相親相愛，幼兒快樂玩兒唱歌，老人不必再工作，可以安閒過日子，到處遊逛，訪友聊天。

（七）佛教在東晉戰亂的時代裏特別興盛，如釋慧遠，慧持等在潯陽郡柴桑縣（今江西九江縣）西南的廬山，建立東林寺、西林寺。慧遠在這裏講經傳教，並與賢士高僧組織「白蓮社」。名儒有劉程之、雷次宗、周續之、張野、張銓等人，還有鳩摩羅什的弟子，鉅鹿道生、黃龍曇順，冀州僧叡等。他們集結了一百二十三人，向佛立誓，往生「西方淨土」，成立「淨土宗」。當然還有許多佛寺。

（八）在戰亂艱苦、悲觀厭世的時候，名士才人爲寄托精神，投身藝術，如東晉穆帝永和九年（三五三）三月三日，王羲之與孫綽、王彬之、謝安、郗曇、釋支遁、兒子凝之、徽之等四十二人會於蘭亭，所寫《蘭亭集序》，遒媚勁健，是書法中的絕佳的作品。顧愷之曾爲桓溫及殷仲堪參軍，義熙初爲散騎常侍，醉心繪畫，所畫的釋道仕女鳥獸山水無不超邁古今，所作《女史箴》，神采煥發。以書畫爲涵養心靈的很多，如衛協、戴逵、荀勗、張墨、嵇康、王獻之、溫嶠、史道碩等都是。

〈刊於《中國語文月刊》六二六—六二九期〉

美是什麼？

美學（Aesthetics），是研究美的領域，包括：文學、藝術、音樂、建築、習俗，美的感覺和情感的一門科學；研究在自然、社會、物質、精神，及人類生活中美的本質和規律，包括感覺、感知、需要、趣味、評價、理想、範圍；研究藝術教育的理論。美學的觀念，在時代潮流與文化發展中不斷地變化，隨著歷史發展和人類知識的演進，其研究的範圍也不斷地擴大與變動。

美學是德國哲學家沃爾夫（Christian von Wolff, 1679-1754）學派建立的一門新科學；他的學生鮑姆嘉登（Alexander Gttlieb Baumgarten,1714-1762）在 1750 年出版一本美學的用書，用 Aisthetikos 稱它。有人認爲這個名詞，並不恰當。有用 Kallistik，由希臘文 Kallos（美）來的；但也不妥當；因爲它探討的不是一般的美，是藝術的美，所以美學正確的名稱，應該是「藝術哲學」（Artistic Philosophy）或「美的藝術哲學」（Aesthetic, Artistic- Philosophy or Philosophy of the beautiful or of art）。

這門科學是萌芽於古埃及、巴比倫、印度和中國；其基礎，是建立在物質與心理兩方面。審美源於物體的特性：比例勻稱、內容統一、全體完整、感覺和諧，這就是物質本身客觀的「美」。

一、美學的研究範圍與地位

㈠自然美和藝術美

藝術美，應該高於自然美。因為，藝術美是由心靈產生和再生的美。心靈的產品比自然現象高多少，藝術美也就比自然美高多少。所以，研究美學的思想家，像德國黑格爾把自然美排除於美學範圍之外。他認為美學研究的對象，應侷限於藝術美。

㈡對一些反對美學的言論的批駁

藝術美令人快樂，從野蠻人的裝飾到華麗的廟宇。

但許多講究實用的哲學家，認為藝術是無用的東西，會使人精神鬆懈閒散，只有工作才會使人精神亢奮努力，所以有人說：「玩物喪志，有害於人。」美是一種奢侈無益的東西。可以說：這些人不知藝術可以調和理性與感性，願望和職責。

藝術是一種「幻相」。美的生命在於顯現（外形）。

藝術品能使人愉悅。

美是訴之感覺、感情、知覺和想像的。不屬於思考的範圍。所以對藝術活動和作品的瞭解，就需要另一種方法。欣賞美，並不能靠法則，我們必須在藝術形象中，尋求靜穆和氣韻生動。

藝術作品的源泉，是想像的自由活動。藝術可以利用自然界多彩的形色，還可以利用想像去創造無窮無盡的形象。在這種豐富的想像面前，思考似乎無法發揮，而把美納入普遍的公式，所以無法歸入科學領域。

想像是任意性、無規則性；自然是必然性、規律性。

美的形象，是多彩豐富的，到處出現的。

人類本性中就有普遍愛美的欲求。對美的看法也非常複雜。幾乎是各人各樣，各時各地不同。關於美和審美的鑑賞力，就不可能得到有放之四海的皆準確的普遍規律與標準。

美的研究的目的，爲娛樂、消遣、美化環境，給生活添加情趣、愉快，裝飾事物。

藝術是用感性形式，感官可以察覺，實際物質，表現最崇高的東西。

藝術形象的表現方式是一種幻想。

現代生活偏重理智的文化，大家都緊緊抓住一些普泛的說法、規律，作生活的準則；藝術創作更需要生氣，與情感心境相契合。

每一種藝術作品，都跟時代和民族、特殊環境有關連，依存於歷史和時尚的觀念；所以要闡明某一藝術作品，需具專門知識。不僅要很好的記憶力還需要敏銳的想像力，才能掌握住藝術形式與內容的一切特質，才能把它和其他藝術作品做比較。

藝術的理論，是匯集前人的經驗與觀點，形成一些標準和法則，概括成各種理論。例如亞里斯多德的《詩學》，其中關於悲劇的理論，至今還是很重要的。這些論著歸納出一些公式和規則，作爲指導創作藝術的原則。

有些理論是培養人對藝術品判斷力、鑑賞力。例如荷姆的「批評要素」、冉姆勒的「美的藝術引論」。

美就是完善。也就是符合自然或藝術去造那個事物的理想。歌德說：「古人最高的原則是意蘊，成功的藝術處理的最高成就就是美。如寓言，所含的教訓就是意蘊。藝術作品，不只是用了線條、曲線、面、石雕、顏色、音調、文字及其他媒介，就算盡了能事，而且要顯現出一種內在的生氣、情感、靈魂、風骨和精神，這就是意蘊。

按此說法，美的要素可分：

1. 內在的：內容，用以表現意蘊和特性的東西。

2. 外在的：人要藉外在，才可以認識到內在的美。

現在德國捧出天才，反對這些規則和理論，

三、藝術美的概念

美是一種純然主觀的快感，一種完全偶然的感覺。

一些流行的藝術觀念有三項：

1. 藝術作品不是自然的產品，是由人創造的。

2.是訴之人的感官。

3.是有意識的創作。可以說明的，當然可以學習和模仿的。

人只要知道創作規則，可以依樣畫葫蘆再製造出來。文藝理論就是這樣產生的。但這樣的東西，是拘泥形式，屬機械性的，若要擴大到藝術品的意蘊，這種規則，如主題，應該有趣，人物說法應該符合他的年齡、性格、地位、身分、學識、處境等。這些規則往往是很抽象的，不能完全支配藝術家的意識。

藝術作品不是人人能製作的產品，而是資稟特異的才能創作的。作家特殊的天賦，無須服從普遍的規律。有意識的思考，滲入本能的創作過程，甚至會對創作發生污染作用。有人把藝術作品看做是天才的產物。這看法有部分是真理；但才能天才度不是單靠自覺自悟活動所能得到。這在德國天才狂飆時代，詩人歌德、席勒都拋開一切規則，重新開始，成績驚人。

天才也要對創作方式與技法加以思索，靠練習和熟練技巧才能有傑出的成果。

比例產生的美爲勻稱。凱恩茲（Friedrich Kainz）說：「平衡產生於左右之間，形式自身的重複，作爲對照，成爲對偶方式。」

比例與勻稱，是造型美最基礎的原則。秀美（Grace），會給人喜悅的快感，必具勻稱。不過巨型建築物，雖講究比例與勻稱，但不屬於秀美。

秀美還有細緻、弱小。

聲音美能引起美感，條件有：

1. 音的強度——適度，自然悅耳。過弱、過強、都不能造成快感。

2. 音的高度：低音顯得沈著、厚實；但過低，予人鬱悶粗糙之感；高音清脆激越；過高則尖銳刺耳。

3. 音色，人聲樂器聲都有一定的音色。有的使人感到舒適，這就是美的聲音，有的則反。有美的音色，才能產生美感。

音樂是許多音結合組成的，變化又有組織的一種動感，音樂的動感是在持續時間裏，表現出聽覺上的幻象，舊的印象瞬間即逝，新的印象繼起。建立於變化、節奏和旋律上，——旋律美。我們在旋律中進入音樂特有的世界，聽覺超越了現實界，就是耳朵的音感與內心的音象和諧一致時，就產生了美感。所產生的情感爲柔和、甜美、細緻、流暢、輕快，就屬於「秀美」；反之產生響亮、激越、雄壯、悲傷、昂揚，就屬於「崇高」。

秀美（Grace）：純粹喜悅的快感。美之小，使人覺得柔和、軟化，未經人力雕琢的自然物：花鳥樹木流水清風明月初日雲霞煙幽林曲澗珠玉之輝，纖細、穠麗、小巧。

崇高：美之大，使人振奮激昂、慷慨悲歌的情懷。屬於陽剛之美，大自然的長風油雲雷電高山大川，雄壯渾成。

女性內在美：氣質、風度、教養、學識的美。

女性外在美：蛾眉、皓齒、秋波、明眸、微笑、嬌媚、秀逸、富魅力、身材修長、骨格纖穠合度，勻稱、溫柔、親切、甜美。這都是許多女人最美的特徵集合體。

文字豪放、恢宏、壯闊、雄渾，陽剛之美，氣勢浩瀚，噴薄出之，天地遒勁之氣，如大江東去，關西大漢執鐵綽板唱。如：落日照大旗，馬鳴風蕭蕭。霧失樓臺，月迷津度。

婉約、含蓄、細緻、精約，陰柔之美，韻味深永，吞吐出之。十七八歲女孩兒執紅牙板拍唱。如：細雨魚兒出，微風燕子斜。寶簾閒掛小銀鉤。

文字傳達自然的景象，人生的境界，有崇高剛健、秀美陰柔之分。

㈠秀美來自生理層面

英國斯賓塞（Herbert Spencer）由生物學的觀點看，人不斷運動，肢體特別靈活、優美、輕快，如舞娘的動作，賽馬的旋律，悠閒的坐談。

美感跟人的感覺器官有關。感覺器官多少影響到審美，像音樂與舞蹈都源於人的生理、人的心跳、呼吸、走路時雙手的擺動，都表現一定的韻律。韻律的產生快感，符合生理的要求，所以造型的平衡、勻稱、韻律，動作上的省力、輕快和自由，都是構成秀美的重要條件。

㈡秀美來自心理層面

德國康德說：美的反面是醜（Ugliness），引起厭惡、痛苦、不快的情緒。

對話體

「對話體」是特殊的一種文體，戲劇中的對話有的非常精彩。英國戲劇作家蕭伯納認爲最有力量的講壇，就是「舞臺」。一八八五年，他開始編寫劇本。他的劇本，大都是對時事與社會下針砭的，往往對話極長，充滿了優美的警句，傑出的思想。一九二四年，聖佐安（Saint Joan）一劇上演；這時，在舞台上三個演員圍成一桌，除了對話、對話、對話，再沒有其他動作；卻使全場的觀眾如醉如癡，不動不響，達半小時之久。可見他寫的「對話」動人之極了。

柏拉圖的「哲學對話錄」，可以說是古希臘文獻中一個極好的範例。一般說來，這種對話通常是充滿著出色的言語，生動的情趣，去討論尖銳的問題。像蘇聯穆拉維耶夫的《死亡國度中的對話》，他使早已退出歷史舞臺的一些人物復活，由他們的對話，提出解決文化歷史的問題；普希金的《書商與人的對話》，言辭更是有味。現在，電視中名嘴的對話，說法切當固然很多，言語可憎也著實不少。

因此，使我想起「對話體」，也應該是寫作人要探究的一種文體。現在，就將我平日所擬寫的一些對話，作爲範例吧。

混帳與糞蛆的對話

「好了，你罵我『混帳』，我就罵你『糞蛆』！」

「我爲什麼是混帳？」

「混帳，混帳就是混帳！你不混帳，難道我混帳？這麼簡單的一筆帳都算不清楚；不是『混帳』是什麼？這麼簡單的一樁事理都不知道，不是『混帳』？又是什麼？能明事理辨是非，才值得尊敬！不講理就是矇人的混帳！」

「我罵你是人類中『人渣』還嫌輕呢！你才是糞坑中的『臭蛆』！貪吮黃金汁，聞著銅臭味！做著發財夢！真是腐臭極了，還 Feigned illness, feigned ignorance, feigned madness, ——爲了貪錢賴帳，就裝病、裝不知道、裝瘋弄傻；坐牢、死亡，你也不在乎！只要有錢，就行啦！喜歡這腐敗的銅臭味，你就是『糞蛆』！」

「胡說，混帳！」

「亂搞，糞蛆！」

演講稿的大綱與講稿

語體文的九種教學法

方祖燊

內容構想

我認爲國語文的教學，有「三層次」：

第一層次的重點，是放在：音讀字辨、詞義解釋、題旨大意、段落分析、課文翻譯，作者生平與作品評價。

第二層次，擴展到文法的分析、修辭技巧的講解，文章體類的明辨。

第三層次，但就整篇課文探討其主題與架構、寫作的方法與技巧。

語體文因爲「平白如話」，所以教語體文跟教文言文，自然不盡相同。教語體文應該多採用「第二」、「第三」兩層次的教學法，特別要多從語法修辭、寫作技巧與篇章組織方面，加以講解分析；希望能給學生一些規矩，使他們能夠寫出：組織嚴密、內容可觀、文字流暢的文章。

我個人在臺灣師範大學教白話文學三、四十年，寫過有關散文、詩歌與小說的文學理論。平日，講解白話文時候，我自己體悟出許多方法，經常應用於教學的有九種。現在，把它提出來。

講演大綱

一、語文教學的三層次

二、教語體文與教文言文的不同

三、語體文教學的九種方法，舉範例說明

(一)辨認：就是辨音認字。要讓學生認清「字形」、「筆順」與「形聲字構造」；讀出正確的「字音」、「破音」、「輕聲」與「兒化詞」。

(二)朗誦：用跟讀與朗誦，以提高學生說話、報告、講演能力。

(三)解釋：對「生字新詞」應按學生程度作適當解釋。

(四)模仿：要創造就要吸收前人的經驗。這種模仿是建立在「同類、擴展與變化」三個原則上，從「詞組、句型與修辭格」去分析，使學生能夠從模仿而走向創作。

(五)觀察：透過課文的講解，告訴學生要如何去觀察去注意去體會人事景物，把握其特點，作適當描寫，以培養學生的敏銳的觀察力。

(六)組織：分析文章的主題和段落，以幫助學生了解作品的中心思想與嚴密組織。這對學生如何應用相關的材料，寫成有系統有內容的文章，是有幫助的。

（七）想像：許多文章的內容，作家是靠曼妙而豐富的想像而撰寫成功的。如何提升學生的想像力去寫文章？是這裏要討論的一點。

（八）論理：講論說文的時候，要把文章裏所含蘊的思想，提示給學生，做他們做人做事的理念；並要分析其論理方法，使學生理解作家是怎樣發表思想？推斷事理？怎樣解決問題？

（九）構詞：我國的文字富有彈性，一個字和另一個字結合一起，就構成一個新詞；這就是「構詞」。把各種「構詞的方法」告訴學生，對學生表達能力的提升是有幫助的。

「後現代主義」的思潮影響之下的臺灣

方祖燊

「後現代主義」是西方的一個文藝思潮，它是繼「前衛運動」與「現代主義」之後而產生，始於一九三四年；一九三四年，德・歐尼斯（Federico de Onis）首先使用「後現代主義」一詞（見馬德里出版的《西班牙暨美洲西語詩選》）。美國威斯康辛大學的教授赫山（Ihab Hassan）猜想「後現代主義」可能始於一九三九年九月，就是二次世界大戰爆發以後（見赫山的《跋一九八二：邁向後現代主義的觀念》）。有人說「現代」與「後現代」以第二次世界大戰（一九三九年九月一日—一九四五年八月十五日）爲分界嶺。其輸進各國的時間並不盡相同，有些地區至今仍不受它影響的，也盡多的是。臺灣因爲教育發達，學生很多留學美國；商業發達，對外貿易頻繁；交通發達，外來的資訊朝發夕至；因此，「前衛運動、現代主義、後現代主義」的新思潮，早就由歐美、尤其是美國輸進了臺灣。

「後現代主義」（Postmodernism）就是指在「現代主義」（Modernism）之後，也就是賡續「現代主義」的舊潮流，所衍生出來的一個新潮流。但有些批評家認爲：「後現代主義」就是「現代主義」；甚至是「新前衛論」（Neo-Avant-gardism）。這說明「後現代主義」兼有：「現代主義」與「前衛運動」

的一些特性與內涵。

「後現代主義」，是在第二次世界大戰結束（一九四五年八月十五日）之後流行，並且從各方面逐漸成形，構成非常複雜的內涵，涉及的範圍非常廣泛。現代有一些學者研究，包羅政治經濟、科技教育、電視節目、電腦發展、文學藝術、女權運動、大眾文化、宗教信仰、精神心理、哲學思想等等方面，非常廣泛，形成世界性的一股巨大的思流。——它對臺灣的影響，不只限於文學與藝術，而是種種方面。我在這裏僅選擇這十個項目，作探究，作比較，作論介。臺灣人民是極端務實的，並不是全盤接收，所以其影響有深淺之別，有大小之分。現在將它分述如下：

一、政治與經濟：臺灣的政治與經濟的發展，跟大戰後的世界局勢、民主思潮，息息相關，尤其是美國。第二次世界大戰結束之後，西方殖民地紛紛宣告獨立，美、蘇兩國為著爭奪世界的霸權而對抗。中國人民不幸，未曾享受勝利的歡樂，即捲入了國、共兩黨「代表美、蘇利益」的慘烈內戰。一九四九年十月一日，中共佔據了大陸，成立中國人民共和國；十二月七日，中華民國政府，遷來臺北：造成中國的分裂。世界由於美、蘇兩大集團冷戰對峙，局部的戰爭仍不斷發生，局勢時緊時弛。一九五〇年六月二十五日，韓戰爆發；二十七日，美國派第七艦隊巡弋臺灣海峽，並對臺灣恢復軍援與經援，使臺灣能夠全力從事建設。我們政府首先改善農業，實行「耕者有其田」，修建水利，生產肥料，教育農民，設立農會，辦理農貸，農產品產量大幅增加，改善了人民生活，糖、香蕉和白米都大宗輸出，賺取了不少外匯。政府發行新臺幣，穩定物價。使臺灣初期的經濟，能夠在穩定中發展。接著與建石門水庫、曾文水庫、東西橫貫公路，設立國家長期發展科學委員會，公告地價增收地價稅，推行社會福利政策，把國民義務教育延長爲九年。

一九七一年十月二十六日，美國支持中共加入聯合國。一九七二年二月，美國尼克森總統訪問北京。九月，日本與中共建交。在這艱困時期，蔣經國先生受命爲行政院院長。他起用本省才俊，提出十大革新，獎勵自由貿易與中小企業，追求均富，並加強投資，開發南北高速公路、臺中港、北迴鐵路、蘇澳港、石油化學工業、大鍊鋼廠、大造船廠、鐵路電氣化、桃園國際機場等九大工業建設。於是臺灣進出口的貿易逐年增加，經濟快速發展；一九七四年（民國六十三年），國民平均所得，在亞洲僅次於日本、香港和新加坡。臺灣的經濟開始起飛，人民收入一年比一年提高，外匯存底一年比一年增加。一九七八年五月二十日，蔣經國當選第六屆總統，重用本省人士，也埋下「本土化」的種子。一九七九年一月一日，美國與中共建交。一九八六年九月，產生民主進步黨（民進黨）、工黨、社民黨。政府興建科學園區、外貿廣場、商業大樓、開放外匯，於是臺灣商人的腳跡逐漸漸遍及五大洲，與外國的貿易不斷順差，人民生活大大改善，高樓大廈如雨後春筍的興建。受民主思潮的激蕩，政府放寬了言論尺度，出入境限制，並公平舉辦地方的選舉，開放報禁黨禁，准許人民到大陸探親。

一九九一年（民國八十年）十二月，蘇聯解體分成俄羅斯等十二個國家，附庸國脫離蘇聯獨立，終結了美、蘇兩大集團的冷戰。

一九九三年，舉辦立法委員與國民代表的選舉。臺灣和許多國家建立了商務關係。大陸也開始走改革開放的路子。臺灣也逐漸走向民主的政黨政治，人民可以用選票，選舉賢能，來統治國家。但不幸的，臺灣在政黨輪替之後，卻走上：只重「選舉奪權與省籍意識」的鬥爭，造成政局不安；還有因選舉的巨額經費的籌措與政治獻金的未加限制，而造成酬庸分贓與貪污腐化。

近幾年，產業與工廠外移，西進大陸的日多，政府沒有對策，造成了經濟的衰退，失業率升高，風氣敗壞，治安惡化，犯罪自殺，環境污染，怪病叢生。兩岸關係的緊張，到最近才略見舒解。

二、科技與教育：現在，整個世界發生激烈的變動，有人造衛星，登陸月球，科技的發展一日千里，形成知識的爆炸，國民教育的普及與提升，書籍的出版，新聞的自由，資訊的發達，波音飛機縮短洲際的距離，貨櫃船提高了貨運量，電子工業的發展，電腦革命的成功，經濟蓬勃的發展，衛星通訊，電話普遍，人手一機，世界的格局變得很小，千里咫尺，朝發夕至，一切都在大變動，國與國關係的日趨密切，交流頻繁，影響自深，地球村的世界觀逐漸形成。

臺灣在這個地球村中，自然受其影響，首先反映出來的是「教育」；據教育部一九九〇年的統計：各級學校的總數是6,740校，學生有5,212,521人，學生人數佔當時總人口的四分之一。當然由於教育程度不斷提高，升學競爭激烈，給青少年的壓力非常大。出國留學的人數，也逐年增加，一九七六年，政府放寬留學政策，廢除「留學甄試辦法」；至一九八六年，每年出國留學的就超過七千人。留學美國的約佔百分之九十上下；其次是日本，再其次是加拿大、德，法、英各國。男生以讀工程科技爲多，女生以讀商業及管理爲多。像在美國教書的經濟學家劉大中先生，在一九六八年至一九七〇年，回臺灣修訂「所得稅法」，即參考美國的「所得稅制度」，建立「臺灣綜合所得稅的制度」，奠定了我國賦稅的基礎，國民有所得必須繳稅的觀念。

一九八六年，政府派劉真先生考察歐美教育一年，提供當局作建立教育政策的參考。一九六九年六月，留美的經濟學家高希均博士，應經建會尹仲容主委的邀請，回國作「人力規畫」，以應國內經濟的發展。對國家都有他們的貢獻。

但近十年來，國內的教育卻有失控的憂慮。新大學院校不斷增加；現在我對臺灣有多少所大專院校？也搞不清楚了。但知道今年大學聯招，錄取的最低總分是七分，錄取率高達一百分之一百。只要報了名參加考試的，全可錄取。大專院校學生的成績之低落，可想而知。難怪，大學生缺課缺考，卻要求老師給他及格；當掉了，卻要求老師另出題目，給他補考。老師教多了，嫌難；印講義，又嫌乏味。畢業後，能不能找到工作？則沒有人管！

現在行業非常多，分得極細。據行政院主計處的分類，有農林漁牧業、礦業、製造業、水電業、營造業、商業、運輸通信業、金融保險及服務業、公共行政業及其他行業等十大類，又分中類、小類、細類，再區分共有五千四百多項。可是一個缺出來，就有幾百幾千人來應徵。我不知道，這是不是我們的教育制度，跟人才的需求脫了節？實在，值得我們注意。

三、電視與電視節目：西方的電視出現於三十年代，四十至六十年代推廣到世界各地，節目多，有：新聞、氣象、交通、報導、論壇、綜藝、音樂、體育、教學、科技、旅遊、美食、雜技、宗教、連續劇、電影，卡通、商業廣告，具備聲光色彩之美，直接訴之視聽感覺，觀眾坐著、躺著看，毫不費神費力。

過去，臺灣只有中視、臺視、華視三台；現在，有了「有線電視」，我算了算，總有一百多台吧。可以從天亮看到深夜，也可以從深夜看到天亮，又何必看報看散文看小說？報紙首當其衝，報份直直落，許多報紙只好關門大吉。報紙的副刊，過去是讀者愛看的部分，作者很多；現在，只是花絮，聊備一格。論壇怎麼寫，也比不過幾張名嘴，吃香。所以牧師、尼姑和和尚也都要上電視，講道。扶乩、看風水、紫微斗數、談星座，看相、算命的，也要在電視上，亮相。甚至，政治人物，也要借電視，作秀。搞選舉，更要買電視時間，造勢。外國的藝人、女優來臺，更要拍一些粉絲族熱烈歡迎的場面，宣傳。劇作家只好改寫電視劇本，小說家只好翻譯電影。作家的書賣不過藝人的書。過去，認為文章可以傳之無窮，讀者面廣，說話的聽眾有限，但今日在電視上說話，可以讓世界各地的人都能聽到；重要的講演，收看的人可以達到上億人。電視威力之大，由此可見；其影響之大，也由此可見。

電視之發展，當然會影響到臺灣的政教財經文藝文化各種方面，還有我們的生活。對收視者來說，好節目有正面影響；壞節目有反面影響。像黑道犯罪的新聞，常會誘使青少年走上歧途。暴力鏡頭，常使人憤怒時傾向於使用暴力。商業廣告，會刺激人的慾望，最常見年輕人刷爆信用卡。沒有良心的商人，常透過不實的廣告，詐騙人金錢，三十元成本，竟賣到三千、三萬的也有。政治論壇，因立場不同，常見強詞奪理，來模糊焦點，混淆是非；也有用「代喻反諷」，來分析時事，表達高見。不過，人民看不慣社會的黑暗與政治的腐敗，透過名嘴與深喉嚨的暴料與砰擊，在在代表人民的聲音與大眾的輿論，這對民主政治的推行，也有一些正面的影響。

四、電腦與電腦藝術：電腦（Computer），又譯做「計算機」。我記得臺灣的電腦的萌生，大概在一九八二年，我替孩子買了一部剛上市的「apple」牌，八位元的電腦。他用不到一個月，就壞了。當然，電腦的製作是越來越進步，功用也越來越多；而且發展快速，日新月異。

現在，臺灣應用電腦，做各種工作：計算數字、儲存資料、傳遞文件、處理事情、打字撰稿、掃描燒烤、印刷出版，編輯報刊，設計繪圖、控制機器、解決難題：無不運用電腦。它是二十世紀人類最偉大的一種發明。它不但使生產與管理自動化，也使我們家庭生活的部分走上了自動化。現在，不會電腦的就很難找到工作。人類在電腦幫助之下，製作藝術品，應該從一九五〇年代中葉開始。現在，由於電腦藝術的發展，使電視畫面、霓虹燈廣告、科幻電影、書籍印刷，也都大大的改變，許多希奇古怪、變化萬千的畫面，都是由電腦藝術家繪製出來的。電腦藝術和電視藝術的關係，幾乎到了密不可分的地步；你打開電視，湧現眼前的聲光的變化，影像的閃爍，畫面的流動，這都是電子計算機藝術家的傑作。當然，臺灣在電子工業方面，無論硬體、軟體都有傲視世界的成就，像宏碁、聯電、台積電、英業達、鴻海等都是聞名世界的廠家。

我真不瞭解：現在有了「計算機」，小學爲什麼還要教「加減乘除」的數學？這個問題，留給數學專家去思考吧。還有廢寢忘食的電玩，色情網站的聊天，網路交友的詐騙，也造成許多社會問題！這要如何防止呢?

五、文學與藝術：美國赫山列舉一些著名的作家詩人小說家劇作家音樂家畫家雕刻家，創造了「後現代主義」的模式。還有像：法國象徵派詩人蘭波（Rimbaud）寫詩常將字義與句法歪曲；美國詩人史妲茵（Stein）作詩講究聯想，造句不按常規；奧地利心理學家弗洛伊德提出「潛意識」與「夢」；美國威廉・詹姆斯（James）提出「意識流」之說；這都對西方「現代與後現代」的文學與藝術，產生了極大的影響，於是文學有晦澀難解的現代詩、自敘的心理小說、獨白的意識流小說、情節荒謬的荒誕劇，而無法詮釋，造成誤讀。藝術有立體派、達達派、抽象藝術、超現實主義、抽象表現主義：行動繪畫與形而上繪畫的發展，這些畫作大多反形式、反結構、講偶然性機遇、故意歪曲變形，畢卡索、達利、帕勒克（波洛克）、羅斯柯的畫，尤其突出。此外，由於商業與實用，「後現代」又產生了波普、歐普、超級現實、觀念、人體、大地、電腦等藝術。

這些文學與藝術的思潮，對臺灣也有過相當的影響。像「波普藝術」與「歐普藝術」（光效應藝術），常在電視製作的廣告中出現。「超級現實藝術」，現在婚紗照，洗在畫布上的，大概就是這類作品。「人體藝術」，臺灣人喜歡在模特兒的身上作畫，也常用於表演舞臺上的走秀，還有青年男女的身上的刺青。「大地藝術」，現在大社區的建築，庭園與綠地的設計；公路兩旁的人造景觀，飛機場甬道的裝飾，都屬於「大地藝術」的表現。

電腦藝術更不必再加說明了。臺灣的「現代詩」流行於一九五九年至一九七一年間，當時詩人都寫這一類作品，並出版了一些「現代詩選」。一九六五年後，我在臺灣師範大學教「新文藝」，想選幾首做教材，終因「讀不懂」而作罷。

文學與藝術是不一樣的；藝術的媒介是線條與色彩，抽象畫的美，我們可以透過「心靈的直覺」去感受去欣賞；文學的媒介是文字，要是讀都讀不懂「詩人所要表達的意思」，又如何欣賞他們的好處？所以，寫現代詩的詩人，後來又回過頭來寫大家能懂的新詩，有相當的成就。抽象畫，大概在一九五六年至一九五八年，青年西畫家夏陽、吳昊等，自稱「八大響馬」，在創作，在推展。當然，後來仍有一些青年畫家繼起創作，但始終沒有什麼突破與成就。

政府遷臺之後，堅持光復大陸的理念，推行中華文化復興的運動，文學與藝術自然深深受它的影響，產生了許多長歌戰鬥，表現熱情的詩篇、小說和戲劇。如王祿松的《鐵血詩抄》、張愛玲的小說《赤地之戀》、李曼瑰的話劇《維新橋》都帶有這些理念的色彩。當然，也有許多散文家詩人小說家戲劇家，描寫生活、社會、愛情、歷史的作品，也有些描寫黑暗、諷刺現狀的作品，也有許多教育兒童的文學、報紙的報告文學產生，極其澎湃，作品無數。這許許多多的作家與作品，現在都載錄於《中國作家作品目錄》中。

至於藝術方面，臺灣的書法家、國畫家、西畫家、篆刻家、雕塑家、攝影家、音樂家、舞蹈家、美術工藝家，列名於《中華民國文化發展史．藝術創作》中，總有兩三千人，亦可見其成就與盛況。

六、女權運動：男女兩性的不平等，中外都是一樣的。因為過去女人是依賴男人而生活的。我國有「男主外，女主內」的閨訓。西方以「陽物崇拜」作男女關係的象徵。男人工作賺錢，負擔家人生活；女人就應該做好家務，生兒育女。過去，社會充斥著「男尊女卑」的價值觀。清朝小說家李汝珍在一八二八年，在《鏡花緣》中，提出女子應該有受教育、考試、參政的權利，並批評男子納妾、婦女纏足的不合理。這種「男女平等」的理想，當時並未引起社會的迴響。一九〇五年，奧地利的心理學家弗洛伊德（**Frued**），在《性學三論》中提到：人類初始，原本「雌雄同體」，後來漸漸變成單性，因此才會產生「同性戀」。後現代的女權運動者，採用「雌雄同體」之說，強調女性具有「雙性化」的生殖器官（指陰核和陰唇），不像男性已完全退化成單性，認爲現代女性在社會工作，無論經濟、生活和性愛，都可以自立自足，不需男人扶養幫忙，而進一步要求兩性地位的平等。現在，美國關於婚姻的法律，特別有利於婦女；離婚時，妻子可以分一半財產；孩子的監護權，法廷大多判給妻子，而丈夫還要按月付贍養費。一九四九年，法國女作家西蒙・波娃（**Simone de Beauvoir**）作《第二性》（*Le Deuxieme Sex*），討論新女性應該關切的，不是快樂不快樂，而是自由不自由；一些女性常因缺乏獨立生活的勇氣，而寧願拋棄尊嚴，投進自騙自欺的美幻之境，去做男人的奴隸。一九七二年，她參加法國婦女解放運動。女權主義與新婦女運動都是倡導婦女在社會、政治和經濟各方面的權利與平等。

臺灣的現代女性，教育程度普遍提高，從事各種工作，不輸男人，甚至當上部長、副摠統，成爲企業家、著名的學者、作家和畫家也多的是。財產與婚姻也受到法律的保障，還有控制生育的方法，家計與家務由夫妻兩人平均分擔的，也得到年輕一代承認。不過，這種觀念，卻也造成一些反面的情況：新一代青年，有的只願同居而不想結婚；有的主張婚前先試婚，不合就離開；有的因此延誤青春，女的也常常過了三十才結婚；結婚了離婚，變成單親家庭的比率，也日漸增加；未婚而生子，也成爲「司空見慣」的事；最糟的是一方放不下情，而造成他殺、自殺的殘酷悲劇。這種種都是現在常見的現象。如何解決這些問題？希望研究家庭與社會的學者能提出一些意見。

七、宗教信仰：道教、佛教、回教、基督教：這四種宗教，除道教是中國土產之外，佛教、回教、基督教都是從外國傳進來的，因爲傳入早，也都成爲中國人的宗教信仰了。臺灣人，除原住民外，都是從大陸來的，所以把中國人信的各種宗教搬來臺灣，是非常自然的事。像臺中縣大甲鎮的鎮瀾宮供奉的媽祖林默娘，是宋朝福建莆田人，生前死後有許多救人的靈蹟，所以被奉爲海神，清康熙時封爲天后；福建泉州天后宮，香火最爲鼎盛。臺北行天宮供奉的恩主公，就是《三國演義》中的關公——關帝。基督教、佛教、回教都早已成爲中國人信的宗教，這裏本來沒有什麼可以討論的。

我在這裏要加以論介的，是基督教的「入世」精神，影響了臺灣的宗教。羅馬狄奥多修（Theadosius）大帝（三七九—三九五）時候，基督教成了國教，他給主教許多權力：小兒出生、結婚喪葬，都採用基督教儀式；由於教徒的奉獻，他們在各地設立醫院、孤兒院、救濟院、收容所，辦農場、學校，照拂貧病殘障，興建大教堂，促使文學、藝術的發展，成爲西方人重要的信仰，文明的主流，人民的心靈與道德的一種支柱。現在，雖有人主張宗教信仰自由，但他們仍然喜歡參加教會活動。

我國的佛教徒、道教徒，本來多半是避世的，寺廟道觀多建在高山深山之中，以便參禪修道。但現在臺灣的佛教，卻採用基督教的入世的方式。我在一九八六年十二月二十六日，到高雄縣佛光山，參加「世界顯密佛學會議」，在佛光山待了三天，給我感受最深的是「佛教現代化、西方化」，他們建築了許多佛殿精舍不說，並在各地甚至洛杉磯、香港設立許多分寺，設立幼稚園、中學、醫院、診所、基金會、公墓、旅館、會議廳。他們認為「今天佛教徒，要想自給自足，就必須實行工禪、商禪生活。」所以佛光山寺設有農場種植蔬菜水果、工廠製造僧袈被服法器紀念品出售，有遊覽車、旅館、素餐廳；書局出版供應佛教圖書文物。並在美國建築房屋出售。他們靠這些農工商三業的收入，維持各處寺院的日常支出。信徒捐獻則用於建築，佛光山上的每一個柱子橫梁佛菩薩：都是善男信女的心願建造的，上面都刻有捐獻者的姓名。——現在，有東華、華梵、法鼓、玄奘等大學，有慈濟、恩主公等醫院，規模都很大，其建築費、設備費，都是靠數百萬信眾，幾十萬筆捐款來完成的。我在這裏所要說明的一點：就是西方基督教的入世精神，對臺灣佛教與道教的影響情形。

八、大眾文化：從前，教育不太普及，文學、繪畫與音樂，都是屬於文雅之士的涵養，至於名家大師的作品，更有他個人獨特的風格。歌唱、舞蹈與表演大都是宮廷與民間專業之事，所以詩人、作家、畫師、演員、歌手、舞者不是生來才華橫溢，就是受過嚴格的訓練。他們的成就只是受到少數人敬仰；他們成功的演出，也只是供少數人玩賞罷了。他們的創作與表演並不是專為著大眾而來的，更沒意思要和大眾融成一片的意思。這自然跟觀眾讀者有一段「美學距離」。過去，聽歌看舞，唱的自唱，聽的自聽，又如看戲儘管你對反派人物厭惡之極，但也不至於跑上舞臺，把演員痛揍一頓。

現在就不然，臺灣教育程度普遍地提高，人人能寫能畫，能唱能舞，能彈琴能表演，文藝走向「大眾化」，大家一起來參與自然成爲一時的潮流。最明顯的像搖滾樂，幾乎舞臺上下「歌星與聽眾」熔成一片，搖滾吶喊，一起歌舞。卡拉OK，只有你有興趣，就可以上臺演唱。大幅繪畫，大型雕塑，也時常是集體創作，許多人一起參與完成的。

其實，過去民間藝術，像史詩、童話、舞蹈、民歌、小調，也是經過許多人慢慢地增刪完成的作品。只是現代人參與文藝活動的興趣特別高。參加兒童畫展，動不動就是數百人。飆舞，更是上千上萬人來參加。報紙的論壇過去是專欄作家的園地，現在也開放給大眾參與。這樣子，報攤文學也就日漸走上低俗淺短之路。年輕的男女參加飆舞，造成一夜繾綣的也不少，於是十七、八歲女學生未婚懷孕、墮胎和棄嬰的問題，也日益嚴重，破壞了過去比較純潔的愛情。文學作品的題材自然也就不同於往昔。總而言之，後現代的文藝作品，也因此趨向於平庸通俗。文藝的大眾化的現象，是後現代西方文化的一種現象，臺灣自也不能免於「脫俗」。

九、精神病態：自從心理學家精神科醫生弗洛伊德（一八五六—一九三九）發表許多《精神分析》與《夢的解釋》的論著，這種著重心理分析的學說，在第一次世界大戰時就流播各國。他不止影響文學與藝術的作品，在醫學方面影響更大，對精神病醫學，變態心理學，也因此有極大的發展。在大戰之後，有許多人心理失常，無法控制情緒與言行，像：歇斯底里，大叫大鬧，焦慮憂鬱，暴躁易怒，錯覺幻覺，心理暫時失去了常態。心理變態，像：偷窺狂、暴露狂、虐待狂、被虐待狂、強暴、戀物、同性戀、戀童、換性、扮異性等等症狀。最嚴重的是精神分裂病，像：錯亂、失憶、妄想、自閉、錯覺、幻覺、癡呆、昏迷、雙重人格等等症狀。還有其他像：偷竊狂、智能不足、性無能、不斷抽筋、縱火狂、反社會……等等症狀。當然，造成這些失常變態、精神病症，有遺傳、境遇、中毒、老化、文化、習俗種種原因。赫山在一九八二年的文章裏，單舉「誇大妄想症」與「精神分裂病」作為代表。後者可能是因為看到美國派軍參加「越戰」（一九七二—一九七五），使美軍深深陷入「戰爭泥淖」之中，既無法拔腳，又勝利無望，傷亡日增，軍費日增，引致國內的反戰聲浪。從越南受傷回美的軍人，感受不到榮譽，又被社會所遺棄，由於心理的痛苦與矛盾，造成了許多軍人的精神分裂病。美國就有好幾部電影，描述越戰的艱辛，並分析軍人的心理。

現在，臺灣常見的精神病態，是有些青年因為升學壓力大，工作壓力大，造成憂鬱症、焦慮症和自閉症；有些老人因為腦力退化，變成了癡呆；女人在更年期，日憂衰老，自感滿身病痛，實際沒病，卻天天求醫看病吃藥。還有因愛情受挫，情緒失控，自殺或殺人；還有因失業，三餐不繼，全家燒炭自殺，也日有所聞；還有因社會風氣，日趨靡爛奢侈，上下交征利，不知廉恥，貪瀆的案件，可以天天爆出，這也都是病態。偷窺、暴露、家暴、強暴、貪財狂、嗑藥迷幻，這是精神的病態，也是今天臺灣社會的病態。

十、**哲學思想**：在過去戰爭動亂的時代，個人的命運受制於時代與環境，無法擺脫。所以過去人類認為處處都受到「因果律」的支配，人生與歷史也受「因果關係」的支配，構成了命運與國運，而逃脫不了，所以歷史的盛衰不斷重演，人生也否去泰來樂極生悲。這種決定性的「宿命論」，是過去西方哲學家公認的一種自然規律。現在，受到統計學的影響，認爲終極的自然規律，不是「因果律」，而是統計學者所謂的「概率」。「概率」就是「或然率」，也就是可能發生的機率。這是經過統計之後認定的，不是絕對的，上下有一些伸縮的空間。譬如男人平均的壽命爲七十歲；這七十平均數，就是由統計產生的一個概率。假使我們注意衛生、運動與飲食，就可以多活幾年；假使不注意衛生、運動與飲食，就會少活幾年。所以六十五歲至七十五歲，是男人死亡機率最高的一個年齡。這就是所謂「概率」。後現代人反對「因果律」，反對「決定論」；認爲一個人的命運，並不是受因果律支配。現代哲學家提出「不定性理論」，認爲「人本身最爲重要」，移山開路，塡海闢地，沙漠變成綠洲，都在人類的本身，而不受因果律的框制。這是代表樂觀的一種人生觀。

反過來看今天的臺灣，過去我們相信：只要肯打拼就一定會贏；只要肯努力就一定有成果；只要肯讀書、工作，就一定會改善一家人的生活。可是今天呢？一切都充滿著「不定性」。工作努力，明天卻可能被裁遣。努力讀書，大學畢業了卻找不到工作；再上研究所吧，得到了碩士博士學位，卻又怎麼樣？照樣找不到什麼工作！平日省吃儉用，把錢儲蓄了起來，到老時用；現在，卻發現物價不停高漲，錢不停貶値，好幾年沒有加薪，兩岸關係又不安定。我們要說：「沒有明天，是現在臺灣人的最大苦腦；『不安定性』，是現在臺灣社會的亂象。」

西方學者的這些哲學思想，不論舊的「因果律」，新的「不定論」，現在都實在無法指導臺灣人的人生，改造臺灣人的前景茫茫然的命運！現在，只有搞政治的政黨，有治國的理想與能力，推出造福人民的理想與辦法，才能夠安定臺灣人民的生活！

總結一句話，我們從這些項目的探討，可以知道：在這「後現代主義」的時代裏，我們臺灣受到外來的思潮的衝擊，我們在政治經濟、科技教育、電視節目、電腦發展、文學藝術、女權運動、宗教信仰、大眾文化、精神病症、哲學思想各方面，可以說都受到歐美的影響，尤其是美國的影響。概括其情況，有許多地方成功，也有許多缺失。我們要如何才能夠走上最完美的理想之途，尚待大家努力，人民的覺醒，一起去探求解決之道。

孔子的事蹟著述與其學說思想之論介

方祖燊

內容構想

孔子，魯國人，名丘，字仲尼，他生於魯襄公二十二年（公元前五五一年）。他是我國歷史上偉大的教育家、思想家和政治家。他一生都在努力爲學，一生都在教育學生。他自己說「學道不倦，誨人不厭，發憤忘食，樂以忘憂，不知老之將至。」他整理「詩、書、禮、樂、易、春秋」六經，作教導弟子的科目與教材。他教過的學生多達三千，身通六藝的有七十二人，各有其成就，因而開創了儒家的學派。他在魯國從政與周遊各國，都是想實行他的理想政治與理想制度。我們讀《禮記．禮運》就可以知道「天下爲公，選賢與能」的「大同世界」，到今天仍然是全人類所要追求的理想。但在當時，卻沒有一位君主採用。他到過：衛、曹、宋、鄭、陳、蔡、楚各國，名聞於諸侯；但一路走來，卻遭遇到種種艱困挫折，甚至斷食絕糧。可見「理想」不易推行。他前後在外十四年，在六十八歲時，又回到了魯國，備列顧問咨政，提一些政策與建議。他卒於魯哀公十六年（公元前四七九年），享壽七十三歲。明世宗稱孔子為「至聖先師」。孔子生前的言語與行事，都記錄於《論語》與《史記・孔子世家、仲尼弟子列傳》；此外，還散見《易經》、《禮記》和《孝經》中。孔子過世後，他的思想與學說，由於他的弟子門人繼續傳播。到戰國時代，儒家和墨家就成了兩大顯學。漢武帝時，董仲舒建議：罷黜諸子，獨尊儒家；於是儒家的經典成為過去中國人必讀的典籍，孔子以「仁」為中心的「忠恕之道」的思想，對世界的影響尤其遠大。我在這裏就這些方面，加以報告與闡述。希望孔子的充滿著理想與智慧的言論，仍作我們的政治的理想與人生的明燈。

講演大綱

一、孔子的誕生、家世與「三孔」
二、孔子的求學治學與六《經》著述
三、孔子的教育事蹟與其學生成就
四、孔子在魯國從政的事蹟
五、孔子周遊列國的事蹟
六、孔子晚年回到魯國後的事蹟
七、《論語》這部經典的簡介
八、孔子的各種思想與儒家學說的傳播

我如何編寫香港小學語文課本的範文

方祖燊

內容構想

香港的小學語文教育，各年級課文的安排，是儘量根據現代小學生的生活與知識的需要去編寫的，務期使學生能夠從語文的學習中，充實生活經驗，擴大知識層面，培養良好的道德觀念，加深對中西文化的了解等等功能，所以內容求其豐富而多樣。

課文的編寫，文字求其優美而活潑，同時將一些常用的句式、修辭格、篇章組織、寫作技巧，寫進課文裡，以便老師教學時講解給學生；其目的，是在培養學生的聽、說、讀、寫、思維及自學的能力，提高學生的學習興趣，表達情思與寫作文章的能力。

講演大綱

一、緣起

二、編寫小學語文課本的困難

（一）語文課本各年級的文體與內容包括：1.世界人物傳記。2.舊文化與新科技的常識。3.趣味性的故事、寓言、童話與推理小說。4.教導學生如何生活解決問題。5.描寫文。6.議論文。7.實用文。8.詩歌。9.戲劇。10.選詩選文。體類繁多，內容複雜，寫來是相當困難的。並略述作品與教育理想的關係。

（二）用字受到嚴格限制的情形。

（三）編寫範文要講究篇章組織、標點符號、句式與修辭格的應用的問題。

三、如何編寫小學語文課本的範文

（一）編寫小學語文課本範文的幾種方式：1.選錄。2.改動。3.改寫與創作。4.創作。

（二）我如何應用句式、修辭格、寫作方法來編寫範文。並舉一兩篇範文爲例，說明其教學重點，論析文章要旨、段落結構與句式、修辭的應用，以達到教學效果。

四、結論

方祖燊教授重要的事蹟

一九二九年九月十五日　生於福建福州市。

一九五二年一月　臺灣省立師範學院國語科畢業。

一九五二年二月—一九六二年五月　國語日報《古今文選》編輯。

一九六二年六月—一九六八年三月　《古今文選》主編。

一九五六年八月—一九五七年七月　臺灣省立師範大學文學院助教。

一九五七年八月—一九六一年七月　臺灣省立師範大學國文學系助教。

一九六一年八月—一九六五年七月　臺灣省立師範大學國文學系講師。

一九六五年八月—一九六七年七月　臺灣省立師範大學國文學系副教授。

一九六六年—一九六八年　教育部聘爲教育電視臺「大學國文科」主講人，兼製作人。每週六下午三點鐘至三點二十分鐘，在臺北市南海路植物園教育電視臺內現場直播，主講古典詩。

一九六七年八月—一九七一年七月　國立臺灣師範大學國文學系副教授。

一九七一年八月—一九八九年七月　國立臺灣師範大學國文學系教授。

一九八九年八月—一九九四年七月　國立臺灣師範大學國文學系所教授。

一九九〇年八月—一九九九年七月　爲中國語文學會秘書長。

一九九四年八月—二〇〇五年七月　退休後，爲國立師範大學國文研究所兼任教授。

從一九五二年至二〇一〇年五十九年間，臺北（包括香港及廣州）各書局出版方祖燊教授的著作，數達六十七冊七百多萬字。這些著作除絕版外，已悉數爲「上海圖書館中國文化名人手稿館」所收藏。

方教授的畫作有油畫、水彩、素描；他自認夠水準的有一百三十多幅。

一、方教授在國語日報編選注譯《古今文選》（每週一出版一期，隨日報附送）長達十六年，有精裝本六集，約四百八十萬字，其中一百六十萬字，爲方氏所撰。當時國學書籍極端缺乏，師大圖書館藏書亦不過兩三萬冊。《古今文選》選注古今名家傑作，給予題解分段標點注音解釋語譯，並詳介作者事蹟與文章背景，故一出版就受到讀者熱烈的歡迎，佳評沓至；一般人士採做自修的範文，國文老師採做教學的範本；大專院校甚至作一年級「國文教材」，如臺大就是；後來，臺灣中學國文教科書的課文注釋，仍大多參考《古今文選》而編；對臺灣早期的「國文教育」自有極深遠的貢獻。尚不止於此，對各國漢學界也有相當的影響；一九六六年（民國五十五年）五月，美國印第安那大學研究東亞語言與文學的 Gary p. Tipton 和 James R. Landers ，爲便於西方學者翻查、選讀，編了「古今文選索引」(INDEX TO KUCHIN WEN-HSUAN),按作者的英文譯名字母的先後重新排列。由此,可知《古今文選》當時風行世界各地漢學界的情況。其成果實可與漢鄭玄、晉杜預、唐李善、宋朱熹等詮釋古籍的學者相媲美,使國內外讀者學者都能無礙地研讀我國歷代名家各類的作品。

二、方教授曾參加「三部辭典」的編纂工作:《國音常用字典》(復興書局於一九六一年(民國五十年出版)、《成語典》(復興書局於一九七一年(民國六十年出版)、《大辭典》(三民書局於一九八六年(民國七十五年出版)。字典辭典的編纂工作都是一條一條的作,定音讀,寫解釋,尋辭源,找例句,內容極複雜,費神又費時。像《大辭典》從編纂至出版,前後十四年(一九七三-一九八六年(民國六十二年至七十五年)。對學術界、教育界自有其一定而長遠的貢獻。

三、方祖燊教授特別強調:他數以百計的研究論文,幾部重要的「文藝理論」的著作,都跟他實際的教學工作有密切的關係。一九六五年(民國五十四年),他繼名作家謝冰瑩之後,在師範大學國文系擔任「新文藝」課程。在當時「舊文學」掛帥之下,全臺只有師大開有這一門課:白話文,國文系「新文藝」這個課程包括「散文、新詩、小說與戲劇」;後來分成「四門課」:二年級散文、新詩各一學期,三年級小說,四年級戲劇。當時,他認為要教好這些課,首先必須建立有體系性的新文學理論,探究各類文學的寫作方法、技巧與原理,提升師大學生寫作的能力,專科的涵養與訓練,這樣才能將來在教學時把「白話文學」教好。但要撰寫文學理論,談何容易?從古以來,只有梁劉勰《文心雕龍》、唐劉知幾《史通》兩三部罷了！他和邱燮友教授共同研究，編寫教學講義，終於在一九七〇年（民國五十九年）完成了一部《散文結構》（蘭台書局出版），共收十三篇專論；邱教授寫了四篇，方教授寫了九篇；書名「結構」，蓋從工程的（Construction）一詞來的。方教授繼續研究，發表有：《散文的創作鑑賞與批評》（一九八三年六月中央文物供應社出版）；刊於《中國現代文學理論季刊》有〈論「報告文學」〉（一九九六年三月）、〈中國散文小史——兼論古今作家的散文觀〉（一九九六年六月）、〈現代作家的散文觀〉（一九九六年九月），刊於《中等教育》有〈現代中國雜文的歷史、特質與類型〉（一九九三年八月），以上這些論著，現都收錄於《方祖燊全集第十冊・散文理論叢集》（文史哲一九九九年七月出版）中。東大圖書公司一九九五年十月出版方祖燊的《小說結構》，是他另一部重要的文學理論（七二〇頁、六十幾萬字，內分九編四十七章），收錄他三十年來發表於報章學報的長篇論文；他熔化了中外古今寫作小說的技巧與原理，和研讀小說的心得，寫作小說的體驗寫成的。從第九編〈中外小說年表〉約八萬字，可見他篤實的研究精神。他在師大國文系教文學批評、新詩、修辭學、陶淵明詩，在研究所教散文特論、小說專題研究、比較文學；因此，也寫了許多學術論著：如〈文學批評的方法論〉、〈中國的各種文學的類型〉、〈美的探索〉……，論詩的「特質」、「音樂性」、「風格的形成」、「象徵」、「賦比興」……；《談詩錄》、《陶潛詩箋註校證論評》，〈中國新文學運動前期〉、〈西方文藝思潮的流變〉……等。他對「前衛運動、現代主義與後現代主義」的論述，尤其精彩；他根據美國威斯康辛大學一九八二年出版的《希臘奧菲斯的支解》：「展望後現代主義文學」，赫山（Ihab Hassan）發表的一篇〈跋一九八二：邁向後現代主義的觀念〉（“POSTFACE 1982: Toward a Concept of Postmodernism”）所列舉的「條目」，作了詳細詮釋。使我們能夠確切地理解西方「前衛運動、現代主義與後現代主義」的內涵、影響，以及其所形成現代的西方文化。他研究的觸角甚至延伸到語法，有「複音詞」、「詞組和句型」和「語氣詞」等論文。由於臺灣師範大學首先開設「新文學」課程，逐漸蔚成風氣，再加教學者的努力，研究與著述，發表許多理論；影響所及，近年以來，各大學中文系紛紛開設新文學的課程；研究所學生以新文學的作家與作品爲研究對象，撰寫學位論文的也在不斷增加。

四、方教授常將他的理論，運用於實際寫作；他能寫各體各種文章，雅俗繁簡皆宜，所以報刊約他寫專欄寫小說，結集有《說夢》（一九八六年文豪出版）、《生活藝術》（一九九〇年臺灣書店出版）、《中短篇小說選集》（收於《方祖燊全集第五冊》中，一九九九年文史哲出版）等；書店請他撰寫專書，有《國語運動簡史》（一九七二年正中出版，收於《六十年來之國學》中）、《陶淵明》（評傳，一九七八年河洛出版）、《三湘漁父——宋教仁傳》（文學傳記，一九八〇年近代中國出版社出版）、《中國寓言故事》（爲外國人士學習華語文教材，一九九八年正中出版）。——因他的文名騰播。一九八八年（民國七十七年）九月，香港現代教育研究社派總編輯到臺北來，邀請他撰寫香港小學《現代中國語文》四年級至六年級課本的範文。小學課本的範文，文體眾多，範圍複雜，要受課程標準、教學需要、生字表限制，還要注意句式修辭、篇章組織與標點用法，寫來十分困難。他花了一年時間，寫了一百篇作品；他們採用了六十篇左右。這套課本共十二冊，印刷極精美，在一九九一年（民國八十年）在香港出版。其他三位作者是香港阿濃、大陸的蔡玉明和關夕芝，他們都是有名的兒童文學的作家。他把這一種極難得的經驗，寫了一篇《我如何編寫香港小學語文課本的範文》，一九九四年（民國八十三年）四月刊於《人文及社會學科教學通訊》第四卷六期，再刊於《華文世界》七二至七五期；現收於《方祖燊全集第十二冊》一二二一一六〇頁。是撰寫兒童讀物與小學教科書者，值得參考閱讀的一篇文章。

五、方教授也有「歷史」的著作：《漢詩（包括建安詩）研究》一九六七年（民國五十六年）正中出版）、《魏晉時代詩人與詩歌》一九七三年（民國六十二年蘭臺出版），屬於斷代詩史，是他在師大升等的論著。這些研究有幾篇刊於《大陸雜誌》。——一九七八年（民國六十七年）八月，秦孝儀先生邀他撰寫「革命先烈傳記」，要他根據歷史事實，用文學筆調去撰寫《宋教仁傳》。宋教仁先生在革命黨中，僅次於國父孫中山先生、黃興先生的第三號領袖人物。寫他就等於撰寫：清末民初的國民革命的歷史，中華民國開國的歷史，中國初期的民主約法與政黨政治的歷史。其資料之多，約估在一千五百萬字。他從中摘錄了七、八十萬字；然後，他根據初步所編擬的章目，撰寫初稿，再逐章刪改修潤，經常工作至深夜，經過十三個月終寫成七十章二十八萬字。寫得極苦，幾乎身心交疲。他說：你讀它，可能以為是虛構的小說，其實像「廣州之役」、「武昌起義」、「北京兵變」、「宋教仁的大政見、遇刺、破案」……等等，完全是「實錄」。他只是如何組織編寫這些史料。他採用「編年中紀事」的體例去寫。所有記事大都是隨著時間的發展去撰寫。其中對革命志士爲推翻腐敗的清廷而視死如歸的犧牲；爲追求民主與人權而草擬的「約法」（即今憲法）；總統制與責任內閣制的辯爭；臨時大總統孫中山先生爲爭取和平而讓位的偉大與崇高；多黨鬥爭與兩黨政治；民主與選舉的理想；國賊袁世凱的皇帝大夢的破滅與下場；他都有極翔實的敘述，而寄寓作者的理想於內，令人讀來感慨不已，實可作後之從政者鑑戒。《宋教仁傳》在一九八〇年（民國六十九年）九月，由近代中國出版社出版。

六、一九八〇年（民國六十九年），秦孝儀先生又邀請方教授，參與《中華民國文化發展史》的編務。當時負責編務的，有方祖燊、王壽南、李瞻、李甲孚、李守孔、李國祁、林清江、侯健、張德文、龍宇純、羅宗濤等十一人。執筆人士二十多位都是各界著名的學者。這部文化史的第一章「中國文化的源流與特質」（王仲孚執筆）。自第三章至第十二章則是撰寫：清末、民初至民國六十九年間的：「近代中國文化的變遷」（王仲孚）、「教育」（楊國賜）、「學術研究」（林能士）、「語言與文字」（丁邦新與龍宇純）、「文學」（尹雪曼、姚一葦、柯慶明、張健、葉慶炳）、「藝術創作」（包括：音樂【康謳】、舞蹈【李天民】、戲劇【張大夏】、繪畫【張德文】、書法篆刻【王北嶽】、雕塑【吳樹人】、建築【汪原洵】、美術工藝【淩嵩郎】、攝影【郎靜山】等九節）、「傳播事業」（李瞻）、「國民禮俗」（李甲孚）、「中華文化復興運動」（王壽南）「中國文化發展的回顧與瞻望」（王壽南）。——方教授負責的第二章「中國文化的內涵」，則是追述過去中國文化的根源、發展與演變的歷史，所涵蓋的時代，上自三皇，下至清末，是最難寫的一章，共十節。方教授自己撰寫「政治思想、經濟結構、社會形態」三節，黃麗貞撰寫「哲學思想、文學、科技」三節，李鎏撰寫「倫理思想、教育思想、禮與樂、藝術」四節。他動用專史專著達數百冊一百六十二種，包容年代長達數千年，分七十個小目，全部二十五萬字左右，可說是一部最精要翔實的有關論述中國舊文化的歷史。《中華民國文化發展史》，一九八一年（民國七十年）由近代中國出版社出版（二十四開本二二五二頁）；方祖燊所主編的「中國文化的內涵」，一九九六年（民國八十五年）收進文史哲出版社印行的《方祖燊全集第四冊》（三六六頁）。

七、一九九〇年（民國七十九年）八月，方教授應中國語文學會理事長劉真先生的聘請，繼趙友培教授之後出任學會秘書長。他到會之後，鑒於學會經費困難，取消「秘書長」車馬費。語文學會是一個歷史悠久的學術團體，早在民國四十一年四月創辦《中國語文月刊》。他請蔡宗陽教授擔任副秘書長，幫忙他處理會務與社務。他逐年提高工作人員的薪水，使能安心工作；增加月刊的主編費，稿費也由每千字二百元提高到五百元。從這一年九月第三九九期開始，把語文月刊作全面改版，用名家畫做封面，再度約請語文專家及作家撰稿，推出「我們的話、語文論述與知識、兒童文學、生活與勵志、文學欣賞、國語文教學、青少年園地、修辭講話、名著選介、軼事與劄記」各種專欄。大幅調整月刊定價，從每本二十五元調高為七十元，期使收支平衡。終使《中國語文月刊》走上一條新路。主編沈謙在〈中國語文的新展望〉中說：「三十八年來，本刊已出版六十七卷三九九期：過去薈聚了許多語文教育專家：以創刊號爲例，作者有齊鐵恨、丁治磐、潘重規、許世瑛、高明、劉真、章微穎、謝冰瑩、虞君質、王壽康、何容、鍾梅音、王藍、趙友培等先生，堪稱群賢畢至，鑽石的陣營，對臺灣語文教育有過卓越的貢獻。」又說：「劉真先生特別聘請方祖燊教授代理發行人，執掌社務。方先生雖未主持實際編務，然對本刊之籌畫革新，殫精竭智，鼎力支援，本刊始能以嶄新面目出現！」姚榮松在〈中國語文四十年〉中說：「革新版的《中國語文》月刊，像飛上枝頭的鳳凰，華美嬌貴，有一種四十而立的昂揚氣槪。」語文月刊現在是由沈謙、黃錦鋐、邱燮友三位教授輪流主編。到今年八月，《中國語文》月刊，已發行五七八期。

他爲了鼓勵青少年寫作的興趣，提高他們寫作的能力，在民國八十年向教育部和文建會申請經費補助，由中國語文學會創辦「中小學學生寫作獎」，向全國中小學校徵稿，由每所學校推選一篇學生作品，並聘請教育學者文藝作家一起評審，從各校推薦來的幾千篇優秀的作品初選、複選及決選，最後選出六十五篇最傑出的作品，編印爲一部二十五開本、三百多頁的《中小學學生寫作獎專輯》，並請畫家蔡文恂女士設計封面與插圖。入選的頒給獎狀和獎金。專輯寄贈給全國各中小學校與有關的教育機構。到民國八十八年，已舉辦八屆，出版了八本專輯，收了五二〇篇非常精彩的青少年作品。這在教育界是一個相當令人懷念的語文教育的活動，許多中小學校與學生都以能得到這個寫作獎，感到榮譽。政府資助的經費不多，而教育效果卻難以計數。

他在民國八十四年三月，在中國語文學會下，設立「中國現代文學理論季刊社」，創辦有史以來的第一本《中國現代文學理論》季刊：每三個月出版一期（二十五開一六〇頁），約十萬字。他向教育部、教育廳等機構申請一些經費，並邀請從北到南的十四所大學三十位專門學者共襄盛舉，組成編輯委員會共同來寫稿審稿。內容包括「寫作現代詩歌、散文、小說、戲劇的技巧與原理，現代中國文學史、臺灣文學史的專題，文學批評的歷史與理論，中國現代文學作家與作品研究與評介，修辭卓越的新見，語法與文學的關係，兒童文學，文學概論和中國戲曲專論各方面研究專題」，要求文字暢達，敘述扼要，組織嚴謹，觀點正確，創見獨到。經過一整年努力，創刊號終於在八十五年三月問世，方教授負責主編。他在發刊辭〈我們的理想〉中說：「現在國內外各大學中國文學系，都設有現代文學的各種專門課程，包括詩歌、散文、小說、戲劇選讀寫作……。有關這些專門課程可供參考的著作，還是不很多，亟待大家努力撰作。但理論的建立不是憑空可成的，必然要繼承傳統理論和採擷西方理論，吸收而融化其精華，這樣才能建立新理論。」可見這個學術季刊理想的大方向。第七期後，方教授前往美國，辭去編務，改由蔡宗陽、沈謙、金榮華、張靜二、邱燮友五位輪流主編。稿件除了來自國內的學者外，也有來自大陸、韓國、新加坡和美國的。這本高水準的學術刊物，受到學術界的重視。第二年底獲得行政院文化建設委員會頒贈第一屆「優良雜誌獎」。因爲它專業學術性過強，一般讀者群不易拓開，直接訂戶都是大專院校國文系所圖書館，約五百本；國家出版社爲之總經銷，每期零售很難超過五百本；國外因爲小額匯款不便，無法找到直接訂戶，只好採取寄贈國外圖書館來散播理論與理念。起初三年出版經費，大致由教育部顧問室贊助，尚可支撐。出版了五年二十期（民國八十九年十二月）後停刊。

爲撰稿的有國內外幾十所大學一百多位學者，刊載了兩百幾十篇論文，兩百多萬字。這些專論，各有其面目與內涵，有許多是探驪得珠卓有創見的文章，有許多是材料豐富精鍊謹嚴的文章，皆可供學者教學與研究的參考。但《中國現代文學理論》最大的影響，是使許多大學中文研究所研究生，從事現代文學的研究；《季刊》第二十期刊登八篇論文，就有五篇是：東吳、香港、文化、中山與台大的碩士或博士班研究生的論文：已可窺其影響的一斑。

方祖燊教授，在一九九九年（民國八十八年）八月，因前往美國探親小住，辭去中國語文學會的秘書長一職，由蔡宗陽教授繼任。

八、方教授於一九九一年（民國八十年）七月二日罹患三期直腸癌，進榮總動手術、作化療；一九九四年（民國八十三年）即自師大退休，只在國文研究所兼兩小時課；其課餘則以整理舊作，編成《方祖燊全集》十三冊（一九九六年—一九九九年），由文史哲出版社出版。

九、一九九八年八月，方教授開始學畫，以遣暇日。他因學畫遂大量閱讀中外歷代畫家的作品，總有幾百冊，探究名家的思想與技法，用以作畫。他並在二〇〇二年（民國九十一年）七月，開始撰寫《西方繪畫史》，論述他的讀畫心得與作畫經驗。經過一年六、七個月的努力，終完成了這一部新著。二〇〇五年（民國九十四年）一月，由國家出版社出版，全書論述四〇二位畫家，收錄圖片六五六幅，是一部論介「西方繪畫歷史」最新的著作。子敏在〈可敬的領港人〉中說：「這部書三百頁，二十萬字，共二十二章，分爲三組：第一組寫西方繪畫的起源與演變，按時代論述。

第二組寫西方各國的繪畫發展，按國別論述。第三組寫西方的繪畫思想，按流行在西方的各種『主義』論述。」並說：「內容豐富，敘述精簡。」畫家楊震夷在方祖燊的《西方繪畫史・序》中說：「他以其文學素養，走筆如行雲流水，閱之意順心遂。他並且挑選畫家的精品，予以解說；同時刊出各國的地圖或景點，讓讀者瞭解其地理位置、生活環境、時代背景；且得最新電腦科技之助，使圖片色彩之解析度加強，見圖片如見原作：可說是結合歷史、地理、人文、藝術於一爐，鎔鑄而成的繪畫史。」資深作家趙雲女士以〈藝術的永恆之美〉來評介方祖燊的《西方繪畫史》（見《文訊》二三六期）說：「在語文領域中成就卓越的方祖燊教授，七十歲正式學畫，五年後，以水彩和油畫參加北京中華書畫名家全國巡迴展。他把創作的體驗和理論的心得，與同好分享，他撰寫了一部圖文並茂的《西方繪畫史》。」她又論介這部繪畫史「幾點特色：一、有如一部西方各國的政治及文化簡史。二、到西方作文化之旅前，它提供了豐富的參考資料。三、這部繪畫史，既可作學藝術的入門參考書，並可進一步探析現代藝術以及今後的繪畫何去何從等問題。」結語引用方教授的話：「他認爲，藝術家把短暫的美描繪下來，使其變成永恆的美。而這部繪畫史，使對繪畫藝術有興趣的人提升審美、品賞與創作的能力；這應該是方教授（從創作中）激發自我的潛能，所呈現的另一種成果！」——幾年來，方教授畫有水彩、素描與油畫兩百多幅。今年一月，參加北京在軍事博物館舉辦的書畫名家巡迴展，有「山城旭日」、「生命的旋律」、「藝妓賞櫻」、「海邊裸女」等十二幅代表作。今年四月十九日至五月一日，臺灣師範大學圖書總館，爲他舉辦個展，展出五十五幅作品。他的畫構圖嚴謹，筆觸渾厚，色彩鮮麗，自然而優美，如「雨中賞荷」、「一篙渡水」、「雨後街景」等等，都極耐人觀賞。

十、二〇〇六年，方祖燊和黃麗貞伉儷，應國家出版社發行人林洋慈之邀，合撰《最實用的應用文》，經過一年多努力，於二〇〇八年（民國九十七年）三月出版，十八開本、五四五頁，四十多萬字。內分日記、社交、習俗、傳記、出版、論說、廣告與啓事、公務、會議、法規、契約、書狀等十二類的應用文，論述其涵義、特質、形式與寫法。每一類又包羅許多小類，如社交類又包括書信、便條、名片、電子郵件、柬帖、題辭等等。習俗類又包括喪葬、祝壽、婚嫁、對聯、燈謎等等：確可稱之爲最實用的一本應用文。

十一、二〇〇九年六月，方教授又寫成《方祖燊畫論與畫作》由中國廣州暨南大學出版社出版，前三部分爲方祖燊的畫論：論畫國畫、畫油畫、色彩與繪畫；後三部分爲方祖燊的畫作：包括素描、水彩、油畫。最近，他把畫作製成一張光碟片，收有一二二幅畫：油畫八十一幅、水彩三十三幅、素描八幅。都是相當精彩的作品。

六十年來，方祖燊教授在寫作與教學的生涯之中，顯現了他的姿彩之絢爛。他一生不凡的成就，皆由於讀書的博雜，夜以繼日，努力工作，一本理想與熱情，作多領域的學術研究，潛思苦慮，一點一滴地堆疊，所以能「積小土而成高山，匯細流而成江河」！所以能完成許多既深入又暢發的論著，因而對語文，對教育，對文學、對藝術與文化各方面，都能有他篤實的貢獻。

黃麗貞　著作年表

一九六八　《金元北曲語彙之研究》，臺北商務印書館出版。

一九七二　《南劇六十種曲情節俗典諺語方言研究》，臺北商務印書館出版。一九九五年改爲《南劇六十種曲研究》。

一九七四　《李漁研究》，臺北純文學出版社出版。一九九五年，臺北國家出版社出版，重排本。

一九七五　《詞曲選注·散曲概說及散曲作品註釋》，臺北學生書局出版。

一九七九　《曲海韻珠》，與王熙元等人合著，臺北學生書局出版。

一九八一　《中華民國文化發展史·中國文化的內涵》，與方祖燊、李鍌合著，臺北近代中國出版社出版。

一九八一　《進德詩文選輯》，參與選註，臺北黎明文化公司出版。

一九八二　《李漁》，臺北河洛圖書公司出版，後改由國家出版社出版。

一九八三　《小說的創作鑑賞與批評》，臺北中央文物供應社出版。

一九八三　《鄒魯的故事》，臺北近代中國出版社出版。

一九八五　《大辭典》，參與編纂，臺北三民書局出版。
一九八五　《說夢》（散文集），與方祖燊合著，臺北文豪出版社出版。
一九八五　《幸福的女人》（短篇小說集），與方祖燊合著，臺北文豪出版社出版。
一九九〇　《手裏人生》（散文集），臺北臺灣書店出版。
一九九二　《怎樣學楷書》，臺北中國語文月刊社出版。
一九九六　《歲月的眼睛》（散文集），臺北國家出版社出版。
一九九六　《詞壇偉傑李清照》，臺北國家出版社出版。
一九九七　《金元北曲詞語匯釋》，臺北國家出版社出版。
一九九七　《幼獅大專國文及教師手冊》，參與選註，臺北幼獅文化事業公司出版。
一九九九　《實用修辭學》，臺北國家出版社出版。
二〇〇一　《中國文學概論》，臺北三民書局出版。
二〇〇一　《中國的曲》，臺北正中書局出版。
二〇〇二　《瓊筵醉客關漢卿》，臺北國家出版社出版。
二〇〇八　《最實用的「應用文」》，與方祖燊合著，臺北國家出版社出版。
二〇一〇　《中國戲曲的語言藝術》中國廣州暨南大學出版社出版，約三十萬字。